Weisungen der Väter Band 6

Herausgegeben von
Gabriel Bunge und Jakobus Kaffanke OSB

Evagrios Pontikos

DER PRAKTIKOS

Weisungen der Väter
Band 6

Gabriel Bunge

EVAGRIOS PONTIKOS

DER PRAKTIKOS

(DER MÖNCH)
HUNDERT KAPITEL ÜBER DAS GEISTLICHE LEBEN

Eingeleitet und kommentiert von Gabriel Bunge

4., verbesserte Auflage

Beuroner Kunstverlag

Impressum:

Gestaltung und Herstellung:
Präsenz Medien, Gnadenthal

4. Auflage 2022
Umschlagbild: Ismini Petzolt

ISBN 978-3-87071-170-2

Inhalt

I. Der Autor und sein Werk

1. Evagrios Pontikos: Schüler der Kappadokier und der Wüstenväter

Evagrios gehört zu jenen in der Geschichte der Kirche nicht ganz seltenen Menschen, denen ein in mehr als einer Hinsicht widersprüchliches Schicksal zuteil geworden ist.[1] Zuerst ein Mann von Welt, dann demütiger Wüstenvater. Zu Lebzeiten hoch verehrt, dann lange nach seinem Tod verketzert. Der „Vater unserer geistlichen Literatur“ (O. Chadwick), dessen Werk jedoch bald nahezu nur noch in Übersetzung oder unter fremdem Namen überliefert wurde ... Wer war dieser Mann?

*

Evagrios wurde um 345 in Ibora in der Provinz Pontos (Kleinasien) als Sohn eines Chorepiscopus aus offenbar vornehmer und einflussreicher Familie geboren. Über Jugend und Ausbildung wissen wir nichts, doch scheint der Jüngling eine vorzügliche Bildung empfangen zu haben. Basilios, seit 370 Bischof der Metropole Caesarea in Kappadokien, zu der auch Ibora gehörte, wird auf den jungen Mann aufmerksam und nimmt ihn als Lektor in seinen Klerus auf. Damit gehört Evagrios zu dem Kreis jener berühmten „großen Kappadokier“, Basileios der Große, Gregor von Nazianz, Gregor von Nyssa vor allem, deren Denken die Theologie aufs tiefste geprägt hat.

Basilios stirbt bereits im Januar 379. Aus für uns nicht mehr durchsichtigen Gründen bleibt Evagrios nicht bei dessen Nachfolger Helladios, sondern „flieht“ zu dem engen Freund seines Bischofs, Gregor von Nazianz, der seit März/April 379 die winzig kleine orthodoxe Gemeinde in der Reichshauptstadt Konstantinopel leitet. Gregor weiht ihn dort zum Diakon, der er zeitlebens bleiben sollte. Aus dem Testa-

1 Die folgende Skizze stützt sich vor allem auf Palladios, HL 38 (vgl. die deutsche Übersetzung von J. LAAGER, Palladius, Historia Lausiaca, Zürich 1987, 199ff.), und die nur koptisch erhaltene längere Rezension derselben (vgl. G. BUNGE–A. de VOGÜÉ, Quatre Ermites Égyptiens, Bellefontaine (SO 60) 1994, 153ff.

ment Gregors (31. Mai 381) wird deutlich, eine wie große Hilfe Evagrios seinem Bischof bei der Durchsetzung der Orthodoxie gegen die damals noch allmächtigen Arianer gewesen sein muss. Theologische Bildung, persönlicher Charme und eine große rhetorische Begabung bestimmten den jungen Kleriker offenbar für eine glänzende Laufbahn, seit Theodosios 380 der Orthodoxie zum Sieg verholfen hatte.

Indessen verzichtete Gregor, angewidert von den innerkirchlichen Intrigen, schon Mitte 381 auf sein Amt und kehrte nach Nazianz zurück. Evagrios hingegen blieb bei seinem Nachfolger Nektarios, dem er wertvolle Dienste zu leisten wusste. Folgte Evagrios Gregor auch nicht in die Heimat, so wahrte er doch seinem Lehrer in der „höchsten Philosophie", den er gar als „Mund Christi" und „Gefäß der Erwählung" feiert[2], bis an den Tod ein liebevoll-dankbares Gedenken.[3] Auch der *Praktikos* legt hiervon beredtes Zeugnis ab.[4]

Offenbar nicht lange nach Gregors Abreise wird Evagrios in eine „Affäre" verwickelt, die seinem Leben eine radikal andere Wendung geben sollte. Die Frau eines hohen kaiserlichen Beamten verliebt sich in den glänzenden und gut aussehenden Redner, der sich seiner selbst ebenfalls nicht mehr sicher ist. Ein psychologisch hochinteressanter Traum, den Evagrios später einem Vertrauten erzählte, erzwingt die Lösung des Konfliktes: *Flucht*. Es ist die zweite, aber nicht die letzte, von der wir wissen.

Warum Evagrios nicht zu Gregor, sondern ausgerechnet nach Jerusalem flieht, erfahren wir nicht. Jedenfalls nimmt ihn dort die hochadelige Witwe Melania die Ältere auf, die zusammen mit Rufin zwischen 375 und 380 auf dem Ölberg ein Doppelkloster errichtet hatte. Evagrios hatte in seinem Traum eine grundsätzliche Änderung seines verweltlichten Lebens geschworen, doch, kaum der Gefahr entronnen, die Verwirklichung des Gelobten alsbald wieder vergessen. „Verdrängt", würden wir heute sagen, zumal wenn man die Folgen bedenkt.

Denn Evagrios wurde nach einer Weile Opfer eines unerklärlichen „Fiebers", das ihn für sechs Monate auf das Krankenbett warf und dem

2 Ep.fid. 2,14f.
3 Ep. 21.
4 Pr Epil.

Tode nahe brachte. Die lebenskluge und energische Melania scheint die „psychologische“ Ursache des Fiebers schließlich erraten zu haben. Auf ihr Drängen hin gesteht ihr Evagrios jedenfalls das in Konstantinopel gemachte Gelübde ein. Melania nimmt ihm das Versprechen ab, Mönch zu werden, und in ein paar Tagen ist Evagrios geheilt. An Ostern 383 kleidet ihn Rufin im Beisein Melanias zum Mönch ein.

*

Anstatt sich nun der gebildeten Mönchsgemeinde Rufins auf dem Ölberg anzuschließen, geht Evagrios in die ägyptische Wüste. Zuerst für zwei Jahre nach Nitria, 50 km südöstlich von Alexandria, dann für den Rest seines Lebens in die tiefer in der Wüste gelegenen und den erprobteren Asketen vorbehaltenen „Kellia“, den Zellen, deren Reste in unseren Tagen von französischen und schweizer Archäologen ausgegraben werden. Warum Evagrios nicht in Jerusalem blieb, erfahren wir wiederum nicht; vielleicht war diese Pilgerstadt doch zu „weltlich“ für den sensiblen Diakon. In den Kellia finden wir Evagrios jedenfalls sogleich in der Gesellschaft alter Freunde der Melania wieder. Namentlich mit dem überaus gelehrten und tugendhaften Ammonios, einem Schüler des großen Pambo, schließt Evagrios enge Freundschaft. In Albinus, vielleicht einem Verwandten der Melania, findet er einen erfahrenen Vertrauten.

Obwohl ihm nach Aussagen seiner Briefe das Leben in der Wüste nie leicht gefallen ist, hat Evagrios diese „Verbannung“, wie er sich selber ausdrückt, freiwillig nicht mehr verlassen, abgesehen von gelegentlichen Besuchen in Alexandria – und einer Flucht nach Palästina, um sich dem Zugriff des Patriarchen von Alexandria, Theophilos, zu entziehen, der ihn zum Bischof von Thmuis weihen wollte.

*

Unter der Leitung des strengen Asketen Makarios von Alexandria, des Priesters der Kellia, und seines als großer Mystiker geltenden Namensvetters Makarios des Ägypters[5], der in der noch weiter in der Wüste gelegenen Sketis wohnte, wird mit den Jahren aus dem eleganten und verwöhnten Griechen Evagrios ein zwar überaus gütiger und verständnisvoller, im persönlichen Leben aber kompromisslos strenger Wüstenvater. In diesen Jahren entfaltet Evagrios auch eine reiche und von zahlreichen Freunden und Schülern hochgeschätzte schriftstellerische Tätigkeit. Der „Ruhm", der ihm so langsam zuwächst, wird ihm jedoch schon zu Lebzeiten auch zu einer Quelle von Leid und Nachreden. An Epiphanie 399 erliegt Evagrios nach rund zweijähriger Krankheit offenbar einem Nierenleiden, das er sich wohl durch seine übergroße Strenge zugezogen hat.

*

Der auch von den Zeitgenossen als früh empfundene Tod mit nur 54 Jahren sollte sich indessen als ein Segen erweisen. Denn schon an Ostern 399 brachen jene Querelen aus, die als „erster Origenistenstreit" in die Geschichte eingegangen sind. Sie betreffen Evagrios nur noch indirekt, jedoch nicht weniger folgenreich.[6]

Evagrios gehörte zu einer zahlenmäßig nicht unerheblichen Gruppe hoch angesehener Asketen, die von ihren Gegnern als „Origenisten" (im abfälligen Sinn) bezeichnet wurden, da sie mit Vorliebe aus den Schätzen der großen alexandrinischen Theologenschule seit Klemens bis Didymos dem Blinden und eben auch aus Origenes schöpften. Aus für uns nicht mehr ganz durchsichtigen Gründen regte sich damals unter der Masse der ungelehrten Mönche heftiger Widerstand gegen ihre „origenistischen" Mitbrüder, die übrigens keineswegs alle „Gelehrte" waren. Der vordergründige Streitpunkt war die Frage, ob Gott eine „Gestalt" habe, wie man aus Gen 1,26f. herauslesen konnte, oder ob dieser Vers, so Origenes und seine Schüler, nur bildlich zu verstehen sei, da Gott als immateriell auch gestaltlos sein müsse. Evagrios vertritt in seinen 153 Kapiteln „Über das Gebet" entschieden den letztgenannten Standpunkt.

---

5 Vgl. G. BUNGE, Evagre le Pontique et les deux Macaire.

6 Vgl. BUNGE, Briefe, 54ff.

Der als „wetterwendisch“ verrufene Patriarch Theophilos, ein persönlicher Freund der „Origenisten“, aus deren Reihen er viele Bischöfe genommen hatte, verurteilte zunächst in seinem Osterfestbrief des Jahres 399 den „Anthropomorphismus“ der Gegner des Origenes aufs heftigste. Unter dem gewalttätigen Druck der erregten Massen machte Theophilos jedoch alsbald eine vollkommene Kehrtwende und verurteilte nun Origenes und seine Anhänger, ja machte sogar unter Einsatz von Militär einen Einfall in die Behausungen seiner ehemaligen Vertrauten (400). Der Kirchenhistoriker Sokrates (ca. 380–450), der über heute nicht mehr erhaltenes Material verfügte, schreibt Theophilos höchst unlautere und in jedem Fall rein persönliche Motive für seinen Gesinnungswandel zu.

Wie dem auch sei, die verfolgten „Origenisten“ ergriffen jedenfalls die Flucht; mehr als 300 Mönche waren in diese Ereignisse verwickelt. Viele begaben sich nach Palästina, Ammonios und seine Brüder reisten weiter nach Konstantinopel, wo Johannes Chrysostomos sie aufnahm. Durch den gemeinsamen Vorstoß des Epiphanios von Salamis und des Hieronymus nahm der Konflikt nun internationale kirchenpolitische Ausmaße an, da jetzt die alte Rivalität zwischen Alexandria und dem „Neuen Rom“ ins Spiel trat. Der weitere Verlauf braucht uns nicht mehr zu beschäftigen. Auf dieselbe undurchsichtige Weise, wie der Konflikt zwischen Theophilos und den „Origenisten“ ausgebrochen war, wurde er auch beigelegt. Ohne dass die Verketzerten hätten „abschwören“ müssen, einigte man sich gütlich, und die überlebenden Verbannten kehrten in ihre Zellen zurück (403).

*

Der Name des Evagrios wird während der ganzen Dauer dieses unerquicklichen Streites von keinem der Beteiligten oder der späteren Historiker je erwähnt. Aus seinen Briefen lässt sich jedoch erschließen, dass Evagrios die dem Ausbruch des Konfliktes vorausgehenden Spannungen noch erlebt und darunter gelitten hat. Trotz der gütlichen Beilegung des Streites war jedoch ein Schatten auf Origenes und all jene, die man als „Origenisten“ gebrandmarkt hatte, gefallen. Dieser Schatten fiel daher auch auf Evagrios, seinen Schüler Palladios, Ammonios und viele andere Asketen, deren Namen man in der Folge nach Möglichkeit unterdrückte und daher z.T. auch vergeblich in den Apophthegmata Patrum sucht.

Zum Verhängnis wurde Evagrios jedoch dieser Streit um Origenes erst bei seiner Wiederholung, 150 Jahre nach seinem Tod, als palästinensische Mönche unter Verwendung seiner und anderer „origenistisch" gefärbter Schriften ein „System" konstruierten, das den heftigsten Unwillen ihrer Mitbrüder erregte. Dieser Gegenpartei gelang es, Justinian 553 zu einer Verurteilung des Origenes und all jener, die bestimmte seiner Lehren vertraten, zu veranlassen. Damit wurden neben dem großen Alexandriner nun auch Didymos der Blinde und Evagrios getroffen.

Von nun an verlagert sich die Wirkungsgeschichte des Evagrios gleichsam in den Untergrund, aus dem er wie ein mächtiger Strom auf z.T. abenteuerliche Weise in Ost und West eine Vielzahl von Flüssen speist, ohne seinen Namen preiszugeben. Viele seiner Werke gehen nun Stück für Stück in der Originalsprache verloren, andere werden unter fremdem Namen tradiert, ja es findet sich sogar ein besonders ängstlicher Kopist, der seine Person in einen „häretischen" Origenisten und einen „orthodoxen" Schüler der großen Kappadokier aufspaltet.

*

Dieses tragische Geschick lastet noch heute auf einer Bewertung *sine ira et studio* der evagrianischen Mystik. Denn im Unterschied zu Meister Eckhart etwa, dessen Schicksal dem seinen nicht unähnlich ist, hat Evagrios nie die Gelegenheit gehabt, sich in einer Rechtfertigungsschrift gegen die gegen ihn erhobenen Vorwürfe zu verteidigen. Was den Zugang so erschwert, ist aber letztlich weder bei dem einen noch dem anderen die „Orthodoxie" oder „Heterodoxie" ihrer Lehren, als vielmehr deren Unzugänglichkeit für den nur historisch-kritisch vorgehenden Geist. Meister Eckhart sagt einmal in einer Predigt, die Wahrheit, die er hier ausspreche, könne nur der verstehen, der selbst diese

Wahrheit „geworden“ sei, da sie „unmittelbar aus dem Herzen Gottes“ gekommen sei. Meister Eckhart beansprucht damit für sich kein Recht auf irgendwelche „Privatoffenbarungen“, sondern allein auf eine Einsicht in das geoffenbarte Mysterium Gottes, für die die jedem beliebigen, auch dem Unreinen, zuhandene Ratio nicht genügt.

Evagrios denkt nicht anders. Er weist in einem Brief diese Ratio, die „Dialektik“, ausdrücklich in ihre Schranken, da nur das „reine Herz“ zur „Schau“ befähigt sei.[7] Von den in dieser Schau gewonnenen Einsichten spricht der Mystiker notwendigerweise mit unangemessenen, weil alle der materiellen Wirklichkeit entnommenen Begriffe, Gott aber ist immateriell.[8] Im „Brief an Anatolius“ [9] steht (im Hinblick vor allem auf die *„Kephalaia Gnostika“*) die bedenkenswerte Feststellung, dass vieles von dem Gesagten (absichtlich) „dunkel und verhüllt“ sei. Für jene, die den „Fußstapfen“ der Väter folgen, werde jedoch alles klar und deutlich sein.

Diese Aussage zweier so bedeutender Mystiker enthält sowohl eine Warnung als auch eine Einladung: eine Warnung vor allem bloß äußerlichen begreifen wollen des Unbegreifbaren, und eine Einladung, sich vielmehr existentiell von Ihm ergreifen zu lassen. Der Weg dazu ist eben die *Praktike*, der diese Schrift gewidmet ist.

* * *

7 Ep 62.

8 In Eccl 5,1–2 : Géhin 35.

2. Das Werk: Die hundert Kapitel des Praktikos[9]

Wie wohl die Mehrzahl der Werke des Evagrios ist auch der *Praktikos* eine Gelegenheitsschrift, wenn man so sagen darf, deren stufenweises Wachstum noch deutlich zu erkennen ist. Einen älteren Grundstock bilden wohl die Kap. 6–90, denen die Kap. 91–100 erst später als „dokumentarischer Anhang" beigefügt wurden, als Evagrios drei ursprünglich selbständige Schriften (*Pr, Gn* und *KG*) zu einer Trilogie zusammenfügte, die er seinem Freund und wohl auch Gönner Anatolius widmete. Diesem neuen, weiteren Rahmen tragen auch die einleitenden Kapitel 1–5 Rechnung. Der Widmungsbrief an Anatolius dient dem Ganzen als Prolog und in seinem letzten Teil auch als Epilog des *Praktikos.*

*

Dieser Anatolius ist möglicherweise identisch mit einem, aus der nur in koptischer Übersetzung erhaltenen längeren Version der HL bekannten schwerreichen „Spanier Anatolius, vormals Notar, ein Verwandter Albinus' des Römers", der später Mönch wurde[10], wo erfahren wir nicht. Der Brief an Anatolius setzt voraus, dass der Adressat in Jerusalem wohnt, denn mit dem „heiligen Berg" dürfte wohl der Zion gemeint sein. Ein reicher „Spanier", „Albinus der Römer": wir werden an die ebenfalls aus Spanien stammende, dem senatorischen Hochadel angehörende Melania und den Vertrauten des Evagrios, Albinus, erinnert. Wahrscheinlich lebte Anatolius in dem von Melania und Rufinus gegründeten Doppelkloster auf dem Ölberg, zu dem wohl auch die vornehme Diakonisse Severa gehörte, der Evagrios seine *„Sentenzen für eine Jungfrau"* widmete.[11] Es ist nicht ohne Reiz zu sehen, mit wie vielen vornehmen Römern der gebürtige Grieche Evagrios befreundet war,

9 Vgl. C. und A. GUILLAUMONT, Traité pratique, 113ff.
10 Für die Einzelheiten vgl. BUNGE, Briefe, 32ff.
11 Vgl. BUNGE, Briefe 179ff.

während sein großer Lehrer Makarios z.B. gebürtiger Kopte war. Das Mönchtum der damaligen Zeit hatte einen durchaus kosmopolitischen Charakter.

*

Der *Praktikos* ist für *Mönche* bestimmt, und zwar vornehmlich für Anachoreten, d.h. allein in der Wüste lebende Asketen. Fragen des Gemeinschaftslebens spielen, im Unterschied zu den wohl ebenfalls für die Jerusalemer Mönche bestimmten *„Sentenzen für Mönche, die in Koinobien oder Gemeinschaften leben“*, keine Rolle. Dies bedeutet jedoch nur vordergründig eine Einschränkung der Bedeutung dieser Schrift. Denn ob in der Welt, im Kloster, in kleinen Gemeinschaften oder allein in der Wüste, der *Mensch* bleibt stets derselbe und wird auch stets von denselben Dämonen versucht, verfällt denselben Lastern, jedoch auf charakteristisch verschiedene Weise.[12] Der Kampf des Anachoreten, dem es normalerweise an einem regelmäßigen menschlichen Umgang, einer Gemeinschaft und auch den materiellen Gütern der Welt fehlt, offenbart nur das Wesen dieser Versuchungen und Niederlagen gleichsam in Reinkultur. Dadurch gewinnen jedoch auch die Mittel, die er in diesem Kampf entwickelt, und seine Siege eine beispielhafte und über den engen Rahmen seiner Wüstenzelle hinausgehende Bedeutung.

Der moderne Leser ist also aufgefordert, sich nicht mehr als nötig bei dem Wüstenkolorit der evagrianischen Schriften aufzuhalten, will er ihren geistlichen Gehalt für sich fruchtbar machen, und auf die Stimme seines Herzens zu hören. Er wird dann alsbald all seine Ängste, Obsessionen und Niederlagen, aber auch seine edelsten Hoffnungen wieder finden – und dazu die Mittel und Wege, die einen zu überwinden und die anderen zu verwirklichen.

* * *

12 Pr 48.

II. Die Lehre: Der „königliche und vollkommene Weg“

Die Praktike ist eine geistliche Methode, die den leidenschaftlichen Teil der Seele gänzlich reinigt.[1]

In dieser äußerst knappen „Definition“ der *Praktike*[2] ist im Kern schon die ganze evagrianische Lehre von dem, was wir „geistliches Leben“ zu nennen pflegen, enthalten. Um genau zu begreifen, was Evagrios unter *Praktike* versteht, gilt es daher, jeden einzelnen Begriff der Definition für sich und in seiner Verbindung mit den anderen zu entfalten.

*

1 Pr 78.

2 Vgl. dazu A. GUILLAUMONT, Traité pratique, 38ff.

1. Die Seele und ihre „Teile“

Gegenstand der „geistlichen Methode“ der *Praktike* ist die Seele, genauer deren „leidenschaftlicher Teil“. Hier stellt sich also als erstes die Frage nach der *Struktur der Seele* und weiterhin nach der „Psychologie“ des Evagrios.

Der Mensch in seiner historisch-konkreten Vorfindlichkeit ist ein komplexes Wesen, das sich als Verbindung von Leib und Seele erfährt.[1] Nicht nur der Leib ist aus den vier Elementen zusammengesetzt, auch die Seele hat offenkundig verschiedene „Vermögen“ oder „Teile“, wie es hier heißt. Und doch weiß der Mensch intuitiv, dass er in seinem innersten Wesen einer ist. Diesen unwandelbaren Personkern, den Meister Eckhart das „Fünklein“ der Seele *(scintilla animae)* nennen wird, bezeichnet Evagrios als „Intellekt“ *(nous)*, wohl wissend, dass dies nur ein Synonym für das biblische „Geist“ *(pneuma)*[2], den „inneren Menschen“[3], ist. Offenbar zieht Evagrios das keineswegs „intellektualistisch“ zu verstehende „Intellekt“ dem biblischen[4] „Geist“ vor, einmal, weil er letzteres dem Hl. Geist vorbehalten möchte, zum anderen, weil er die Beziehung zwischen Schöpfer und Geschöpf in ihrer höchsten, reinsten Manifestation ganz biblisch[5] als ein „Erkennen“ *(nous-noeo)* begreift.[6]

Dieser Intellekt ist, als Ort der Gottebenbildlichkeit[7], wie Gott selbst immateriell[8] und leiblos.[9] In seiner historischen Vorfindlichkeit erscheint er jedoch stets nur als „verleiblicht“.[10] Diesen verleiblichten Intellekt, die konkrete menschliche Person, bezeichnet Evagrios durchweg als die „vernünftige Seele“, eigentlich „logosbegabte Seele“ *(psyche logike)*, womit ihre Beziehung zu dem göttlichen Logos als ihrem Schöpfer einer-

1 In Prov 24,27: Géhin 291.
2 4 in Ps 30,6.
3 Rm 7,22; Eph 3,15.
4 1 Thes 5,22.
5 Joh 17,3.
6 KG I, 89.
7 M.c. 19,11f.
8 Or 119.
9 4 in Ps 38,6.
10 Sk 35.

seits und den *logoi,* den in der ganzen Schöpfung gleichsam wie „Buchstaben" eingeschriebenen Sinngehalten des Logos andererseits[11], die zu erkennen ihr aufgetragen ist, deutlich wird. „Verleiblicht" ist der Intellekt insofern, als er einen materiellen Leib als „Instrument" *(organon)* besitzt, durch den die materielle Schöpfung an ihn herantritt bzw. er auf sie erkennend und wirkend zuzugehen vermag.[12]

Dies ist möglich, weil diese „vernünftige Seele" *dreiteilig* ist bzw. über drei „Vermögen" oder „Kräfte" *(dynamis)* verfügt[13]: den rationalen, logisch-verstehenden Teil *(logistikon),* bisweilen einfach „Intellekt" (im engeren Sinn der *Verstand*) genannt, und die beiden leidenschaftlichen, für die Leidenschaft anfälligen, irrationalen *(alogon)* Teile Jähzorn *(thymikon)* und Begehren *(epithymetikon).*[14] Alle drei Teile sind voneinander abhängig und wirken aufeinander. Denn der Verstand ist im Herzen angesiedelt[15], während das Begehren in den „Nieren" (oder „Fleisch und Blut")[16] residiert.[17] Beim Jähzorn scheint Evagrios zu schwanken, denn teils weist er ihn, *Eccl 11,10* folgend, wie den Verstand dem „Herzen" zu[18], teils aber den „Nieren".[19] Dies liegt an seiner *Mittlerrolle* zwischen sinnlichem und geistigem Bereich. Denn einerseits gehört er eindeutig der leiblichen Natur an[20] und ist engstens mit dem Begehren verbunden[21], andererseits besteht eine so enge Verbindung zum Intellekt[22], dass er diesen „blendet" (d.h. der Erkenntnis beraubt), wenn er erregt[23], vor allem *irrational* erregt ist.[24] Der Jähzorn spielt also eine wichtige Rolle bei der Entstehung der Leidenschaften.

11 Ep.Mel. 11f.
12 KG I, 67 u.ö.
13 Pr 89.
14 In Prov 1,2: Géhin 3.
15 KG VI, 84.
16 Ibid.
17 4 in Ps 72,21.
18 In Eccl 11,10: Géhin 72. Vgl. KG VI, 84.
19 1 in Ps 25,2; 14 in Ps 72,21.
20 KG VI, 85.
21 Pr 10.
22 Vgl. KG IV, 79.
23 4 in Ps 6,8.
24 7 in Ps 68,11.

Jähzorn und Begehren bilden nämlich zusammen nicht nur den irrationalen, sondern auch den „leidenschaftlichen" *(pathetikon)* Teil der Seele[25], da sie das Einfallstor der Leidenschaften sind. Wie dies im Einzelnen im Umgang mit der materiellen, sinnlichen Wirklichkeit geschieht, werden wir in *Pr 38* noch genauer sehen. Halten wir hier nur die entscheidende Tatsache fest, dass alles, was sich in den irrationalen und für die Leidenschaften anfälligen „Teilen" abspielt, unmittelbar auf den Intellekt zurückwirkt.

> *Der Jähzorn blendet, wenn er erregt wird, den Schauenden (d.h. den Intellekt), das Begehren hingegen verbirgt, wenn es irrational bewegt wird, die sichtbaren Gegenstände.*[26]

Zorn und Begierde, die beiden Laster der irrationalen Teile der Seele, berauben also den Intellekt eben dank der innigen Verquickung aller drei Vermögen[27] jener „wahren Erkenntnis der Wirklichkeit"[28], die sein Wesensziel ist.[29] Er verfällt in die für ihn charakteristische Sünde der Unwissenheit (agnoia), des Nichterkennens (agnosia)[30], aus der ihn nur die von Gott gnadenhaft verliehene (kataxioo heißt das Stichwort) Erkenntnis zu befreien vermag.[31] Gott heilt ihn jedoch von seiner „Blindheit" nicht eher, bis er mit den Mitteln der Praktike den leidenschaftlichen Teil geheilt hat. Erst wer die Apatheia, die Freiheit von den Leidenschaften erlangt hat, die natürliche „Gesundheit der Seele"[32], wird vom Hl. Geist in die „Geheimnisse Gottes" eingeweiht.[33]

*

---

25 In Prov 11,17: Géhin 127.
26 KG V, 27.
27 Pr 86.
28 Pr 2.
29 2 in Psb145,8.
30 KG I, 49. 84 u.ö.
31 KG III, 35.
32 Pr 56.
33 59 in Ps 118,131.

2. Die Praktike als „Weg"

Das Fremdwort „Methode" weckt im modernen Leser zunächst den Gedanken an eine bestimmte Verfahrensweise, eine Technik. Anders der Grieche, der aus *methodos* als erstes die Vorstellung eines Weges *(meta-hodos)* heraushörte. Diese Ableitung bestimmte Evagrios in der Wahl der Begriffe. Denn inspiriert von der Rede der Schrift und vor allem der Psalmen, die das Leben gerne unter dem Bild des Weges und des Wanderns beschreiben, gilt ihm die *Praktike* mit Vorliebe als ein *„Weg"*. Sie ist also der „Weg der Praktike"[1] oder einfach der „praktische Weg".[2]

Worin besteht nun diese „Methode"? Wie der Begriff „Praktike", der bisweilen mit „Praxis" wechselt, schon nahe legt, vor allem anderen in einem Vollzug, dem *„Wandern" (hodeuo)* weg von den Lastern und hin zu den Tugenden[3], und zwar im *Tun der Gebote Gottes.*[4] Die Praktike wird so zum „Weg des Gebotes"[5], und diese Gebote werden eben im Hinblick auf den auf ihnen „wandelnden" Intellekt selbst „Wege" genannt.[6] Das biblische Symbol dieses „praktischen Weges" erkennt Evagrios treffend in der fleißigen Ameise.[7]

Ziel des Tuns der Gebote ist der Erwerb der *Tugenden*, durch die jene Laster (*pathe* – Leiden/Leidenschaften) geheilt werden, an denen die Seele „krankt".[8] Die Waffen, mit denen der Praktikos die „Fremdstämmigen" (d.h. die Dämonen) bekämpft, sind diese Tugenden selbst.[9] Die Praktike ist daher wesentlich ein „Weg der Tugend"[10], die „Wege des Herrn" sind jene „praktischen Tugenden", die uns zum Reich der Himmel führen.[11] Die Tugend ist in der Tat *eine*, aber wie das einfarbige Sonnenlicht sich im Glas bricht und die Vielfalt der Farben aus sich

1 14 in Ps 118,32.
2 In Prov 6,8: Géhin 72.
3 15 in Ps 76,21.
4 Pr 81.
5 Ep 60,1.
6 In Prov 19,16: Géhin 198.
7 In Prov 6,8: Géhin 72; vgl. Ep.fid. 12,36ff.
8 KG I, 41.
9 2 in Ps 26,3.
10 Sk 7.
11 6 in Ps 94,11.

entlässt, so „bricht“ sich die eine Tugend gleichsam in den drei Vermögen der Seele und manifestiert sich in einer Vielzahl von Tugenden.[12]

Diese „Brechungen“ der einen Tugend in den beiden irrationalen Vermögen der Seele, um die es ja in der Praktike geht, beschreibt Evagrios einmal in Pr 89. Er nennt hier pars pro toto für das Begehren *Besonnenheit, Liebe* und *Enthaltsamkeit,* für den *Jähzorn Mut* und *Geduld.*

Nun handelt es sich bei der Praktike aber um ein „Wandern“ des Intellektes, das folglich einen Anfang, verschiedene Etappen und ein Ziel hat. In *Pr Prol [8]* entwirft Evagrios ein Bild dieses „Weges“ und seiner einzelnen, sich auseinander entfaltenden Etappen. Als Marksteine wählt er hier die drei Grundtugenden aus *1 Kor 13,13*: Glaube, Hoffnung und Liebe, die durch andere Tugenden untereinander verbunden werden.

Mit der „Liebe“ *(agape)* ist die Praktike zwar an ihr Ziel gelangt[13], nicht jedoch der Mensch in seinem „Aufstieg“ zu Gott.

Der Praktikos ist ein Lohnknecht,
der seinen Lohn (noch) erwartet.[14]

Denn es folgen nun die „natürliche Erkenntnis“ *(physike)* oder Erkenntnis der geschaffenen Naturen, bei der Gott gleichsam im „Spiegel“ seiner Geschöpfe erkannt wird, und die „Theologie“ oder unmittelbar-personale Erkenntnis Gottes selbst. Beide bilden zusammen die Stufe des „Schauens“ *(theoretike)* oder „Erkennens“ *(gnostike)*, auf der der Mensch zum „Kontemplativen“ *(theoretikos)* oder „Erkennenden“ *(gnostikos)* wird.

Der Gnostikos ist ein Lohnarbeiter,
der am Tage selbst ausbezahlt wird.[15]

---

12 Pr 98.
13 Pr 84.
14 Sk 33.
15 Sk 32.

Der „Weg der Tugenden“ wird dem Menschen so zu einem „Weg des Lebens“, da er ihn zur Erkenntnis führt[16], die Erkenntnis aber nach *Joh 17,3* sein „ewiges Leben“ ist.[17]

So weit der Mensch indessen hier aber in jenen Momenten der Gnade, die Evagrios den „Zustand des Gebetes“ nennt, auch kommen mag, sein Erkennen ist und bleibt auf Erden doch Stückwerk. Denn die „letztendliche Beseligung“ ist ihm für das *Eschaton* vorbehalten, wenn er Gott „von Angesicht zu Angesicht“ erkennen wird[18], da nun Gott „alles in allen“ geworden ist.[19]

*

16 In Prov 15,24: Géhin 142.
17 7 bis in Ps 94,11.
18 1 Kor 13,12.
19 1 Kor 15,28.

3. „Methode“ als Nachgehen

So in sich abgerundet diese „Methode“, die reichlich aus dem Schatz antiker philosophischer Tradition schöpft, auch erscheinen mag, es wäre ein Irrtum zu glauben, sie stelle eine Methode der Selbsterlösung dar! Evagrios weiß mit der ganzen christlichen Tradition, dass der Mensch auf sich allein gestellt nichts vermöchte.

> *„Er sandte aus der Höhe und erfasste mich ... er riss mich aus meinen mächtigen Feinden und Hassern heraus ...“*

> *„Hieraus erkennen wir, dass vor dem Kommen des Erlösers die Dämonen stärker waren als wir, jetzt aber wir stärker sind als sie. Denn der Herr hat uns verliehen, ‚über Schlangen und Skorpione hinwegzugehen und über jede Macht des Feindes‘“.*[1]

So würde denn der Mönch auch ohne das Erbarmen Christi nie an das Ziel der Praktike, die *Apatheia*, gelangen.[2] Die vielen Wege der Tugenden vereinen sich nämlich zu dem einen Weg, Christus, der von sich gesagt hat[3], „ich bin der Weg“[4], ganz wie sich auch die vielen Tugenden zu der einen Tugend der *Gerechtigkeit* vereinen[5], welche nach *1 Kor 1,30* eben Christus ist.[6]

Die „Methode“ der Praktike wird so zu einem Nach-gehen, denn eben dies bedeutet der Begriff ursprünglich *(meta-hodos)*. Weit davon entfernt, eine bloß apersonale Technik der Selbsterlösung zu sein, ist die Praktike also personales Eingehen in das Mysterium des menschgewordenen Gott-Logos Christus.

1 11 in Ps 17,17–18 (Zitat Lk 10,19).
2 Pr 33.
3 Joh 14,6.
4 In Prov 4,10: Géhin 45.
5 1 in Ps 30,2.
6 2 in Ps 118,3.

„Führe mich, Herr, auf deinen Weg, und ich werde in deiner Wahrheit wandeln“:
„Ich bin der Weg“, sagt Christus, und dann: „Ich bin die Wahrheit“. (Der Psalmist) betet also, Christus möge in ihn zuerst zum ‚Weg‘ werden, d.h. zur Tugend, dann aber zur ‚Wahrheit‘, was der Kontemplation angehört“.[7]

Dies ist möglich, weil der Logos für uns „dem Heilsplan gemäß zum Weg ward“[8], zum „Anfang der evangelischen Wege, die uns zum Reich der Himmel bringen“. Und zwar in der doppelten Bedeutung des Wortes „Weg“: Weg Gottes zu uns – und unser Weg zu Gott. Die „Methode“ der Praktike wird daher zum Nach-gehen eben dieses „Weges“, d.h. zur Nachfolge, ja Nachahmung Christi.

Wer den Zorn beherrscht, der beherrscht die Dämonen. Wer aber von dieser Leidenschaft geknechtet wird, der ist für das Mönchsleben vollkommen ungeeignet und den Wegen unseres Erlösers fremd. Heißt es doch von unserem Herrn, dass er „die Sanftmütigen seine Wege lehre“.[9] *Deshalb wird auch der Intellekt der Anachoreten, der in die Gefilde der Sanftmut flieht, schwer erjagbar. Denn fast keine Tugend flieht der Dämon so wie die Sanftmut. Diese Tugend erwarb nämlich auch Moses, der „sanftmütiger als alle Menschen“ genannt ward.*[10] *Auch der hl. David bezeichnete sie als des Gedenkens Gottes würdig und sprach: „Gedenke, Herr, des David und all seiner Sanftmut“.*[11] *Aber auch unser Erlöser selbst rief uns auf, seiner eigenen Sanftmut Nachahmer zu werden und sprach*[12]*: „Lernet von mir, denn ich bin sanftmütig und demütig von Herzen, und ihr werdet Ruhe finden für eure Seelen“.*[13]

---

7 7 in Ps 85,11.
8 Ep.fid. 8,4.
9 Ps 24,9.
10 Num 12,3.
11 Ps 131,1.
12 Mt 11,29.
13 M.c. 13.

Die ersten „Nachahmer“ Christi waren seine Apostel, und Evagrios kann die Praktike daher treffend auch den *„apostolischen Weg“* nennen.[14] Ihnen folgten die „Väter“, deren „Wege“ es daher zu „befragen“ und nach denen es sich „auszurichten“ gilt[15], „um nicht etwas einzuführen, was unserem Lauf fremd ist“[16], und so selbst zu „Fremden für die Wege unseres Erlösers“ zu werden. Nur wer den „Fußstapfen“ der Väter folgt[17], wird von jenem *„königlichen und vollkommenen Weg“*[18] nicht abkommen, der allein ihn zum „Reich der Himmel“ zu führen vermag[19], d.h. zur Erkenntnis Gottes.

Wenn du Christus nacheiferst,
wirst du selig gepriesen werden.
Seinen Tod wird deine Seele sterben,
und kein Übel wird sie je aus ihrem Fleische ziehen,
dein ‚Ausgang‘ wird sein wie der Ausgang eines Sternes,
und deine ‚Auferstehung‘ wird aufleuchten wie die Sonne.[20]

*

14 Ep 25 3.
15 Pr 91.
16 Ep 17,1.
17 Pr Prol [9].
18 7 in Ps 118,15.
19 6 in Ps 94,11.
20 Mn 21.

4. Die Praktike als „geistliche" Methode

Man hat Evagrios bisweilen vorgeworfen, die drei göttlichen Personen und namentlich der Hl. Geist spielten in seiner mehr philosophischen als theologischen Mystik keine nennenswerte Rolle. Sollte das Adjektiv „geistlich" also nur schmückendes Beiwort zu „Methode" sein, ohne inneren Bezug zur Person des Hl. Geistes? Nichts weniger als das!

Gewiss hat Evagrios keine Theorie des „geistlichen" Lebens speziell als Werk des Hl. Geistes entworfen, eine solche Isolierung der göttlichen Personen liegt ihm ganz fern, doch eine aufmerksame Lektüre seiner Werke macht deutlich, dass das so überaus häufige und in allen denkbaren Verbindungen erscheinende Beiwort *pneumatikos* indirekt stets auf die Person des Hl. Geistes verweist.

Von Anbeginn der Schöpfung bis zu ihrer Vollendung erscheint der Geist stets als „Mitarbeiter" von Vater und Sohn[1], namentlich ist aber die im Namen der Hl. Dreifaltigkeit gespendete Taufe und die daraus fließende „Heiligung" sein Werk. Denn in der Taufe befreit er uns von der „Knechtschaft" der Sünde[2] und drückt uns das „geistliche Siegel"[3] auf, durch das er uns, im Verein mit dem Sohn, „heiligt"[4] und zu seinem „Tempel" macht.[5] Von daher ist das Leben des Getauften im innersten stets „geistlich". Dies wird noch deutlicher, wenn wir nun einige der Manifestationen dieser allgegenwärtigen und doch so verborgenen dritten Person der Hl. Dreifaltigkeit betrachten.

Wir pflegen, wie gesagt, das Leben des Christen, insofern er als Christ lebt, als „geistlich" zu bezeichnen. Ganz zu Recht, denn auf allen Stufen dieses Lebens manifestiert der Hl. Geist in charakteristischer Weise sein Wirken. Die Praktike ist ein steter Kampf voller Wechselfälle, die der Hl. Geist zwar nicht unterbindet[6], in denen er aber als weiser Schiedsrichter unserer geheimsten Regungen auftritt.[7] Bisweilen greift

1 Ep.fid. 11.
2 Ibid. 10.
3 Mn 124.
4 Ep.fid. 2,45f.
5 Ibid. 11,20f.
6 Ep 30,1.
7 M.c. 7.

er jedoch auch direkt ein und macht dem dämonischen Treiben ein Ende.[8]

Die Praktike führt uns hin zur Physike, der ersten Stufe der Theoretike oder Gnostike, der Erkenntnis Gottes also im Spiegel der Schöpfung. Wer die Praktike mit Gottes Hilfe bestanden hat, „über den kommt der Geist des Herrn“[9] und „erfüllt ihn“[10], um ihm die größte und erste seiner Gnadengaben, die Weisheit, zu verleihen.[11] Denn seine vornehmste Aufgabe ist die „Offenbarung der Geheimnisse Gottes“[12], wie sie sich in der gesamten Schöpfung manifestieren.[13]

Sinn und Ziel der Physike ist es, behutsam auf die Theologike hinzuführen, d.h. auf die Erkenntnis Gottes selbst. Evagrios versteht darunter nicht eine mit den Mitteln der „Dialektik“ arbeitende „Geisteswissenschaft“[14], sondern das, was wir heute unter „Mystik“ verstehen: unmittelbar-personale Gottesbegegnung.[15] Diese wahre „Gotteswissenschaft“ ereignet sich im „Gebet“, das ja „vertraute, unmittelbare Zwiesprache des Intellektes mit Gott“ ist[16], „wie mit einem Vater“.[17]

Bist du Theologe,
wirst du wahrhaft beten,
und betest du wahrhaft,
bist du Theologe.[18]

Im „geistlichen“ und „wahren“ Gebet, dessen Lehrmeister der Hl. Geist ist[19], kommt nun die mystische Geistlehre des Evagrios erst voll zu ihrer Entfaltung. Denn dieses Gebet ist „geistlich“ und „wahr“, weil es

8 M.c. 9, Ende.
9 Mn 97.
10 Mn 115.
11 In Prov 8,10: Géhin 101.
12 59 in Ps 118,131.
13 KG II, 69; III, 77; VI, 44.
14 Vgl. Ep 62.
15 Mn 120.
16 Or 3.
17 Or 55.
18 Or 61.
19 Or 63. 70.

„Anbetung des Vaters *in Geist und Wahrheit*“[20] ist, das heißt aber für Evagrios „im Heiligen Geist und im Eingeborenen Sohn“[21], der ja die Wahrheit wesenhaft ist.[22] Es ist hier nicht der Ort, diesen Gedanken weiter zu verfolgen.[23] Die Feststellung mag genügen, dass Evagrios die „Methode“ der Praktike mit vollem Recht als „geistlich“ bezeichnet, da sie nicht weniger als die „geistliche Erkenntnis“ (oder Kontemplation) vom Heiligen Geist beseelt ist.

*

20 Joh 4,23.
21 Or 59.
22 Joh 14,6.
23 Vgl. unser Buch „Das Geistgebet“, Kapitel VI.

5. Die Hindernisse des „Weges“

Die „geistliche Methode“ der Praktike befasst sich mit dem leidenschaftlichen Teil der Seele, Jähzorn und Begehren, womit schon angedeutet ist, wo die Gefahren und Widerstände auf diesem „Weg“ liegen. Die „vernünftige Seele“ kommuniziert mit der sinnlich-materiellen Welt durch die beiden irrationalen Vermögen, die auch das Einfallstor der Leidenschaften darstellen. Denn „was nicht teilhat an der Sinneswahrnehmung, das ist auch frei von Leidenschaften“.[1]

Im einzelnen sind die Dinge sehr verwickelt, doch ist deutlich, dass die materiellen Objekte an sich kein Hindernis auf dem Weg zum Heil darstellen, noch die Kräfte, durch die wir sie wahrnehmen[2], noch auch die von ihnen in unseren Geist „eingeprägten“ gedanklichen Vorstellungen, sondern allein der Missbrauch, den wir mit all dem treiben[3], die Leidenschaften also. Hier hat die Praktike einzusetzen.

Ein praktischer Mann ist, wer sich des von Gott
Gegebenen in rechter Weise bedient.[4]
Ein praktischer Intellekt ist, wer die gedanklichen
Vorstellungen dieser Welt stets leidenschaftslos aufnimmt.[5]

Alle Leidenschaften, acht „generische“ an der Zahl[6], aus denen die Vielzahl der anderen entsteht, haben ihre letzte Wurzel in der „Selbstverliebtheit“ *(philautia)*[7], dem selbstverfallenen Gefühl „freundschaftlicher Liebe“ *(philia)* allein für das eigene Ich, weshalb die *philautia* Evagrios treffend auch eine „Alleshasserin“ nennt.[8] Konkret manifestieren sich die im Herzen verborgenen Leidenschaften, ehe sie zur Tat werden können, in den (im negativen Sinn verstandenen) „Gedanken“ *(logismoi)*, bzw. den sie auf vielfältige Weise anregenden Dämonen.

1 Pr 4.
2 KG III, 59.
3 2 in Ps 145,8.
4 Sk 15.
5 Sk 16.
6 Pr 6.
7 Sk 53.
8 Sent 48.

Die bösen Gedanken sind die ‚Schlingen' der Dämonen, die die Seele umgarnen und ihr nicht gestatten, auf jenem Weg zu gehen, der sprach: „Ich bin der Weg".[9]

Diese versucherischen Gedanken erscheinen teils „längs des Weges"[10] der Praktike, wo wir Gefahr laufen, von den „Vögeln" (d.h. den Dämonen) ausgeraubt zu werden[11], die uns direkt daran hindern, die Gebote Gottes zu tun. Gefährlicher noch ist die Versuchung, wenn sie „mitten auf dem Weg"[12] der Praktike erscheint, denn dann reizt sie uns dazu, das Gute nicht um seiner selbst willen zu tun, sondern um den Menschen zu gefallen.[13] Die Dämonen „verbergen" also hier ihre wahren Absichten und flößen jeder Tugend das ihr entgegen gesetzte Laster ein.[14] Daher gilt es im ersten Fall, die Gebote Gottes vor den „Räubern" zu „verbergen", d.h. nicht offen herumliegen zu lassen, sondern in die Tat umzusetzen.[15] Und um dem eitlen Ruhm zu entgehen, muss man dies im Verborgenen tun, indem man „den Wohlgeruch der Mühen mit Schweigen versiegelt".[16]

Das größte Hindernis auf den „Wegen unseres Erlösers" ist zweifelsohne der *Zorn*[17], da er den Intellekt „blendet"[18] und so für die Gotteserkenntnis, den direkten Zugang zu Gott, unfähig macht. Der Jähzorn bedarf daher auch größerer Heilmittel als das Begehren.[19] Von allen Tugenden ist darum die Zornlosigkeit *(aorgesia)* die beste „Wegbereiterin" der Erkenntnis.[20]

Wer ohne Anstoß auf dem „Weg der Tugend" vorankommen will, tut gut daran, dem Gebot Christi entsprechend[21], überhaupt

---

9 25 in Ps 118,61.
10 Mt 13,4.
11 Ep 6,1.
12 Ps 141,4.
13 Ep 17,2.
14 1 in Ps 141,4.
15 6 in Ps 118,11.
16 Eul 14.
17 M.c. 13.
18 KG V, 27.
19 Pr 38.
20 Gn 5.
21 Lk 10,4.

niemanden auf dem „Weg" zu „grüßen", d.h. sich bei keinem leidenschaftlichen Gedanken an einen sinnlichen Gegenstand aufzuhalten[22], da derartige Gedanken die Seele doch nur zu schändlichem Tun einladen.[23]

All diese Gefahren und Widerstände machen die Praktike zu einem „engen und schmalen Weg"[24], der mit „Mühen" und „Tränen" verbunden ist.[25] Erst die Erkenntnis des „Sinnes der Gebote weitet das Herz und macht ihm den Weg der Praktike leicht".[26]

*

22 Sk 7.
23 In Prov 7,12: Géhin 93.
24 Ep 20,3.
25 In Ps 125,5.
26 14 in Ps 118,32.

6. Reinigung als Heilung

Ziel der „geistlichen Methode" der Praktike ist eine „gänzliche Reinigung" der beiden irrationalen Vermögen der Seele von allen Verunreinigungen der Leidenschaften.

> *Ein Praktikos ist, wer allein den leidenschaftlichen Teil der Seele leidenschaftslos besitzt.*[1]

Ihr unmittelbares Ziel ist also die Leidenschaftslosigkeit (apatheia), die Evagrios als die „Blüte der Praktike" bezeichnet[2], „Reinheit nämlich ist Leidenschaftslosigkeit der vernünftigen Seele".[3] Das weitere Ziel ist die Erkenntnis Gottes, deren unabdingbare Voraussetzung die Freiheit von den das Wesen des Menschen verfälschenden Lastern ist.

> *Die Erkenntnis Christi bedarf keiner in der Dialektik bewanderten Seele, sondern einer schauenden. Die Dialektik nämlich wird auch den unreinen Seelen zuteil, das Schauen jedoch nur den reinen.*[4]

Diese durch das Halten der Gebote im „Zusammenwirken von göttlicher Gnade und menschlichem Eifer"[5] gewirkte „Reinigung der vernünftigen Seele"[6] nennt Evagrios auch deren „Gesundung". Denn da die Laster „Krankheiten" der Seele sind[7], kann man die „Freiheit von den Leidenschaften" füglich als die *natürliche* „Gesundheit der Seele" bezeichnen.[8] Natürlich ist sie deshalb, weil die Laster wie eine Krankheit erst nachträglich in die wesenhaft gute Schöpfung eingedrungen sind[9] und daher auch, durch Gottes Allmacht, gänzlich[10] daraus ent-

---

1 Gn 2.
2 Pr 81.
3 Ep 56,2.
4 KG IV, 90.
5 12 in Ps 17,21.
6 5 in Ps 110,7.
7 KG I, 41.
8 Pr 56.
9 KG I, 39.
10 Ep 43,2.

fernt werden sollen[11], um die Schöpfung in ihrer ersten Vollkommenheit wiederherzustellen.

Der diese „Reinigung“ und Heilung von den „Krankheiten“ der Laster bewirkt, ist vor allen anderen Christus, der „Arzt der Seelen“[12], wie Evagrios oftmals wiederholt. Denn „er will, dass alle Menschen gerettet werden und zur Erkenntnis der Wahrheit gelangen“.[13] Die Mittel, deren er sich dabei bedient und die, bildlich gesprochen, auch den glühenden Kauter der antiken Chirurgie nicht ausschließen[14], sind eben die der Praktike.[15]

Christus wird bei diesem Werk der Heilung von den Engeln unterstützt[16] sowie von all jenen, die selbst die „geistliche Erkenntnis“ erworben haben[17], d.h. den „geistlichen Vätern“[18], die gleich Engeln die „Bisse der wilden Tiere“ (d.h. der Dämonen) heilen[19], was bisweilen ebenfalls recht schmerzhaft für die Betroffenen sein kann.

Ein Gnostikos ist, wer für die Unreinen wie Salz,
für die Reinen aber wie ein Licht ist.[20]

So „gereinigt“ und „geheilt“, wird nichts in der konkreten menschlichen Persönlichkeit unterdrückt oder gar verteufelt. Apatheia bedeutet zwar eine Art „Trennung der Seele vom Leib“[21], jedoch nur im Sinne einer Befreiung von den irrationalen, selbstsüchtigen Regungen der beiden leidenschaftlichen Teile der Seele. Apatheia bedeutet „Vollbesitz der Kraft“[22] und „natürliches Wirken“ aller drei Vermögen der vernünf-

11 KG I, 40.
12 2 in Ps 102,3.
13 Ep 42,1 (Zitat 1 Tim 2,4).
14 Ep 38,2.
15 3 in Ps 30,4.
16 KG VI, 35. 86.
17 KG VI, 90.
18 Ep 52,7.
19 Pr 100.
20 Gn 3.
21 Pr 52.
22 Pr 65.

tigen Seele.[23] Von nun an wird das Tun dessen, der sie erworben hat, nicht mehr von Gesetzen, Geboten oder der Furcht vor Strafe bestimmt, sondern „er sagt und tut das, was ihm seine vorzügliche Verfassung diktiert".[24]

*

23 Pr 86.
24 Pr 70.

7. „Wege des Herrn“ und „Wege Gottes“

Bei diesem leicht stoischen, wenngleich innerlich verchristlichten Ideal des „vollkommenen Menschen“ von harmonischer innerer Ausge-glichenheit bleibt Evagrios jedoch nicht stehen. Mehr steht ja auf dem Spiel!

> *Der Herr liebt sowohl den Praktikos als auch den Theoretikos,*
> *mehr als den ersten jedoch den Theoretikos …*[1]

Die Praktiker nämlich weilen noch in den „Höfen des Hauses Gottes“, die Theoretiker, d.h. die Kontemplativen, jedoch „im Hause des Herrn“ selbst.[2] Denn die Apatheia ist zwar die „Blüte der Praktike“[3], deren „Ziel“, die aus dieser Blüte erwachsende Frucht also, ist jedoch die Liebe[4], die wie ein „Tor“ den Weg zur Physike und zur Theologike freigibt.[5] Entsprechend unserer Reinheit nämlich werden wir der Erkenntnis gewürdigt[6], der indirekten Erkenntnis Gottes in der Physike und der direkten, „mystischen“, in der Theologike.

> *Die ‚Wege des Herrn‘ sind die praktischen Tugenden,*
> *die uns in das Reich der Himmel führen.*[7]

„Reich der Himmel“ ist für Evagrios ein symbolischer Name.[8] Er bezeichnet die „Kontemplation des Geschaffenen“[9], d.h. die Erkenntnis von Ursprung, Fall und Erlösung der Geschöpfe dank des Heilswirkens Christi. Es kann daher auch „Reich Christi“ heißen.[10]

1 1 in Ps 86,2.
2 1 in Ps 133,1.
3 Pr 81.
4 Pr 84.
5 Pr Prol [8].
6 In Prov 19,17: Géhin 199.
7 6 in Ps 94,11.
8 Pr 2.
9 KG V, 30.
10 Ep.fid. 7,22.

Insofern nun die „praktischen Tugenden“ uns zum „Reich der Himmel“ hinführen, betrachten sie den „Weg“ gleichsam von uns aus. Die Ermöglichung eines solchen Zugehens des Menschen auf Gott liegt jedoch in der Heilsgeschichte des Alten und Neuen Bundes verborgen, in der Gott auf den Menschen zugeht, um ihm diesen Weg zu sich hin zu eröffnen.

> *Durch viele Beschäftigung mit den Geboten gelangt man dazu, die ‚Wege Gottes‘ (das Gesetz und die Propheten) zu erkennen, die zu dem königlichen und vollkommenen Weg führen, zu Christus, der sagt: „Ich bin der Weg“.*[11]

Denn „Gesetz und Propheten“ bezeugen nicht nur das Heilswirken Gottes, seine „Gerichte“ und seine „Vorsehung“[12], die „Heiligen Schriften“ lehren uns auch, wie wir uns der Erkenntnis dieser Geheimnisse durch die Übung der Gebote (Praktike) und die wahren Lehren (Theoretike) zu nähern vermögen[13] – in Christus.

> *Wenn die ‚Täter der Gesetzlosigkeit nicht auf den Wegen Gottes wandeln‘, dann werden folglich die Täter der Gerechtigkeit auf den Wegen Gottes wandeln. Nun sind die ‚Wege Gottes‘ die Kontemplationen des Geschaffenen, auf denen wir ‚wandeln‘ werden, wenn wir die Gerechtigkeit üben. Wenn aber unsere Gerechtigkeit Christus ist, „er ward uns ja zur Weisheit von Gott, zur Gerechtigkeit, zur Heiligung und zur Erlösung“*[14] *(1 Kor 1,30), dann nennt Salomon in den Sprüchen die Weisheit, die Christus ist, trefflich den „Anfang der Wege des Herrn“.*[15] *Christus nenne ich aber den mit dem Gott-Logos gekommenen Herrn.*[16]

11 7 in Ps 118,15.

12 Ep 6,4.

13 KG VI, 1.

14 1 Kor 1,30.

15 Prov 8,22.

16 2 in Ps 118,3.

Die Geheimnisse dieser „unausforschlichen Wege Gottes"[17] durch die Zeiten lehrt der Herr allein die Sanftmütigen[18], wie Moses einer war.[19] Es heißt ja in Ps 102,7: „Er tat Mose seine Wege kund".[20] Moses wird so zum Prototyp dessen, der um seiner Reinheit willen zur „Kontemplation der Sinngehalte der Wirklichkeit"[21] der „vergangenen Äonen"[22] und „dieses Äons"[23], der ganzen sichtbaren Schöpfung also[24], gelangt ist. Mag diese den „Herzensreinen"[25] vorbehaltene „Schau" auch jetzt die „Schatten" jener „Archetypen", die wir einst bei der Vollendung betrachten werden, nur „wie in einem Spiegel" erhaschen, so ist ihre „heilige Erkenntnis" doch unvergleichlich wertvoller als alle „Erkenntnisse", die uns die „Weisen dieses Äons verheißen".[26] Und bei aller Begrenztheit ist sie doch die uns in diesem Leben erreichbare „Beseligung".[27]

* * *

17 Rm 11,33.
18 Ps 24,9.
19 Num 12,3.
20 Ep 56,3.
21 Ep 27,2.
22 Ep 56,6.
23 Ep 41,5.
24 Ep.Mel. 37.
25 Mt 5,8.
26 2 in Ps 62,4.
27 Ep.fid. 12.

III. Zu Übersetzung und Kommentar

Der Praktikos ist, wie alle evagrianischen Schriften, kein Buch für eilige Leser. Evagrios war ein vor allem durch Wort[1] und Schrift[2] wirkender geistlicher Lehrer. So ist denn auch „Der Mönch“ vor allem ein Lehrschreiben, das auch als solches gelesen werden will. Worum es dabei im Wesentlichen geht, sagten wir bereits. In dem folgenden Scholion äußert sich Evagrios selbst über den Charakter seines Praktikos.

Gesegnet sei der Herr, mein Gott, der meine Hände für den Krieg lehrt und meine Finger für den Kampf:

„Wer vom Herrn den Kampf gegen die widrige Macht gelernt hat, kennt die Gründe der Tugenden und der Laster, die Unterschiede der Gedanken, die Merkmale der Leidenschaftslosigkeit und ihre Grenzen. Ferner kennt er auch die Gründe der nächtlichen Erscheinungen oder Träume, von denen die einen vom rationalen Teil der Seele herrühren, dadurch dass das Gedächtnis angeregt wird, die anderen vom Jähzorn, wieder andere vom Begehren.

Doch diese Dinge habe ich in dem Buch „Der Mönch“ genauer dargestellt, denn eine entsprechende Untersuchung der Gründe ist Sache der Ethik. Hier sind wir ein wenig vom Thema abgeschweift, da wir den vom Herrn gelehrten Kampf darstellen wollten“.[3]

„Der Mönch“ (auch Praktikos genannt) enthält also eine möglichst genaue (akribesteron) Untersuchung (exetasis) all jener „Gründe“ (logoi), die mit der Ethik, ein anderer Name für Praktike, zusammenhängen. So gründlich aber Evagrios hier auch vorgegangen sein mag, vieles wird doch erst im Lichte seiner übrigen Schriften voll verständlich. Unser Kommentar hat sich also zum Ziel gesetzt, Evagrios durch Evagrios zu erklären.

Unser Anliegen war dabei kein bloß wissenschaftliches, sondern ist vor allem geistlicher Natur. Der Kommentar will dem wissbegierigen Leser den Zugang zum „Weg der Praktike“ nach Möglichkeit erleich-

1 Vgl. Vita E. F.
2 Vgl. HL 38.
3 1 in Ps 143,1.

tern. „Der Mönch" und sein Kommentar sind also als eine Art Handbuch des „praktischen Lebens" gedacht, und sollten auch in diesem Geist gelesen werden.

*

Um den Leser von einem bloß kursorischen Durchlesen abzuhalten und ein solch meditativ-„praktisches" Lesen zu ermöglichen, hat Evagrios auch für seinen Praktikos die literarische Form der „Centurie" gewählt, die fast allen seinen Schriften zugrunde liegt. Hier bildet nämlich jedes Kephalaion (Kapitel) eine kleine Einheit für sich, die als solche gelesen und betrachtet werden will. Ein solches meditatives Lesen, nicht nur der Heiligen Schrift sondern auch der Väterschriften, gehört seit je zu den wichtigsten Übungen der Mönche.

Der Praktikos ist also keine systematische Abhandlung, obgleich er durchaus eine innere Struktur und Logik aufweist. Der geistliche Gehalt einer solchen Schrift wird dem Leser jedoch nicht anhand einer folgerichtigen Darstellung des Gegenstandes vermittelt, sondern er ergibt sich ihm am Ende aus einer Gesamtschau, die Evagrios natürlich zugrunde legt, die aber seinen Lesern erst nach Jahren eines immer vertrauteren Umganges mit dem Gegenstand aufleuchten wird. Mit anderen Worten, die von Evagrios angestrebte Einsicht wird sich erst als Frucht des persönlichen Lebensvollzuges einstellen. Denn der pontische Mönch ist, gewiss auch aus eigener Erfahrung, davon überzeugt, dass sich die geistliche Lehre der Väter, die er ja vermitteln will, nur dem voll erschließt, der „den Fuß in dieselbe Spur der Altväter gesetzt hat".[4]

Wie sehr Evagrios, der ja selbst ein sehr fähiger Kopist war[5], daher auch auf die graphische Gestaltung seiner Werke Wert legte, lehrt folgende Anweisung an die Kopisten, die wohl sicher von seiner Hand stammt.

Ich bitte die Brüder, die auf dieses Buch stoßen und es abschreiben möchten, nicht Kapitel mit Kapitel zu verbinden, noch das Ende des

4 Vgl. Pr Prol [9].
5 Vgl. HL 38.

eben abgeschriebenen Kapitels und den Anfang des folgenden auf dieselbe Zeile zu setzen, sondern jedes Kapitel mit seinem eigenen Anfang beginnen zu lassen, so wie wir sie auch durch die Nummerierung unterteilt haben. Auf diese Weise bleibt die Kapitelordnung erhalten und das Gesagte wird deutlich.

1. Wir beginnen also mit dem ersten Kapitel, in dem es darum geht, was das „Christentum" ist, und als dessen Definition wir vorgeschlagen haben, dass es die aus der Praktike, der Physike und der Theologike bestehende Lehre unseres Erlösers Jesus Christus ist"[6]

Leider haben sich die Kopisten aus Sparsamkeitsgründen fast nie an diese doch so sinnvolle Anweisung gehalten. Dies führt dann bisweilen zu sinnentstellenden Verzerrungen, wenn z.B. zwei „Kapitel" zu einem zusammengezogen werden, bzw. Zusammengehöriges getrennt wird.[7] Wir folgen hier der vorbildlichen Ausgabe von C. und A. Guillaumont, deren griechischen Text wir zugrunde gelegt haben.

*

Zum Schluss noch ein Wort zum besseren Verständnis des Werkes. Evagrios denkt in der Bilderwelt der Heiligen Schrift und spricht mit ihren Worten. Im Grunde geht es ihm eigentlich nur um die rechte Auslegung des göttlichen Wortes, das ja unsere einzige sichere Quelle der Erkenntnis ist.[8] Viele Texte sind also im Grunde „Scholien", Auslegung einzelner Schrifttexte oder auch nur bestimmter Begriffe, die man kennen muss, sonst begreift man den Text nicht. Der moderne Leser sei hier daran erinnert, dass Evagrios beim Alten Testament natürlich mit der Kirche seiner Zeit die ***Septuaginta*** zugrunde legt, die alte, vorchristliche griechische Übersetzung. An die muss sich dementsprechend auch der moderne Kommentator halten. Da die Worte der „göttlichen Schriften" vom Heiligen Geist inspiriert sind[9], ist es die Pflicht des Auslegers, ihren göttlichen Sinngehalt zu erforschen.

---

6 Der griechische Text wird von A. und C. Guillaumont veröffentlicht, vgl. Traité pratique, S. 147.

7 Vgl. etwa Or 113 und 114.

8 Vgl. Ep.fid. 2.

9 Vgl. in Prov 1,9: Géhin 7, mit dem Kommentar des Herausgebers.

„Man muss die göttliche Schrift auf intelligible und geistliche Weise verstehen, denn die sinnliche Erkenntnis bezüglich der Historie ist nicht die wahre".[10]

Nicht alle sind fähig, diesen „mystischen (oder verborgenen) Sinn der Schrift" zu erfassen.[11]

‚Honig isst', wer aus den göttlichen Schriften Nutzen zieht; wer hingegen die Sinngehalte (logoi) aus den Dingen selbst zum Vorschein bringt, aus denen auch die heiligen Propheten und Apostel schöpften, der isst die ‚Wabe'. Honig zu essen steht jedem frei, der es will, Wabe zu essen aber nur den Reinen.[12]

Evagrios wendet sich daher nicht nur gegen jene, die „die göttlichen Schriften schlecht auslegen"[13], sondern auch gegen jene, die ihre „Mysterien unbesonnen und kritiklos heraustragen", und erinnert dabei an Paulus, der sich selbst als einen gewissenhaften „Diener Christi und Verwalter der Mysterien Gottes"[14] bezeichnete.[15]

Es versteht sich von selbst, dass eine solche Exegese nicht im modernen Sinn „historisch-kritisch" sein kann und will. Sie ist vielmehr erklärtermaßen „symbolisch"[16] und im Sinne des Gesagten mystagogisch. Für Evagrios sind die einzelnen Begriffe (oft auch Begebenheiten) Symbole einer sie überschreitenden geistigen Wirklichkeit, die es zu „schauen" und dann auch in die eigene Wirklichkeit umzusetzen gilt. Ganze Listen solcher symbolischer Namen werden bisweilen zusammengestellt[17], die alle „figürlich" (tropikôs) zu verstehen sind.

Diese symbolisch-meditative Schriftdeutung ist keineswegs willkürliche Spielerei. Nicht jedes an sich symbolische Wort hat auch in jedem Kontext dieselbe Bedeutung. Evagrios ist sich wohl bewusst, dass zudem auch nicht alles „geistlich" zu deuten ist. Wer sich da zu weit vorwagt, gibt sich leicht dem Gelächter der Zuhörer preis.[18] Schließlich

10 In Prov 23,1.3: Géhin 251.
11 In Prov 23,1.3: Géhin 250.
12 In Prov 24,13: Géhin 270.
13 3 in Ps 93,6.
14 1 Kor 4,1.
15 4 in Ps 111,5.
16 12 in Ps 104,22.
17 In Prov 25,26: Géhin 317.
18 Gn 34.

gibt es auch Dinge, bei denen der Exeget einfach eingestehen muss, dass sie sich seinem Verständnis entziehen.[19] Ziel der Exegese muss die „Deutung der Gebote zur Ermahnung der Einfältigen“[20] bleiben.

In Text und Kommentar wird der Leser zahlreiche Beispiele dieser symbolischen Schriftdeutung finden, von der diese Einleitung bereits einige Proben gab. Man erleichtert sich den Zugang zu dieser dem modernen Menschen von Hause aus fremden Sicht, der einen „geistlichen Sinn“ über allem „Sachwissen“ nahezu gänzlich aus dem Auge verloren hat, wenn man sich einmal ernsthaft in einen Vers wie 1 Kor 10,4 versenkt: Christus als geistlicher Felsen. Das in eine bestimmte historische Situation hineingesprochene Wort ist ebenso wenig in sich verschlossen, wie Gott in diese Situation eingeschlossen ist. Dank der absoluten Freiheit Gottes ist jedes seiner geistgewirkten Worte offen auf die Fülle seines Heilswirkens in Christus hin. Es wird so, ohne im mindesten seinen ersten Sinn einzubüßen, zu einem „Typos“ – Vorbild eben dieser Fülle.[21] „Falsch“ wird dieser „historische Sinn“ nur, wie Evagrios oben sagte, wenn man versuchen wollte, Gott in die Historie einzusperren und seine Worte so der Verheißung zu berauben, um derentwillen Synagoge und Kirche sie ja bewahrt haben.[22]

* * *

19 2 in Ps 109,3.

20 KG IV, 61.

21 Vgl. Rm 5,14 u.ö.

22 Vgl. zum Ganzen G. Bunge, "Der mystische Sinn der Schrift", Studia Monastica 36 (1994), 135–146.

1. Prolog (von dem Mönch Evagrios)

Brief an Anatolius

[1] Da hast du mir also, der ich in der Sketis wohne, jüngst vom hl. Berg aus geschrieben, geliebter Bruder Anatolius, und mich gebeten, dir den Symbolismus des Gewandes der Mönche in Ägypten zu erklären. Du meintest nämlich, dass es nicht grundlos und unnützerweise eine solche Verschiedenheit der Kleidung den übrigen Menschen gegenüber aufweise. Wohlan, wir wollen dir also mitteilen, was wir diesbezüglich von den hl. Vätern erfahren haben.

Evagrios beginnt seinen Traktat über das „praktische Leben" mit einer scheinbaren Äußerlichkeit: die Kleidung der ägyptischen Mönche. Indessen interessiert weder ihn noch Anatolius diese von der Kleidung der übrigen Menschen so verschiedene Gewandung als solche, sondern der *Symbolismus*, der sich in dieser Verschiedenheit verbirgt. Bei genauer Betrachtung zeigt sich nun, dass Evagrios die Eigentümlichkeit eines jeden Gewandstückes mit einer Tugend bzw. dem ihr entgegen gesetzten Laster in Verbindung bringt. In umgekehrter Reihenfolge erscheint hier fast der ganze Acht-Lasterkatalog, von dem in der Folge noch ausführlich die Rede sein wird. Ausdrücklich werden Hoch mut, eitler Ruhm, Sanftmut (als Gegensatz zum Zorn), Unreinheit und Habsucht genannt. M. a. W.: die Symbolik des Mönchskleides enthält bereits im Kern die Grundelemente der geistlichen Lehre der Praktike, deren Ziel ja die Reinigung von diesen Lastern ist.

*

Nicht das Gewand eines Christenmenschen lobe,
sondern die Gesinnung des Herzens.[1]

Und doch sagt man nicht zu Unrecht: Kleider machen Leute. Denn im Kleid gibt der Mensch, ob er will oder nicht, seine Gesinnung zu erkennen. Durch seine auch von den Zeitgenossen als ungewohnt, ja fremdartig empfundene Kleidung gleicht der Mönch dem Propheten: Elija war für jeden an seiner eigentümlichen Gewandung erkennbar[2], ebenso Johannes der Täufer.[3]

Der christliche „Prophet" geht indessen über seine Vorbilder hinaus: Sein *Kleiderwechsel* symbolisiert einen radikalen *Gesinnungswechsel*, wie Evagrios in der Folge an jedem einzelnen Gewandstück deutlich machen wird. Der Bruch mit den Kleidersitten der „Welt" ist nur der sichtbare Ausdruck eines Bruches mit ihrer Gesinnung. Der Mönch kleidet sich nicht „wie alle Welt", weil er entschlossen ist, nicht „wie alle Welt" zu denken und zu leben.

Damit tut er jedoch nur symbolisch-sinnenfällig, d.h. *prophetisch*, was der Apostel jedem Christen abverlangt: „Passt euch nicht der Gestalt (der äußeren Form) dieser Welt an, sondern wandelt euch um (formt euch um) durch die Erneuerung des Sinnes, um zu prüfen, was Gottes Wille ist, das Gute, Wohlgefällige und Vollkommene".[4]

*

1 Sent 22.
2 2 Kön 1,8.
3 Mt 3,4.
4 Röm 12,2.

[2] Das *Kukullion* ist ein Symbol der „Gnade Gottes, unseres Erlösers“[5], die ihren Verstand behütet und die Kindheit in Christus[6] wärmend umfängt wegen derjenigen, die beständig darnach trachten, (uns ins Gesicht) zu schlagen und zu verwunden.[7] Jene nun, die es auf dem Kopf tragen, psalmodieren mit Macht die Worte: *„Wenn der Herr nicht das Haus erbaut und die Stadt bewacht, hat sich der Erbauer vergeblich gemüht und der, der zu wachen sucht“.*[8] Solche Worte nämlich bewirken Demut und reißen mit der Wurzel den Hochmut, das Erzübel, aus, das den *„Luzifer, der in der Frühe aufgeht“*[9], auf die Erde schleuderte.

Der Christ lebt „nicht mehr unter dem Gesetz, sondern unter der Gnade“.[10] Geistliches Leben ist daher nichts anderes als Leben in und aus der Gnade Gottes. Die Kapuze, die die Mönche beständig auf dem Kopf trugen, symbolisiert eben diese Gnade, ohne die alles menschliche „Bauen“ vergeblich ist. Sie schützt das Kostbarste, was dem Christen in der Taufe verliehen ward: die Annahme an Kindesstatt in Christus, vor allen Angriffen jenes Erzübels, das den Fall des Engelfürsten verursachte.[11] Denn der Hochmut ist ja jene Versuchung, die den Luzifer einst dazu trieb, sich im Geiste wahnwitzigerweise über seinen Schöpfer zu erheben.

> *Sage nicht: „Ich werde meinen Thron über die Sterne stellen, dem Höchsten werde ich gleich sein“*[12] *Denn es ist besser, dass man von dir sage*[13]*: „Deshalb hat ihn Gott auch über die Maßen erhöht und ihm einen Namen verliehen, der über allen Namen ist“*[14]

---

5 Tit 2,11.
6 Vgl. 1 Kor 3,1.
7 Vgl. Spr 7,26.
8 Ps 126,1 (frei).
9 Jes 14,12.
10 Röm 6,14.
11 O.sp. 8,10.
12 Jes 14,13–14.
13 Phil 2,9.
14 In Prov 25,6–7: Géhin 301.

Das der Kinderkleidung entnommene *Kukullion*, das Evagrios bezeichnenderweise als erstes Kleidungsstück nennt, erinnert den Mönch, da es seinen Kopf, den Sitz des Verstandes (*hegemonikon*: das Leitende), umfängt, also beständig an jene Tugend des Geistes, die Christus vor allen anderen auszeichnete: die Demut.[15] In dieser „Demut und Sanftmut des Herzens" erblickt Evagrios die vornehmste Manifestation der *Liebe*.[16] So „behütet", wird sein Intellekt stets die ihm zugewiesene Rolle des „Leiters" auf den „Pfaden des Herrn"[17] erfüllen. Denn gleichwie der Hochmut die Ursache der „Verblendung", der Unwissenheit und Gottesferne ist[18], wird die Demut (oder Sanftmut) dem Menschen zur „Mutter der Erkenntnis".[19]

> *„Wenn ihr nicht umkehrt und werdet wie die Kinder, werdet ihr nicht in das Reich der Himmel eingehen"[20], d.h. wenn ihr nicht die Leidenschaftslosigkeit erwerbet, werdet ihr nicht der Erkenntnis gewürdigt werden.*[21]

*

15 Mt 11,29.
16 Ep 56.
17 3 in Ps 24,4.
18 In Prov 2,17: Géhin 23.
19 Ep 27,2.
20 Mt 18,3.
21 2 in Ps 130,2.

[3] Dass die Hände bloß bleiben, zeigt die Ungeheucheltheit des Wandels an. Der eitle Ruhm nämlich ist geschickt im Verhüllen[22] und Zudecken der Tugenden, stets auf der Jagd nach dem Ruhm seitens der Menschen und den Glauben vertreibend. Es heißt ja: „*Wie vermögt ihr zu glauben, die ihr Ehre voneinander annehmt und die Ehre, die allein von Gott kommt, nicht sucht?*“[23] Denn das Gute muss man nicht um eines anderen, sondern um seiner selbst willen wählen. Denn wenn dies nicht zugestanden würde, hätte es den Anschein, als sei das, was uns zum Tun des Guten bewegt, weit wertvoller als das verwirklichte Gute selbst, was vollkommen widersinnig wäre. Es hieße ja erwägen und sagen, dass etwas besser sei als Gott.

Das grobe Leibgewand des Mönchs, Kolobion (das Gestutzte) genannt, hatte kurze, nur bis zu den Ellenbogen reichende Ärmel. Evagrios erblickt in der sich daraus ergebenden Unmöglichkeit, die Hände, „Symbol des praktischen Tuns“[24], zu verbergen, eine Mahnung, sich vor jeder Heuchelei zu hüten. Aus Lk 12,1f. konnte er herauslesen, dass diese pharisäische Heuchelei geschickt im „*Verhüllen*“ der wahren Motive unseres Tuns ist, indem sie unter dem Deckmantel der Liebe zur Tugend nur den eitlen Ruhm seitens der Menschen sucht.[25] Liebe[26], Glaube[27] und Bruderliebe[28] sollen jedoch „*ungeheuchelt*“ sein.

Doch steht bei der Heuchelei des eitlen Ruhmes noch mehr auf dem Spiel. Das „Gute“ existiert nicht losgelöst für sich, sondern verweist auf das „erste Gute“[29], auf „Gott, der allein gut ist“.[30] Die eitle Ruhmsucht verfälscht also nicht nur unser Verhältnis zu den Mitmenschen, sondern auch dasjenige zu Gott.

22 Vgl. Lk 12,2.
23 Joh 5,44.
24 In Eccl 4,5: Géhin 26.
25 Vgl. auch Mt 6 und 23.
26 Röm 12,9.
27 1 Tim 1,5.
28 1 Petr 1,22.
29 KG I, 1.
30 Or 33.

Die Tugend des Ruhmsüchtigen
ist ein beschädigtes Opfertier,
und schwerlich wird es
auf dem Altar Gottes dargebracht werden.[31]

*

31 O.sp. 7,16.

[4] Der *Analabos* sodann, der ihre Schultern kreuzförmig umschlingt, ist ein Symbol des Glaubens an Christus[32], welcher *„die Sanftmütigen aufhebt“*[33], beständig alles Hinderliche umfängt und ihnen die Tätigkeit ungehindert vonstatten gehen lässt.

Der *Analabos* ist eine Art Band, das um den Hals gelegt wurde, sich vor der Brust kreuzte und unter den Achseln durchlaufend das weite Leibgewand zusammenhielt. Evagrios erblickt in ihm nicht, wie man nach der Form zuerst vermuten sollte, ein Symbol des Kreuzes, sondern des „Glaubens an Christus, ohne welchen es nicht möglich ist, Gott wohlgefällig zu sein“.[34] Dank eines unübersetzbaren Wortspieles[35] bringt Evagrios dabei diesen Glauben mit den „Sanftmütigen, die der Herr *erheb*“[36], gleichwie der Analabos das Gewand „aufhebt“ und seine hinderliche Weite straff zusammenfasst, in Verbindung.

Mit diesem „Aufheben der Sanftmütigen“ deutet Evagrios versteckt auch schon auf das Ziel des geistlichen Lebens, das sich aus dem Glauben entfaltet, hin: die Erkenntnis Gottes, zu der Gott allein die Sanftmütigen *„erhöht“*.[37]

„Anstelle deiner Väter erstanden dir Söhne“:
Anstelle von Abraham, Isaak und Jakob und all jenen, die seit Ewigkeit her durch den Glauben dem Herrn wohlgefällig waren, erstanden die Jünger und durch sie wir alle, die wir durch den Glauben deren Erben wurden und derselben Erkenntnis wie sie gewürdigt wurden. Denn dies ist das Erbe der vernünftigen Natur: die Erkenntnis Gottes.[38]

*

32 Vgl. Kol 2,5 u. ö.
33 Ps 146,6.
34 Ep 14, vgl. Hebr 11,6.
35 *Analabos* ist von dem Verb *analambanein*, heben, erheben, aufheben, abgeleitet.
36 Ps 146,6.
37 2 in Ps 54,7 u.ö.
38 11 in Ps 44,17.

[5] Der *Gürtel*, der ihre Lenden umschnürt, weist alle Unreinheit ab und verkündet: *„Es ist gut für einen Mann, keine Frau zu berühren“*.[39]

Der lederne Gürtel, an dem schon Elija[40] und Johannes der Täufer[41] erkennbar waren, ist ein Symbol der *Keuschheit*, da er die Lenden umschnürt, den Sitz der sinnlichen Begierde also.[42]

Die ‚Gürtel', welche ein Symbol der Praktike sind, umschnüren den leidenschaftlichen Teil der Seele.[43]

Der freiwillige Verzicht auf die Ehe „um des Himmelreiches willen“[44] gilt darum seit jeher als Wesensmerkmal des Mönchtums. Evagrios bleibt jedoch bei diesem äußeren Verzicht nicht stehen.

Bei Jeremia heißt es: „Und du, nimm dir kein Weib an diesem Ort. Denn dies sagt der Herr über die Söhne und Töchter, die an diesem Ort geboren werden: Eines schlimmen Todes werden sie sterben“.[45] *Dieses Wort zeigt, dass gemäß dem Apostel ‚der verheiratete Mann sich um die Dinge der Welt sorgt, wie er seiner Frau gefallen kann, und geteilt ist. Die verheiratete Frau sorgt sich ebenfalls um die Dinge der Welt, wie sie ihrem Mann gefallen kann“.*[46] *Und es ist offenkundig, dass im Propheten nicht allein von den im ehelichen Leben entstandenen Söhnen und Töchtern gesagt ist, „sie werden eines üblen Todes sterben“, sondern auch von den in ihren Herzen entstehenden Söhnen und Töchtern, d.h. den fleischlichen und begehrlichen Gedanken. Auch sie werden in einem an dieser Welt kranken, schwachen und entkräfteten Sinn sterben und nicht zum himmlischen und ewigen Leben geboren. „Wer hingegen nicht verheiratet ist“, sagt der Apostel, „sorgt sich um die Dinge des Herrn, wie er dem Herrn gefallen*

39 1 Kor 7,1.
40 2 Kön 1,8.
41 Mt 3,4.
42 14 in Ps 72,21.
43 In Prov 31,24: Géhin 379.
44 Mt 19,12.
45 Jer 16,2–4.
46 1 Kor 7,33f.

kann“[47], und er bringt immerfrische und unsterbliche Früchte des ewigen Lebens.

So also ist der Mönch und so soll er sein: sich des Weibes enthaltend und weder Söhne noch Töchter zeugend an dem genannten Ort, dazu auch ein nicht an der Materie haftender und sorgenfreier Soldat Christi, frei von geschäftlichen Gedanken und Tun, wie auch der Apostel sagt: „Niemand, der Kriegsdienst leistet, verstrickt sich in die Geschäfte des Lebens, um dem, der ihn angeworben hat, wohlgefällig zu sein“.[48] So soll der Mönch voranschreiten, vor allem der, der allen Ballast dieser Welt gelassen hat und dem herrlichen und schönen Siegespreis der Ruhe (hesychia) nachjagt. Wie herrlich und schön ist die Askese durch die Ruhe, ja wahrlich herrlich und schön! Denn ihr Joch ist linde und ihre Last leicht[49], süß das Leben, angenehm die Praktike.[50]

*

47 1 Kor 7,32.

48 2 Tim 2,4.

49 Vgl. Mt 11,30.

50 R.m. 1–2.

[6] Die *Melote* tragen jene, die *„allzeit das Sterben Jesu an ihrem Leibe umhertragen“*[51], alle vernunftlosen Leidenschaften des Leibes knebeln, die Laster der Seele durch die Teilhabe am Guten zurückstutzen und die Armut lieben, die Habsucht aber als die Mutter des Götzendienstes[52] fliehen.

Die *Melote* ist ein mantelartiger Umhang aus Ziegenhaut, wie ihn schon Elija trug[53] und ähnlich auch Johannes der Täufer.[54] Evagrios entdeckt in diesem für die ägyptischen Mönche so charakteristischen Kleidungsstück einen mehrfach in sich verschlungenen Symbolismus. Da dieses Fell durch *Tötung* gewonnen wird, deutet er es zunächst allgemein als Symbol eines mystischen *Sterbens*[55], von dem es heißt:

> *Das ‚Sterben Christ, ist das geheimnisvolle Wirken, das jene, die in diesem Leben auf ihn gehofft haben*[56]*, zum ewigen Leben zurückführt.*[57]

Nun besteht dieser Mantel aber aus dem Fell getöteter Tiere und wird damit zum Symbol der Bändigung (nicht Abtötung!) aller *„tierischen“*, weil „vernunftlosen“ Leidenschaften.[58] Diese aus den beiden irrationalen Vermögen Jähzorn und Begehren „aufsteigenden“ Regungen[59] haben wir in der Tat samt unserem Leib mit den vernunftlosen Tieren gemeinsam.[60] Diese Regungen sollen „gebändigt“ werden, da das Ziel der Praktike ja das „natürliche Wirken“ auch der irrationalen Kräfte der Seele ist.[61] Da es jedoch nicht nur „leibliche“, sondern auch *„seelische* Leidenschaften“ gibt[62], gilt es auch diese „zurückzustutzen“, und

51 2 Kor 4,10.
52 Vgl. Kol 3,5.
53 Vgl. 1 Kön 19,13.
54 Mt 3,4.
55 Vgl. Pr 52.
56 Vgl. 1 Kor 15,19.
57 KG VI, 42.
58 Vgl. KG VI, 85.
59 Vgl. Pr 74.
60 Ep.Mel. 41.
61 Pr 86.
62 Pr 35.

zwar durch die „Teilhabe am Guten" oder, wie Evagrios sagt, durch die „geistliche Liebe"[63], die ja Teilhabe an Gott, dem höchsten Gut, ist, da „Gott Liebe ist".[64]

Da dieses rohe Tierfell schließlich eine ärmliche Bekleidung ist, symbolisiert es für Evagrios auch die Abkehr von der Habsucht, die ja die „Mutter des Götzendienstes" ist[65], und die Liebe zur Armut.

> *Voll Dankbarkeit wollen wir mit der Armut zusammenleben. Denn „nichts haben wir in die Welt hineingebracht, und offensichtlich können wir auch nichts hinausbringen. Haben wir Speise und Kleidung, soll uns dies genügen"[66], eingedenk auch des Paulus, der die Geldgier die „Wurzel aller Übel" nannte.*[67]

*

63 Pr 35.
64 1 Joh 4,8.
65 Ep 27,5 , vgl. Kol 3,5.
66 1 Tim 6,7f.
67 M.c. 21 (Zitat 1 Tim 6,10).

[7] Der *Stab* bedeutet *„den Baum des Lebens für alle, die ihn ergreifen, und eine sichere (Hilfe) für jene, die sich auf ihn wie auf den Herrn stützen“.*[68]

Dieser „Baum des Lebens“[69] ist für Evagrios stets ein Symbol *Christi.*[70]

> *Jesus Christus ist das Holz des Lebens.*
> *Bediene dich seiner, wie es sich gebührt,*
> *und du wirst in Ewigkeit nicht sterben.*[71]

Was unter diesem „Ergreifen“ und „Sich Bedienen“ zu verstehen ist, lehrt folgende Stelle aus einem Brief des Evagrios:

> *Es ist jetzt an der Zeit, dem Herrn zu dienen und die „Früchte der Gerechtigkeit“*[72] *zu bringen, denn „aus den Früchten der Gerechtigkeit sprießt der Baum des Lebens“*[73]*, welcher Christus ist, in den „reinen Herzen*[74] *der Menschen auf, welcher all jene „beschattet“, die von der „Glut“*[75] *der Bosheit verbrannt werden.*[76]

Denn die *„Glut“* der Praktike[77] vermag nur der zu ertragen, in dessen von Leidenschaften reinem Herzen jener Lebensbaum Christus wächst, der ihn beschützt.[78] Das Thema ist Evagrios lieb, und er wandelt es immer wieder ab.

---

68 Spr 3,18.
69 Gen 2,9.
70 KG V, 69.
71 Sent 65.
72 Vgl. Phil 1,11.
73 Prov 11,30.
74 Mt 5,8.
75 Vgl. Gen 31,40.
76 Ep 54,2.
77 Vgl. In Prov 19,12: Géhin 195.
78 Vgl. Pr 33. 54.

„Die Weisheit ist ein Baum des Lebens für alle, die sie ergreifen“:
An diesem Baum teilzuhaben ward Adam nach der Übertretung gehindert[79]*, insofern „aus den Früchten der Gerechtigkeit der Baum des Lebens wächst“*[80]*, [Adam aber die „Samen der Gerechtigkeit“ verloren hatte].*[81] *Wenn der ‚Baum des Lebens‘ nun die ‚Weisheit‘ Gottes ist, dann ward er rechtens daran gehindert, diesen Baum anzurühren*[82]*). Denn es heißt ja*[83]*: „In eine boshafte Seele wird die Weisheit nicht einziehen“.*[84]

Was Evagrios mit dieser biblisch-symbolischen Rede sagen will, ist deutlich: geistliches Leben ist ohne die Hilfe Christi, des menschgewordenen Gott-Logos, unmöglich. Aus eigener Kraft vermöchte der Mensch die Werke der Praktike nicht zu vollbringen.[85] Geistliches Leben ist ein sich Stützen auf Christus in seiner *„Nachahmung“*[86] die bis zur „Verähnlichung“ mit ihm geht.[87]

*

79 Gen 3,22.
80 Prov 11,30.
81 In Prov 11,30: Géhin 132.
82 Gen 3,3.
83 Weish 1,4.
84 In Prov 3,18: Géhin 32.
85 Pr 33.
86 M.c. 13, vgl. Ep 56,9.
87 18 in Ps 88,37–38.

[8] Dieser Dinge Symbol ist also in Kürze der *Habit.*

Evagrios stellt diese geistlich-symbolische Deutung des Mönchskleides *(s'chema)* ausdrücklich[88] als *Lehre der Väter* dar, als bereits empfangene Tradition also. Wir haben keinen Grund, ihm dies nicht zu glauben. Evagrios lebte in einem sehr gebildeten Milieu, in dem man sich wahrscheinlich schon früh Gedanken nicht nur über das Wesen des Mönchtums, sondern auch über die Bedeutung des überkommenen Gewandes und seiner einzelnen Teile gemacht hatte. Dass man dabei aus älterer alexandrinischer, auch nichtchristlicher Weisheit (Philon) schöpfte, sei unbestritten. Es bleibt jedoch die Tatsache bestehen, dass dieses Gewand nicht nur Evagrios als *„heilig“*[89] galt.

Sollte es uns Modernen nicht zu denken geben, dass die ersten Mönche jenes Gewand, das sie beim Eintritt ins Mönchsleben erhalten hatten, vor allem das so charakteristische *Kukullion*, für so heilig hielten, dass sie es zeitlebens sorgfältig hüteten und nur zum Empfang der heiligen Geheimnisse in der Liturgie anlegten? Und dass sie dieses an sich vollkommen wertlose Stück Stoff mit aller Entschiedenheit, wenn nötig mit Gewalt, gegen Diebe verteidigten, denen sie doch sonst bereitwillig all' ihre armselige Habe überließen? Sie wollten nämlich in jenem heiligen Kleid begraben werden, in dem sie begonnen hatten.[90]

Diese Hochachtung teilt das Mönchskleid mit dem weißen *Taufkleid*, das die ersten Christen ebenfalls unbefleckt bis an den Tod zu bewahren trachteten, um in seiner ganzen ursprünglichen Reinheit vor den „Richterstuhl Christi“ treten zu können. Man wundert sich daher nicht, bei Evagrios eine reich entwickelte biblische Symbolik des „Kleides“ zu finden.

Alle unreinen Gedanken, die durch die Leidenschaften in uns weilen, bringen den Intellekt „in Untergang und Verderben“[91][…]. Denn durch diese Gedanken nach unten gezogen, lehnte auch jener dreimal unselige Intellekt in den Evangelien das ‚Gastmahl‘ der Erkenntnis Christi ab.[92] Und jener,

88 Vgl. auch [9].
89 Ibid.
90 Phokas 1.
91 1 Tim 6,9.
92 Vgl. Mt 22,2ff.

der an Händen und Füßen gebunden und in die äußerste Finsternis hinausgeworfen ward, hatte (ebenfalls) ein aus diesen Gedanken gewebtes Kleid, weshalb ihn der, der ihn geladen hatte, eines solchen Hochzeitsmahles für unwürdig erklärte.[93] *Deshalb bedeutet das ‚Hochzeitskleid' die Leidenschaftslosigkeit der vernünftigen Seele, die den weltlichen Begierden entsagt hat.*[94]

Wer sein Fleisch nicht „plagt und knechtet"[95], *sondern seine fleischlichen Gelüste erfüllt, der wird das wahre ‚Gastmahl' nicht essen noch das Lichtkleid anlegen*[96] *(Inst. man. Suppl. 20).*

Dieses „Kleid von Licht" oder „geistliche Gewand" *(Vg 55)* deutet auf das „Licht der Hl. Dreifaltigkeit" hin, mit dem sich der Mystiker im Augenblick der Begegnung mit dem dreifaltigen Gott bekleidet *(Cent. Suppl. 53)*. Dorthin gelangt jedoch nur, wer die Leidenschaftslosigkeit erlangt hat, deren Symbol eben das Mönchsgewand ist. Seine scheinbare Fremdartigkeit in dieser Welt teilt es mit diesem Ideal selbst.

*

93 Mt 22,11–14.

94 M.c. 22.

95 1 Kor 9,27.

96 Inst.mon. II, 12.

[9] Dies aber sind die Worte, die die Väter ihnen beständig wiederholen: Den Glauben, Kinder, macht die Furcht Gottes fest und diese wiederum die Enthaltsamkeit; letztere aber machen Geduld und Hoffnung unbeugsam, aus welchen die Leidenschaftslosigkeit geboren wird, deren Spross die Liebe ist. Die Liebe aber ist das Tor zur natürlichen Erkenntnis, auf welche die Theologie und die letztendliche Beseligung folgen.

Was Evagrios an dem besonderen Gewand der ägyptischen Mönche interessierte, war, wie wir sahen, nicht dessen äußere Form, die seinem Freund Anatolius aus eigener Anschauung ja auch bekannt war, sondern die *geistliche Lehre,* die sich in seinem Symbolismus verbirgt. Diese Lehre der Väter, von der Evagrios noch öfter sprechen wird, fasst er nun in abstrakter Form in einer Art Tugendleiter zusammen. Die einzelnen Sprossen sind die verschiedenen Stufen der Praktike, um die es in den folgenden hundert Kapiteln gehen wird.

Betrachten wir diese Stufenleiter genauer, dann zeigt sich, dass sie eine Ausfaltung von *1 Kor 13,13* ist, dem Schlusssatz des „Hohenliedes der Liebe“: „Nun aber bleiben Glaube, Hoffnung und Liebe, diese drei. Am größten unter diesen aber ist die Liebe“. Anderen paulinischen Texten folgend bringt Evagrios aber auch die hier scheinbar etwas abgewertete „Erkenntnis“ zu Ehren. Glaube, Hoffnung und Liebe, dazu die Erkenntnis der geschaffenen Naturen, die wohl „Stückwerk“ ist, aber doch nicht minder wirklich, bilden gleichsam die Marksteine auf dem „Weg der Praktike“.[97] Am „größten“ sei die Liebe, sagte Paulus, und Evagrios stimmt ihm zu.[98]

Glaube:
Prinzip (arche) der Liebe,
Endziel (telos) der Liebe:
Erkenntnis Gottes.[99]

97 4 in Ps 118,32.
98 Pr 38.
99 Mn 3.

Glaube und Liebe kommt also eine Schlüsselstellung zu, dem Glauben als dem Fundament dieses Aufstiegs zu Gott, der Liebe als dem „Tor der natürlichen Erkenntnis", d.h. der *indirekten* Gotteserkenntnis im Spiegel der geschaffenen Naturen, die ja alle von Ihm künden.[100] Die anderen, nicht minder wichtigen Tugenden dienen dazu, die drei genannten Grundtugenden Pauli zu festigen.

> *„Öffnet mir die Tore der Gerechtigkeit":*

Gleichwie die Tore der Gerechtigkeit geöffnet werden, so auch die der Besonnenheit, des Mutes und der Liebe. Denn durch diese ‚Tore' tritt der Intellekt ins Reich der Himmel ein.[101]

„Dies ist das Tor des Herrn, Gerechte werden durch es eintreten":

> *Nach dem Eintreten durch die praktischen Tugenden werden wir das Tor der Erkenntnis finden, welche die Kontemplation der leiblichen und leiblosen Geschöpfe ist.*[102]

Auf diese immer noch indirekte Gotteserkenntnis, die uns *jetzt* zugänglich ist, folgt die „Theologie", die nicht mit der gleichnamigen Fachwissenschaft gleichzusetzen ist, sondern „mystische Gotteswissenschaft" als Frucht unmittelbar – vertrauten Umganges.[103] Sie wird dem Menschen hier auf Erden im „wahren Gebet" zuteil[104], jenem Augenblick gnadenhafter Begegnung mit Gott, „ohne jegliche Vermittlung"[105] eines Geschöpfes.

Erst bei der Vollendung der Schöpfung wird dann dem Menschen die vollkommene Begegnung mit Gott „von Angesicht zu Angesicht" zuteil werden[106], wenn „Gott alles in allen" geworden ist.[107] Und dies wird dann unsere „letztendliche", eschatologische Beseligung sein.[108]

---

100 Ep.Mel. 5ff.
101 4 in Ps 117,19.
102 5 in Ps 117,20.
103 Mn 120.
104 Or 61.
105 Or 3.
106 1 Kor 13,12.
107 Vgl. den Kommentar zu Pr 2.
108 Ep.fid. 7.

Die Schlüsselstellung, die Evagrios dabei hier und in allen seinen Schriften der *Liebe* zuerkennt, bringt einen überaus tiefen und geistlich fruchtbaren Gedanken zum Ausdruck: Ohne jene Frucht der Leidenschaftslosigkeit kann von wahrer Gotteserkenntnis keine Rede sein, bleibt „Mystik" bloße Illusion, da alles von den Leidenschaften, jenen Sprösslingen der *philautia,* der Selbstverliebtheit[109] verfremdet und verfälscht ist. Denn „Gott ist Liebe"[110], und diese Liebe vermag allein zu erkennen, wer selbst Liebe geworden ist.

Durch die Liebe erkennen wir die Liebe und durch die Gerechtigkeit die Gerechtigkeit. Denn aus Gleichem wird Gleiches erkannt.[111]

Die „Blüte" der Praktike ist die Freiheit von den Leidenschaften, die erst die Liebe freisetzt[112], jene Fähigkeit, durch die der Mensch den zu erkennen vermag, der seinem Wesen nach die „Urliebe" ist.[113] Diese „heilige Erkenntnis", Ausdruck innigster Vertrautheit, ist das „Leben des Menschen"[114] und ein Vorgeschmack jener eschatologischen „Ruhe" des Herrn, die unser nach Hebr 4 noch harrt.

Die ‚Ruhe' des Herrn bedeutet seine Erkenntnis, [und wer in sie eingeht, findet durch sie Ruhe].[115] *Sie wird auch „ewiges Leben" genannt. Es heißt ja*[116]*: „Dies ist das ewige Leben, dass sie dich erkennen, den allein wahren Gott, und den du gesand hast, Jesus Christus".*[117]

*

109 Sk 53.
110 in Joh 4,8.
111 1 in Ps 17,2.
112 Pr 81. 84.
113 Ep 56,3.
114 2 in Ps 62,4.
115 7 in Ps 94,11.
116 Joh 17,3.
117 7 in Ps 94,11.

[10] Dies mag vorerst genügen über das heilige Gewand und die Lehren der Altväter.

Jetzt wollen wir von dem praktischen und dem gnostischen Leben berichten, jedoch nicht alles, was wir gesehen oder gehört haben, sondern nur, was wir von ihnen gelernt haben, um es auch anderen zu sagen.

Wir haben daher in knapper Form die *Praktike* in hundert Kapitel, die *Gnostike* aber, zusätzlich zu den sechshundert, in fünfzig Kapitel unterteilt.

Dabei haben wir manches verhüllt, anderes dunkel dargestellt, um *„nicht das Heilige den Hunden zu geben noch die Perlen vor die Säue zu werfen"*[118]. Für die, die den Fuß in dieselbe Spur gesetzt haben, werden diese Dinge indessen deutlich sein.

Das geistliche Leben gliedert sich in drei Hauptphasen: den „praktischen Weg" der leiblich-seelischen Askese im Halten der Gebote[119], sowie die noch einmal in *Physike,* oder Erkenntnis der geschaffenen Naturen, und *Theologike,* oder Erkenntnis Gottes selbst, unterteilte *Gnostike* oder *Theoretike.* Evagrios hat die beiden ersten Phasen des Aufstiegs zu Gott in einer groß angelegten Trilogie behandelt, wie er hier andeutet. Diese besteht aus dem in der Folge allein übersetzten „Praktikos", dem „Gnostikos", der in analoger Weise das Leben des Kontemplativen beschreibt, und den sechs Büchern der „Kephalaia Gnostika" zu je neunzig (nicht hundert, wie zu erwarten wäre) kurzen „Kapiteln", in denen es vorrangig um die „natürliche Erkenntnis" oder Erkenntnis des Geschaffenen geht.[120]

Die in dieser Trilogie überlieferte Väterlehre stellt Evagrios ausdrücklich unter das biblisch-altchristliche Gebot der *Arkandisziplin.* Diese hat nichts mit esoterischer Geheimniskrämerei zu tun, sondern ist, wie Evagrios von seinem Lehrer Gregor von Nazianz gelernt hat, eine Forderung der Tugend der *Gerechtigkeit,* die „die Gründe entsprechend der Würde eines jeden weitergibt".[121]

118 Mt 7,6
119 Pr 81.
120 Vgl. die Schlusssentenz der Version S2.
121 Gn 44.

> *Denn es ist nicht nur gefährlich, Lügen zu sagen, sondern auch die Wahrheit denen, die sie nicht zu fassen vermögen. Man darf ja auch nicht „die Perlen vor die Säue werfen noch auch das Heilige den Hunden geben".*[122]

Warum man dies nicht darf, sagt Evagrios hier nicht deutlich. Die Wahrheit denen zu sagen, die damit nichts anzufangen wissen, ist deshalb so gefährlich, weil

> *weder die intelligible noch die sinnenfällige „Wonne dem Toren nutzt". Denn er wird die eine „ mit seinen Füßen zertreten", weil er ein die Lüste liebendes „Schwein" ist*[123]*, und von der sinnenfälligen Wonne wird sein Fleisch erregt werden.*[124]

In diesem Zustand leidenschaftlicher Verwirrung wird er sich dann, wie Christus ja sagte, *„umdrehen und den zerreißen"*, der das Heilige nicht heilig gehalten hat! Daher bedarf der geistliche Lehrer ein gerütteltes Maß an *geistlicher Diskretion,* die sich dem Fassungsvermögen der Hörer anpasst, und zwar nicht allein was Fragen der spekulativen Theologie betrifft[125] oder im Hinblick auf die Geheimnisse der Hl. Schrift[126], sondern auch, wie Evagrios von seinem Lehrer im Mönchtum, Makarios dem Alexandriner, gelernt hat[127] in Fragen des praktischen geistlichen Lebens.[128] Diese Scheu vor jedem „unbedachten Divulgieren" hat ihren Grund nicht nur in der Sorge um den anderen, der Anstoß nehmen könnte[129], sondern auch in der Einsicht, dass sich diese Dinge letztlich denen, die den „Weg" nicht durchlaufen haben, gar nicht mitteilen lassen, denen aber, die ihn in aller Demut gegangen sind, von allein klar sein werden.

---

122 6 in Ps 118,11.
123 Vgl. Mt 7,6.
124 In Prov 19,10: Géhin 193.
125 Vgl. Gn 27 u.ö.
126 4 in Ps 111,5.
127 M.c. 37.
128 M.c. 16.; Ant IV, 72.
129 Gn 48.

Das sollte zu denken geben: Es gibt offenbar Dinge, die man sich nicht allein durch Lesen aneignen kann. Man muss sie *erfahren*. Unser Kommentar will denn auch nicht mehr als eine Hilfe auf diesem „Weg" sein, den jeder selbst gehen muss.

2. Hundert Kapitel vom Geistlichen Leben

Prinzipien

Kapitel 1

Das Christentum ist die Lehre Christi, unseres Erlösers, die aus der Praktike, der Physike und der Theologike besteht.

Das Werk setzt mit drei jener „Definitionen" ein, wie Evagrios sie so schätzt. Ihr Sinn ist jedoch nicht, ein Thema erschöpfend zu beschreiben und „abzugrenzen", sondern vielmehr unter je verschiedenen Gesichtspunkten wesentliche Aspekte zur Sprache zu bringen. Bedeutsam ist in unserem Fall, dass Evagrios nicht etwa, wie man erwarten sollte, mit einer „Definition" der *Praktike* beginnt, eine solche findet sich erst in *Pr 78,* sondern mit einer „Definition" des *Christentums*. Dies bedeutet, dass der Rahmen seiner Spiritualität keineswegs rein „monastisch" ist, sondern eben „christlich". Evagrios schreibt zwar aus nahe liegenden Gründen durchweg für Mönche oder gar Anachoreten, doch lag es ihm völlig fern, eine nur diesen eigene Spiritualität zu entwickeln.

Was Evagrios unter „Christentum" versteht, lehrt ein Abschnitt eines Briefes aus seiner vormonastischen Zeit in Konstantinopel, in dem wir derselben Dreiteilung begegnen.

> *„Wer mich isst, sagt der Herr, wird durch mich leben".*[1] *Denn wir essen sein Fleisch und trinken sein Blut, wobei wir, durch seine Menschwerdung und sein sinnenfälliges Leben, des Logos und der Weisheit teilhaftig werden. Denn als ‚Fleisch' und ‚Blut' bezeichnete er sein ganzes verborgenes (mystike) Kommen (in diese Welt) und deutete seine aus Praktike, Physike und Theologike bestehende Lehre an, durch welche die Seele genährt und einstweilen für die Kontemplation der Dinge an sich bereitet wird.*[2]

1 Joh 6,57.
2 Ep.fid. 4,16ff.

Grundlage allen geistlichen Lebens ist also das „Christentum", d.h. die ganze Fülle dessen, was uns in der Menschwerdung des Logos, in Christus also, geschenkt worden ist. Der Gedanke ist Evagrios wichtig, und er wandelt ihn vielfach ab, so etwa in folgenden drei Rätselsprüchen:

Fleisch Christi:
die praktischen Tugenden.
Wer von ihnen ‚isst'[3]*,*
wird leidenschaftslos.[4]
Blut Christi:
Kontemplation des Geschaffenen.
Wer davon ‚trinkt'[5]*,*
wird dadurch weise.[6]
Brust des Herrn:
Erkenntnis Gottes.
Wer an ihr ‚ruht'[7]*,*
wird zum Theologen.[8]

Die Praktike, auch ‚*Ethike*' genannt[9], ist jene „geistliche Methode, die den leidenschaftlichen Teil der Seele reinigt"[10] und den Menschen zur Leidenschaftslosigkeit führt[11], der natürlichen „Gesundheit der Seele".[12] Sie wird durch die Übung der Tugenden im Halten der Gebote erworben[13], die deshalb auch „praktisch", der *Praktike* eigen, genannt werden. Was Evagrios unter Physike und Theologike versteht, deuten die beiden folgenden Kapitel an.

*

3 Joh 6,54.
4 Mn 118.
5 Joh 6,54.
6 Mn 119.
7 Jh 13,25.
8 Mn 120.
9 In Prov 1,1: Géhin 2.
10 Pr 78.
11 Pr 81.
12 Pr 56.
13 Pr 81.

Kapitel 2

Das Reich der Himmel bedeutet die Leidenschaftslosigkeit der Seele, verbunden mit ‚wahrer Erkenntnis der Dinge an sich'.[1]

Mit anderen Vätern erkennt Evagrios in den beiden an sich sinngleichen Wendungen „Reich der Himmel"[2] und „Reich Gottes"[3] einen verborgenen Hinweis auf die beiden von Paulus 1 *Kor 15,24–28* unterschiedenen Aspekte der Heilsgeschichte, d.h. ihre *Verwirklichung* durch Christus, weshalb Evagrios auch von „Reich Christi" sprechen kann, und ihre *Vollendung* durch den Vater, wenn „Gott alles in allen" sein wird.

> *Und meinet nicht, Brüder, dass das Reich der Himmel etwas anderes sei als die wahre Erkenntnis der Dinge an sich, welche die göttlichen Schriften auch ‚Seligkeit' nennen. [„Selig, die reinen Herzens sind, denn sie werden Gott schauen"].*[4] *Denn wenn „das Reich der Himmel in euch ist"*[5]*, bei unserem ‚inneren Menschen'*[6] *aber nichts anderes bestehen kann außer der Kontemplation, dann wäre also das ‚Reich der Himmel' die Kontemplation.*[7]

Dieser Seligkeit werden jedoch nur die teilhaftig, die in der Reinheit ihres Herzens die Leidenschaftslosigkeit erworben haben, wie es in unserem Kapitel heißt. Daher fährt Evagrios fort:

> *Wovon wir nämlich jetzt die Schatten „wie in einem Spiegel" schauen*[8]*, davon werden wir später, wenn wir diesen erdhaften Leib abgelegt und den unverweslichen und unsterblichen angelegt haben*[9]*, die Urbilder (archetypoi) schauen. Schauen aber werden wir, wenn wir unser Leben geradlinig*

1 Vgl. Weish 7,17.
2 Mt 3,2 u.ö.
3 Mk 1,15 u.ö.
4 Mt 5,8.
5 Lk 17,21.
6 Röm 7,22.
7 Ep.fid. 12,9ff.
8 Vgl. 1 Kor 13,12.
9 Vgl. 2 Kor 5,1f.

steuern und uns um den rechten Glauben sorgen, zwei Bedingungen, ohne die niemand den Herrn schauen wird'.[10] *„In eine boshafte Seele", heißt es nämlich*[11]*, „wird die Weisheit nicht einziehen, noch in einem Leibe wohnen, der der Sünde frönt".*[12]

Dies also ist die „Physike" oder „natürliche Erkenntnis": eine zwar noch vorläufige, schattenhafte, aber doch nichtsdestoweniger „wahre" Erkenntnis „im Spiegel" der geschaffenen Naturen[13] von jenen „Dingen an sich", deren „Urbilder" wir bei der Vollendung der Heilsgeschichte schauen werden. Dieses „Jetzt" steht unter dem Zeichen Christi, des inkarnierten Logos. Darum kann Evagrios dieses „Reich Christi" auch als die „ganze, an die Materie gebundene Erkenntnis" bezeichnen[14], da ihr Raum eben die materielle, sinnenfällige Wirklichkeit, jedoch in ihrer zeichenhaften Offenheit für die geistigimmaterielle Wirklichkeit[15], ist.

Dieses „Reich der Himmel" (oder Christi) wird nicht vergehen, sondern dann seine Vollendung erfahren, wenn „Gott (der Vater) alles in allen sein wird".[16] Dies „alles in allen" ist er ja in Sohn und Geist.[17] Deshalb kann Evagrios auch die Bitte des Vaterunsers: *„Es komme dein Reich"* unmittelbar auf den „Eingeborenen Sohn" des Vaters beziehen[18], dessen „Einheit und Einzigkeit", d.h. dessen innertrinitarisches Sein an sich, wir dann schauen werden[19], während uns ja jetzt nur sein „Sein für uns" zugänglich ist.[20]

*

10 Vgl. Hebr 12,14.
11 Weish 1,4.
12 Ep.fid. 12,13ff.
13 KG II, 1.
14 Ep.fid. 7,22.
15 Ep.Mel. 5ff.
16 1 Kor 15,28.
17 Ep.Mel. 22. 31.
18 Or 59.
19 Ep.fid. 7,29ff.
20 Ibid. 7,40ff.

KAPITEL 3

Das Reich Gottes bedeutet die Erkenntnis der Heiligen Dreifaltigkeit, die mit dem Bestehen des Intellektes koextensiv ist und seine „Unvergänglichkeit“[1] noch überschreitet.

Dieser rätselhafte Spruch findet seine Erklärung in den *KG*, die zwar vornehmlich von der *Physike* handeln, doch bisweilen auch die *Theologike* berühren, mit der zusammen erstere ja die *Theoretike* bildet. Die *„Erkenntnis“* (als Ausdruck höchster personaler Gemeinschaft)[2] des dreifaltigen Gottes, und nicht etwa einer *apersonalen* „Gottheit“, ist deshalb *„koextensiv“* (d.h. von gleicher Dauer) mit dem Bestehen des Intellektes,

> *weil sie zuvor aus dem Schöpfer hervorgegangen und zusammen mit der Natur, die sie begleitete, erschienen ist.*[3]

„Unvergänglich“ *(aphthartos)* ist der Intellekt, weil er als „Abbild“ *(eikon)* des immateriellen und körperlosen Gottes auch selbst, wiewohl geschaffen, immateriell[4] und körperlos[5] ist. Die Erkenntnis der Hl. Dreifaltigkeit überschreitet nun die „Unvergänglichkeit“ des Intellektes, welche die Kontemplation der geschaffenen Natur in ihrem Urstand begleitet[6], weil sie „älter ist als alle natürliche Kontemplation“.[7]

Im „Reich Gottes“, des Vaters, wenn „Gott alles in allen sein wird“[8], wird also dem Intellekt jene uranfängliche Gemeinschaft mit dem Vater durch Sohn und Geist wieder zuteil[9], die er durch eigene

1 Weish 2,23.
2 Joh 17,3.
3 KG II, 3.
4 KG I, 46; Or 119.
5 M.c. 25,27.
6 KG III, 33.
7 KG II, 3.
8 1 Kor 15,28.
9 Ep.Mel. 31.

Schuld verlor. Dieses „selige Ende“ überschreitet jedoch insofern bei weitem den „Anfang“, als die anfängliche Veränderlichkeit des Zustandes des Intellektes sich in Unveränderlichkeit wandelt und ihm ewige, beseligende Gemeinschaft mit dem dreifaltigen Gott zuteil werden wird.[10]

Das ist es, was Evagrios unter jener „eschatologischen Beseligung“ versteht, in die die „Theologie“ einst münden soll.[11] Hier auf Erden wird der Begnadete dieser künftigen Seligkeit in der unmittelbaren[12], personalen Gottesbegegnung der „*Theologia*“ teilhaftig. Deren „Ort“ ist jenes „wahre“ und „geistliche“ Gebet „in Geist und Wahrheit“, da der Mensch aus Gnaden in Geist und Sohn den Zugang zum Vater findet.[13] Treffend kann Evagrios daher sagen:

> *Wenn du Theologe bist*
> *wirst du wahrhaft beten*[14],
> *und wenn du wahrhaft betest,*
> *bist du Theologe.*[15]

*

10 Ibid. 62. 63.
11 Pr Prol [8].
12 Or 3.
13 Or 59.
14 Vgl. Joh 4,23.
15 Or 61.

KAPITEL 4

Was einer liebt, darnach wird er auch unter allen Umständen streben, und wonach er strebt, darum wird er kämpfen, um es zu besitzen. Jede Lust nun beginnt mit einem Begehren, das Begehren aber entsteht aus der Sinneswahrnehmung. Denn was keinen Teil hat an der Sinneswahrnehmung, das ist auch frei von Leidenschaft.

Lieben – Streben – Kämpfen: damit sind die drei „Kräfte" der Seele angesprochen, Erkennen, Begehren, Jähzorn, deren natürliches, schöpfungsgemäßes Wirken Evagrios später beschreiben wird[1]. Hier geht es um ihre möglichen Verfremdungen und deren Ursachen.

Evagrios weiß aus der Versuchungsgeschichte der Genesis, dass jedes Begehren, dessen Ziel Lust ist, eines konkreten sinnlichen Anlasses bedarf:

„Das Weib aber sah, dass von dem Baum gut zu essen wäre und dass er lieblich anzusehen sei und begehrenswert, weil er klug machte".[2]

Ohne sinnliche Wahrnehmbarkeit also keine Leidenschaft.[3] Das Tor zu den Leidenschaften stellen die beiden irrationalen Kräfte Begehren und Jähzorn dar, durch die wir mittelbar, d.h. durch unseren der Welt wesensverwandten Körper, mit der sinnlich-materiellen Wirklichkeit in Beziehung treten. Was nicht unter die Sinneswahrnehmung fällt, die göttlichen Sinngehalte (logoi) also, ist auch frei von Leidenschaft. Mehr noch, die Erkenntnis etwa der Gründe (logoi) der Trübsale und Versuchungen „weiten" die Seele[4], ihre Schau verschafft ihr „weiten Raum"[5], wie die Unkenntnis dieser logoi ein Zeichen mangelnder

1 Pr 86.
2 Gen 3,6.
3 Pr 38.
4 2 in Ps 4,2.
5 6 in Ps 30,9.

„Unterscheidung der Geister" ist.[6] Tugend und Erkenntnis „befreien" die vernünftige Seele[7], wie umgekehrt der Verlust der Erkenntnis immer eine „Gefangenschaft" bedeutet[8], eine „Befangenheit", würden wir sagen. Darum muss der Intellekt in einer „vollkommenen Sinnenfreiheit"[9] sich im Gebet von allem Sinnlichen freihalten, weil Gott nicht unter die Sinneswahrnehmung fällt[10], ja seine Kontemplation uns von den sinnlichen Dingen trennt.[11]

Dabei liegt es Evagrios vollkommen fern, die sinnliche Wirklichkeit zu verteufeln[12]! Dies zu tun hieße, den Schöpfer lästern.[13] Alle Übel stammen ja nicht aus dieser sinnlichen Wirklichkeit selbst, die wie ihr Schöpfer gut ist[14], auch nicht etwa aus den beiden irrationalen Kräften, sondern allein aus deren Missbrauch[15], der aus einer „menschenfeindlichen Lust" herrührt, die aus unserem „freien Willen" entsteht.[16] Evagrios macht hier also eine rein sachliche Feststellung, ohne zu werten. Der Umgang mit der sinnlichen Realität ist auf Grund unserer Neigung zum Schlechten ein Problem. Sein Ausgang hängt indessen von unserer inneren Einstellung ab.[17]

*

6 2 in Ps 141,5.
7 In Prov 5,19: Géhin 65.
8 7 in Ps 13,7.
9 Or 120.
10 1 in Ps 140,2.
11 3 in Ps 126,2.
12 2 in Ps 145,8.
13 5 in Ps 143,7.
14 Gen 1,31.
15 KG III, 59.
16 M.c. 19.
17 Pr 6.

KAPITEL 5

Die Anachoreten bekämpfen die Dämonen nackt, wider die in Klöstern oder Gemeinschaften die Tugend Übenden bewaffnen sie die Nachlässigeren unter den Brüdern. Weit leichter indessen als der erste ist der zweite Kampf, da man auf Erden keine Menschen finden wird, die bitterer wären als die Dämonen oder die ihre ganze Bosheit zugleich zu übernehmen vermöchten.

Entsprechend den verschiedenen Lebensumständen der Menschen, allein lebend oder in irgendeiner Form von Gemeinschaft, nimmt auch der Kampf zwei unterschiedliche Formen an, wobei die Widersacher indessen dieselben bleiben. Der Unterschied ist in der je verschiedenen Einstellung den materiellen Dingen gegenüber, an denen sich die Leidenschaften entzünden[1], begründet. Dementsprechend nennt Evagrios die erste Form „materiell", die zweite „immateriell".[2] Das bedeutet, dass es sich im ersten Fall um die rechte Einstellung den Dingen gegenüber handelt.[3] Dies ist vor allem auch die Aufgabe der „Weltlinge". Die Mönche, die auf allen materiellen Besitz verzichtet haben, sehen sich vornehmlich den „Gedanken" ausgesetzt[4], die die materiellen Dinge in unserem Geist wie „Eindrücke" hinterlassen.[5] Dass dieser „immaterielle" Kampf viel schwieriger ist als der „materielle"[6], ist leicht einzusehen, denn man sündigt leichter in Gedanken als in der Tat.[7]

Im vorliegenden Kapitel geht es Evagrios jedoch noch um etwas anderes. Er stellt ja hier „Anachoreten" und „Koinobiten" (bzw. in lockeren „Gemeinschaften", sog. *Synodien,* Lebende) einander gegenüber, die beide Mönche sind. Was den Anachoreten vom Koinobiten unterscheidet,

1 Pr 38.
2 Pr 34.
3 Vgl. Sk 15.
4 Vgl. Sk 16.
5 Pr 48.
6 Pr 34.
7 Pr 48.

ist die Tatsache, dass ersterem nicht nur die materiellen Dinge, sondern auch die regelmäßige menschliche Gemeinschaft fehlen und entsprechend auch all jene gewiss oft belastenden Konflikte des Zusammenlebens. Ist der Anachoret daher fein heraus, da er nicht von „nachlässigen Brüdern" belästigt wird? Keineswegs, denn die „bitteren" Dämonen bekämpfen ihn dafür „nackt", ohne jede Verkleidung. Nun können zwar auch Menschen, namentlich im Zorn, zu „Dämonen" werden.[8]

> *Wenn wir im Mutterschoß geformt werden, leben wir das Leben der Pflanzen, zur Welt gebracht, das der Tiere [oder allgemein: Lebewesen], und erwachsen geworden, das der Engel oder der Dämonen. Ursache des ersten Lebens ist die beseelte Substanz, die des zweiten die Sinne und die des dritten unsere Fähigkeit, sowohl für die Tugend als auch für das Laster empfänglich zu sein.*[9]

Aber solche „Dämonen" sind doch nicht zu vergleichen mit der Bosheit der gefallenen Geister selbst. Deren „nackter" Wut sind vor allem die Anachoreten in ihrer Abgeschiedenheit, namentlich des Nachts, ausgesetzt. Die Schriften des Evagrios sind voll von z.T. Schauder erregenden Beschreibungen solcher dämonischer Angriffe. Wir werden in der Folge noch der einen oder anderen begegnen. Hier nur zwei Beispiele, die zugleich lehren, wie sich der Anachoret dazu zu stellen hat.

> *Es kam zu uns (die Kunde), dass der Böse einem der Heiligen im Gebet derart widerstand, dass er dem Kämpfer, sobald dieser die Hände ausstreckte, in einen Löwen verwandelt und hoch aufgerichtet, die Vorderpranken und seine Krallen in dessen beide Lenden hineintrieb und nicht abließ, bis er die Hände senkte. Der aber ließ sie niemals herunter sinken, ehe er nicht seine gewohnten Gebete beendet hatte.*[10]

8 Ep 56,4.
9 KG III, 76.
10 Or 106.

Den in dem folgenden Text genannten Johannes Kolobos (d.h. der Zwerg), der in der sketischen Wüste lebte, wird Evagrios persönlich gekannt haben.

> *Von derselben Art war auch, wie wir wissen, der in einer Grube als Hesychast lebende Johannes der Kleine, oder besser gesagt der übergroße Mönch, der ob seines vertrauten Umganges mit Gott unbeweglich verharrte, während sich der Dämon in Gestalt eines Drachens um ihn ringelte, sein Fleisch zermalmte und ihm ins Gesicht spuckte.*[11]

Mögen sich die Dämonen auch „wie wilde Tiere auf ihn stürzen und seinen ganzen Leib übel zurichten“[12], Dinge, die Evagrios nicht nur selbst gesehen[13], sondern auch am eigenen Leib erfahren hat[14], oder ihn durch grauenvolle Erscheinungen zu erschrecken suchen[15], der erfahrene Kämpfer „achtet gar nicht auf sie“, sondern „verachtet sie vollkommen“.[16] Dieser direkte Kampf „Mann gegen Mann“ widerfährt übrigens normalerweise nicht den Anfängern, sondern ist charakteristisch für den „geistlichen Lehrer“.[17]

Im „Praktikos“, der ja auch den Titel „Der Mönch“ trägt, geht es vor allem um diesen „immateriellen“ Kampf, sei es in Form der „Gedanken“, sei es „nackt“. Den „in Koinobien oder Gemeinschaften lebenden Mönchen“ hat Evagrios ein eigenes Werk von 137 Sentenzen gewidmet[18], in denen die verschiedenen Aspekte des Gemeinschaftslebens, aber auch das Verhältnis zwischen Mönchen und Weltlingen im Mittelpunkt stehen.

*

11 Or 107.
12 Or 91.
13 Ant IV, 36.
14 Vita H. I.
15 Or 92 u.ö.
16 Or 99.
17 Or 139; vgl. Pr 63.
18 Mn.

Über die acht Gedanken

KAPITEL 6

Acht sind die Gattungsgedanken, in denen jeglicher Gedanke enthalten ist. Der erste ist der der Fresslust, darnach kommt der der Unzucht. Der dritte ist der der Habsucht, der vierte der des Kummers, der fünfte der der Wut, der sechste der des Überdrusses, der siebte der des eitlen Ruhmes und der achte der des Hochmutes. Ob diese alle die Seele belästigen oder nicht belästigen, hängt nicht von uns ab. Ob sie jedoch verweilen oder nicht verweilen, Leidenschaften anregen oder nicht anregen, das hängt von uns ab.

Nach den fünf einleitenden Kapiteln, die den großen theologischen Rahmen der *Praktike* abstecken, beginnt Evagrios nun mit der Analyse der „Gedanken". Der Kampf des Mönchs besteht ja im Wesentlichen in der Auseinandersetzung mit den „Gedanken".[1] Was ist damit gemeint? Evagrios verwendet fast unterschiedslos die Bezeichnungen „Dämon", „Leidenschaft" und „Gedanke" für dieselbe Wirklichkeit, obgleich er sie natürlich sehr wohl unterscheidet. Denn die Dämonen sind jene gefallenen Geister, die uns allzeit versucherisch nachstellen und die Leidenschaften in uns zu erregen suchen.[2] Da das Böse jedoch kein Sein in sich hat, sondern stets Verfremdung des geschöpflichen Guten ist, geht dies auch nur über die Verfremdung der geschöpflichen Wirklichkeit, der außer uns bestehenden wie unserer eigenen.[3] So werden aus den verschiedenen Eindrücken, die die Dinge der Schöpfung in unserem Geist hervorrufen oder die aus unserer eigenen Natur aufsteigen[4], durch die „Einreden" der Dämonen versucherische (böse) „Gedanken", aus

1 Ant Prol.
2 Pr 24.
3 2 in Ps 145,8.
4 Ep 55,2.

denen durch unsere freie „*Zustimmung*"[5] die „Leidenschaften" entstehen. Während der „Gedanke" etwas Flüchtiges war, ist die „Leidenschaft" ein „schlechter Habitus" *(hexis)* der vernünftigen Seele, „demzufolge sie die vergänglichen Lüste wählt und die ewigen und unvergänglichen verachtet".[6]

„Habitus" bedeutet indessen nicht Unveränderlichkeit. Der Mensch ist ein sowohl für das Gute wie für das Schlechte „empfängliches" Wesen. Daher kann ein Habitus stets durch einen anderen ersetzt werden.[7] Ziel der Praktike ist eben, den schlechten Habitus der Leidenschaft durch den guten der Tugend zu ersetzen.[8]

Bisweilen führt Evagrios die hier in dem klassisch gewordenen System von acht „Gattungen" zusammen gefassten „Gedanken" auch auf drei zurück: Fresslust, Habsucht und eitlen Ruhm, die er den drei Versuchungen Christi in der Wüste[9] entnimmt.[10] Ob nun drei oder acht „generische" Gedanken, ihre gemeinsame Wurzel haben sie alle in der *philautia,* der „Selbstverliebtheit"[11], die Evagrios treffend eine „Alles-hasserin" nennt[12], da diese ausschließliche „Freundschaft für sich selbst" ja nichts liebt außer eben sich selbst.

Der Kampf mit den Gedanken ist eine gemeinmenschliche Erfahrungstatsache. Versucht zu werden ist an sich keine Sünde, wie Evagrios nicht zuletzt an den Versuchungen Christi ablesen konnte. Vom Menschen hängt allein ab, was aus diesen Einflüsterungen wird, ob sie in ihm Wurzel fassen oder nicht, Leidenschaften erregen oder nicht.

„Es erglühte mein Herz in meinem Inneren":

Es ist zwar möglich, wenn der Dämon des Zorns an uns herantritt, nicht zu zürnen, unmöglich aber wahrscheinlich, nicht zu „erglühen".[13]

---

5 M.c. 19.
6 2 in Ps 143,4.
7 Ep.Mel. 32.
8 Vgl. Kommentar zu Pr 70.
9 Mt 4,1–11.
10 Ep 6,3; 39,3; vgl. M.c. 1.
11 Sk 53.
12 Sent 48.
13 2 in Ps 38,4.

Die Sünde liegt nämlich in der *Zustimmung*[14] unseres freien Willens, der sich dem Bösen zuneigt. Evagrios ist dabei durchaus nicht entgangen, dass es bei diesem Nachgeben den Verlockungen der Sünde gegenüber doch auch Unterschiede gibt.

> *Ein Sünder ist, wer aus Wollust und Zügellosigkeit sündigt, ein ‚Bösewicht' hingegen, wer freiwillig Böses tut.*[15]

Da nun alle Sünden aus den leidenschaftlichen Gedanken entstehen[16], gilt es hier einzusetzen, will man nicht vom Weg der *Praktike* abkommen. Denn:

> *Die schlechten Gedanken sind ‚Schlingen' der Dämonen, die die Seele umgarnen und ihr nicht gestatten, jenen Weg zu gehen, der sagt*[17]*: „Ich hin der Weg".*[18]

Die Schrift mahnt uns daher, „nicht an diesem Ort zu verweilen"[19], d.h. sich nicht bei schlechten Gedanken aufzuhalten, denn „niemand näht Feuer in seinen Busen ein, ohne seine Kleider zu verbrennen"[20], wie Salomo treffend sagt.[21]

> *Lass keinen Skorpion an deinem Busen weilen*
> *noch einen bösen Gedanken in deinem Herzen*[22]*!*

Evagrios findet für diese Mahnung, sich in einer „Begegnung" mit dem Bösen nicht aufzuhalten, sogar einen versteckten Hinweis in den Worten Christi selbst.

---

14 Pr 75.
15 19 in Ps 9,36.
16 21 in Ps 17,38–39.
17 Joh 14,6.
18 25 in Ps 118,61.
19 Prov 9,18.
20 in Prov 9,18: Géhin 115.
21 Prov 6,27.
22 Mn 58.

Ein tadelnswerter ‚Kuss'[23] *des Intellektes ist eine leidenschaftliche gedankliche Vorstellung eines sinnlichen Gegenstandes. Deshalb sagt der Erlöser auch zu den Jüngern*[24]*: „Grüßet niemanden auf dem Weg" der Tugend.*[25]

*

23 Vgl. Prov 27,6.
24 Lk 10,4.
25 Sk 7.

KAPITEL 7

Der Gedanke der Fresslust redet dem Mönch einen baldigen Zusammenbruch seiner Askese ein, malt ihm Magen, Leber und Milz aus, dazu Wassersucht, ein langes Siechtum, die Spärlichkeit der lebensnotwendigen Dinge, den Mangel an Ärzten … Des Öfteren bringt er ihm auch bestimmte Brüder in Erinnerung, die solchen Krankheiten anheim gefallen sind.
Bisweilen veranlasst er sogar diese Kranken selbst, die in Enthaltsamkeit Lebenden aufzusuchen und ihnen ihre Missgeschicke aufzuzählen, und zwar so, als ob sie wegen ihrer Askese so krank geworden seien.

Die acht Gedanken erscheinen bei Evagrios stets in derselben Reihenfolge; allein Kummer und Zorn wechseln bisweilen den Platz. Da die acht Gedanken alle miteinander „verflochten" sind[1], lässt sich an dieser Anordnung leicht eine sich steigernde und dabei verfeinernde Stufung der Leidenschaften ablesen. Diese beginnen mit den grobsinnlichen der Fresslust und der Unzucht, beides Leidenschaften des *Leibes*[2], die zumeist den Anfängern zusetzen[3], und enden bei den Leidenschaften der *Seele*, eitler Ruhm und Hochmut, von denen die „Vollkommenen" bedroht sind.[4] Dabei berühren sich die Extreme wieder, denn am Anfang des Unheils stehen Fresslust und Hochmut

Das Verlangen nach Speise
erzeugte den Ungehorsam
und das liebliche Verkosten
vertrieb aus dem Paradies.[5]

1 Pr 50.
2 Pr 35.
3 Gn 31.
4 Pr 13, vgl. 31. 33.
5 O.sp. 1,10.

Andererseits heißt es vom Hochmut, er sei das „*Urübel*“[6] und der „erste Sprössling des Satans“.[7]

Was Evagrios in diesem wie auch in den folgenden Kapiteln vor allem interessiert, sind die konkreten *Manifestationen* der Versuchungen, wie er sie ausführlich vor allem in seinem *Antirrhetikos* beschrieben hat. Während hier im *Praktikos* die Sorge um die Gefährdung der leiblichen Gesundheit infolge des Fastens und der Beschränkung auf wenige, ärmliche Speisen als bloße Einbildung erscheint, verhehlt Evagrios im *Antirrhetikos* nicht, dass die beständige Enthaltsamkeit auch ihren Preis hat. Die Versuchungen, die Lebensregel zu durchbrechen, sind vielgestaltig, denn der Versucher versteht es, „Feuer mit jedem Holz zu machen“.

Wenn hier das griechische *gastrimargia* mit Fresslust übersetzt wurde, dann mit gutem Grund. Rein etymologisch bedeutet das Wort „entfesselter Magen“, und die zahlreichen Beispiele des *Antirrhetikos* lehren, dass es sich tatsächlich um eine Form jenes heute als „Bulimie“ bezeichneten Lasters handelt, bei dem der Magen buchstäblich die Herrschaft übernimmt.

Die Heilmittel finden sich in Kapitel 16.

*

6 Pr Prol [2].
7 M.c. 1.

KAPITEL 8

Der Dämon der Unzucht zwingt einen, nach wohlgestalteten Körpern zu verlangen. Er befällt aufs heftigste die enthaltsam Lebenden, damit sie aufgeben, weil sie ja angeblich doch nichts ausrichten würden. Und indem er die Seele befleckt, biegt er sie zu jenen Handlungen nieder, macht sie gewisse Worte sagen und andere als Antwort hören, als sei die Angelegenheit sichtbar und gegenwärtig.

Fresslust und Unzucht sind eng miteinander verbunden[1], da sie beide Formen der Unbeherrschtheit des Leibes sind. Wer aus den Apophthegmata Patrum die Leichtigkeit kennt, mit der oft Mönche oder geweihte Jungfrauen in die Sünde der Unzucht fielen, wird sich nicht über die bekannte Misogynie der Alten wundern.

Der Anblick einer Frau
ist ein vergifteter Pfeil;
er verwundet die Seele
und senkt sein Gift hinein,
und je länger er andauert,
eine desto größere Vergiftung, bewirkt er.[2]

Bei nahem gesehen richtet sich die „Weiberfeindlichkeit" jedoch gar nicht gegen die Frau als solche, die als Geschöpf Gottes dem Mann auch kein Hindernis auf dem Weg zum Heil ist[3], sie ist vielmehr der Ausdruck nüchterner *Selbsteinschätzung,* Eingeständnis der eigenen Verletzlichkeit.

---

1 M.c. 1; O.sp. 2,1.
2 O.sp. 2,6.
3 2 in Ps 145,8.

Nahe dich lieber
brennendem Feuer
als einem jungen Weib,
wenn du selbst noch jung bist.
Denn wenn du an das Feuer herankommst
und Schmerz empfindest,
wirst du schnell davon springen,
doch von Weiberreden weichgemacht,
wirst du nicht so leicht entwischen.[4]

Nicht weniger rigoros ist Evagrios übrigens, was den Umgang einer geweihten Jungfrau mit dem anderen Geschlecht betrifft, und zwar nicht nur aus religiösen[5], geistlichen[6] oder moralischen Gründen[7], sondern auch aus dogmatischen. Denn er „hat Männer gesehen, die Jungfrauen mit ihren Lehren verdarben und ihre Jungfrauenschaft eitel machten ...“[8]

Die Heftigkeit der Versuchungen des Fleisches führt leicht zu dem Trugschluss, namentlich ein junger Mensch könne sich unmöglich der Begierden der Unzucht enthalten[9] und sei bei entsprechenden Fehltritten demnach schuldlos.[10] Evagrios erblickt in Überlegungen dieser Art eine versteckte Sünde des Hochmutes, der behauptet, wir sündigten gegen unseren Willen und Gottes Gericht sei daher ungerecht.[11] Über die Intensität dieser bis zu Halluzinationen gehenden Versuchungen sind hier nicht viele Worte zu machen. Evagrios bringt in seinem *Antirrhetikos* eine Fülle von z.T. sehr detaillierten Beschreibungen dieses gemeinmenschlichen Phänomens.

Die Heilmittel finden sich in Kapitel 17.

*

4 O.sp. 2,9.
5 Vg 7.
6 Vg 6.
7 Vg 4. 46.
8 Vg 54.
9 Ant II, 4.
10 Ant II, 5.
11 Ant VIII, 16.

KAPITEL 9

Die Habsucht redet uns ein langes Alter ein und die Unfähigkeit zur Handarbeit, zukünftige Hungersnöte und allfällige Krankheiten, die Bitterkeit der Armut und wie beschämend es sei, das Notwendige von anderen zu empfangen.

Die Habsucht, wörtlich die „Liebe zum Geld" *(philargyria)*, ein Laster, das die mannigfaltigsten Formen annehmen kann[1], ist die „Wurzel aller Übel"[2], die „Mutter des Götzendienstes"[3] und daher eine „heidnische" Haltung, „die den Christen absolut fremd ist". Denn sie ist jenen „Ungläubigen eigen, die die Vorsehung des Herrschers verwerfen und den Schöpfer leugnen".[4]

Wer die Leidenschaften abbauen will,
muss die Wurzel abhauen.
Denn wenn die Geldgier bestehen bleibt,
nutzt es nichts, die Zweige abzuhauen.
Denn werden sie auch abgehauen,
so wachsen sie doch gleich nach.[5]

Dieses Laster nimmt, wie gesagt, die verschiedenartigsten Formen an und manifestiert sich nicht nur wie hier als doch nicht ganz unberechtigte Sorge um die Sicherung des Alters. Der gemeinsame Zug ist jedoch eine krankhafte *Ichbezogenheit*, der alles untergeordnet wird: zwischenmenschliche Beziehungen[6], namentlich die Sorge für uns

1 M.c. 21.
2 1 Tim 6,10.
3 Pr Prol [6].
4 M.c. 6.
5 O.sp. 3,2.
6 Ant III, 3. 5 usw.

Anvertraute[7], alles wird z. B. einer keine Rücksicht kennenden Arbeitswut untergeordnet.[8] Der Besitz als Symbol der „Sicherheit" wird zum Götzen.

Die Heilmittel finden sich in Kapitel 18.

*

7 Ant III, 4. 6. 8 usw.

8 Ant III, 29; O.sp. 3,2.

KAPITEL 10

Der Kummer entsteht bisweilen infolge einer Entziehung von Begierden, bisweilen aber folgt er auch der Wut. Wenn es sich um eine Entziehung von Begierden handelt, entsteht er folgendermaßen: Gewisse Gedanken machen sich heran und bringen der Seele ihr (Eltern-) Haus, ihre Verwandten und ihr früheres Leben in Erinnerung. Und wenn sie sie nun ohne Widerstand, sondern vielmehr bereitwillig folgen und im Geist in diesen Wonnen zerfließen sehen, dann packen sie sie und versenken sie in Kummer, da die früheren Dinge nicht mehr existieren noch existieren können wegen ihres gegenwärtigen Lebens. Und in dem Maße, wie die elende Seele bei den erstgenannten Gedanken (in Wonnen) ausgeschüttet war, ebenso wird sie auch bei den letzteren bedrückt und niedergeschlagen.

Dass der Kummer bisweilen auch aus der Wut entsteht, sagt Evagrios auch anderenorts.

Der Kummer
ist eine Niedergeschlagenheit der Seele
und dies selbst entsteht
aus Gedanken der Wut. Denn ein Verlangen nach Rache
ist der Zorn,
ein Misslingen der Rache aber
erzeugt Kummer.[1]

1 O.sp. 5,1.

Im Grunde liegt also auch hier ein frustriertes Begehren vor, wie Evagrios selbst in der Folge sagt: „Kummer entsteht beim Misslingen eines fleischlichen Verlangens“[2].

Wie dies geschieht, lehrt eben das Beispiel unserer Anhänglichkeit an unser Elternhaus, unsere Verwandten und Freunde. Der Dämon des Zorns lässt vor unserem geistigen Auge Bekannte, Freunde und Verwandte vorüberziehen, die man beleidigt und schlägt ...[3] Da man sie jedoch nicht rächen kann, verfällt man, wie oben gesagt, in Kummer. Dieselbe Taktik wendet aber auch der Dämon des Kummers selbst an. Er zeigt dem Anachoreten seine Lieben, die krank sind, zu Lande oder zu Wasser in Gefahr ...[4] Je nach Temperament wird einem das eine oder andere zustoßen. Nun ist der Kummer, die Trauer nicht unter allen Umständen vom Bösen. Mit Paulus[5] unterscheidet Evagrios zwei Formen des Kummers.

> *Der tadelnswerte Kummer ist (eine Folge des) Entzuges einer vergänglichen Lust; der lobenswerte Kummer (hingegen entsteht aus dem) Entzug der Tugenden und der Erkenntnis Gottes.*[6]

Gemeint ist mit letzterem jener Gram über den selbstverschuldeten Verlust, der den Menschen anstachelt, sich zu bekehren, um des Verlorenen wieder würdig zu werden. Folgender Text klärt das Verhältnis zwischen diesen beiden Arten von Kummer.

> *Alle Dämonen lehren die Seele, das Vergnügen zu lieben, allein der Dämon des Kummers versteht sich nicht darauf, dies zu tun, sondern er zerstört sogar die Gedanken der eintretenden (anderen Dämonen), indem er jedes Vergnügen der Seele abschneidet und sie durch Kummer austrocknet, insofern ja „die Knochen eines betrübten Mannes austrocknen“.*[7]
> *Wenn er den Anachoreten mäßig bekriegt, macht er ihn erprobt, denn er*

---

2 O.sp. 5,10.
3 M.c. 16.
4 M.c. 28.
5 2 Kor 7,10.
6 in Prov 25,20a: Géhin 313.
7 Prov 17,22.

überzeugt ihn, sich keinem Ding dieser Welt zu nähern und jedem Vergnügen auszuweichen. Dauert er jedoch länger an, dann erzeugt er Gedanken, die der Seele anraten, sich heimlich zurückzuziehen, oder sie zwingen, das Weite zu suchen. Dies ist es, was einst auch der heilige Ijob erwog und erlitt, als er von diesem Dämon belästigt wurde. „Wäre ich doch in der Lage, selbst Hand an mich zu legen", sprach er, „oder jemand anderen zu bitten, dies für mich zu tun"!
Das Symbol dieses Dämons ist die Natter, jenes Tier, dessen Naturkraft, wenn in einer für den Menschen erträglichen Dosis verabreicht, das Gift der anderen Tiere vernichtet, unvermischt genommen jedoch das Lebewesen selbst vernichtet. Diesem Dämon überlieferte Paulus den Gesetzesübertreter in Korinth. Deshalb schrieb er darauf auch den Korinthern eiligst und sagte: „Entschließt euch zur Liebe ihm gegenüber, damit jener nicht etwa von dem übergroßen Kummer verschlungen werde".[8] *Doch er wusste, dass dieser Geist, wenn er die Menschen bedrängt, auch eine gute Buße verschafft. Deshalb sagte auch der heilige Johannes der Täufer zu den von diesem Dämon Gestochenen und bei Gott Zuflucht Suchenden: „Natterngezücht, wer hat euch unterwiesen, dass ihr dem zukünftigen Zorn entrinnen werdet? Bringet darum Frucht, die der Buße gemäß ist, und meinet nicht, bei euch selbst sagen zu können: Wir haben Abraham zum Vater. Denn ich sage euch, Gott vermag dem Abraham aus diesen Steinen Kinder zu erwecken".*[9] *Indessen, jeder, der Abraham nachahmt und aus seiner Heimat und seiner Verwandtschaft auszieht, der wird auch stärker als dieser Dämon.*[10]

Die letzten Worte bringen uns wieder zu unserem Kapitel zurück: wer sich von allen „natürlichen" Bindungen frei macht, ist gegen den Kummer gefeit.

Weitere Heilmittel finden sich in Kapitel 19.

*

8 2 Kor 2,7–8.
9 Mt 3,7–9.
10 M.c. 12.

KAPITEL 11

Die Wut ist eine äußerst jähe Leidenschaft. Man sagt in der Tat, sie sei ein Kochen des Jähzorns und eine Regung gegen den, der einem Unrecht getan oder vermeintlich getan hat. Sie macht die Seele den ganzen Tag über wild, vor allem aber reißt sie den Intellekt während der Gebete hin, indem sie ihm das Antlitz dessen, der ihn gekränkt hat, vorspiegelt. Manchmal, wenn sie andauert und sich in Groll verwandelt, bewirkt sie auch des Nachts Erschrecken, Hinschwinden des Leibes, Erbleichen und den Ansturm Gift sprühender Tiere. Diese vier Phänomene, die infolge des Grolls auftreten, kann man auch als Folgeerscheinung mehrerer (anderer) Gedanken finden.

Keine Leidenschaft wirkt sich so zerstörerisch auf das geistliche Leben aus wie die Zornessünden. Evagrios widmet denn den entsprechenden Heilmitteln auch nicht weniger als sieben Kapitel[1], von anderen Ausführungen im ganzen Werk abgesehen. Warum diese auffällige Sonderstellung?

Evagrios sagt, das Kochen des Jähzorns mache die Seele „wild", man könnte auch sagen *„tierisch"*.[2] Dabei ist jedoch nicht nur und nicht einmal vorrangig an die sog. „wilden Tiere" zu denken, sondern vielmehr an die ganz von wilder „Wut" beherrschten *Dämonen*[3], deren Symbol eben die „wilden Tiere" sind.[4]

Ein wütender Mönch
ist eine einsame „Wildsau".

---

1 Pr 20–26.
2 O.sp. 4,1.
3 KG I, 68.
4 9 in Ps 73,19.

Kaum hat er jemanden erblickt,
fletscht er die Zähne.[5]

Auch hier darf man sich von der bissigen Sprache nicht täuschen lassen. Diese „Wildsau“, eine Anspielung auf Ps 79,14, die den „Weinberg“ der Seele verwüstet, ist ein Symbol des Satans![6] Wer sich vom Zorn beherrschen lässt, wird also zum „Dämon“, zur „Basilisken-Schlange“.[7]

Diese innere Wut kann verschiedene Ursachen haben, nicht nur wie hier eine selbst (tatsächlich oder vermeintlich) erlittene Beleidigung. Der Dämon versteht es auch, wie wir im vorhergehenden Kapitel sahen, vor dem geistigen Auge des Mönchs das Bild seiner Lieben aufsteigen zu lassen, die auf übelste Weise misshandelt und geschmäht werden, um ihn dadurch in ohnmächtige (scheinbar gerechte) Wut zu versetzen[8]

„Es gibt aber absolut keinen gerechten Zorn wider den Nächsten“[9]!

Die Folge dieses inneren Kochens vor Wut ist, dass der Geist mit den „Bildern“ dieser Beleidiger oder Unholde angefüllt wird, die ihm zu wahren „Götzen“ werden[10], mit denen er dann wie mit wirklichen Personen umgeht, d.h. Ungesetzliches redet oder tut.[11] Und zwar eben zur Zeit des Gebetes, wenn der Geist vollkommen frei von allen, vor allem von derartigen „Bildern“ sein sollte. Im Gebet ergeht nämlich ein wahres „Gericht“ über jede, auch die kleinste Zornessünde.[12] Daher also die gesteigerte Aufmerksamkeit, die Evagrios den Regungen des Jähzorns in all seinen Formen, etwa als andauernder Groll oder Hass, widmet, denn das „Gebet“ ist der Inbegriff dessen, was wir „geistliches Leben“ nennen.

5 O.sp. 4,4.
6 7 in Ps 79,13.
7 Ep 56,4. 5.
8 M.c. 16.
9 Or 24.
10 M.c. 37.
11 M.c. 25.
12 Or 12.

Wider den Jähzorn gewappnet,
wirst du niemals eine Begierde zulassen.
Diese nämlich gibt dem Jähzorn den Stoff,
und der Jähzorn trübt das intelligible Auge (des Intellektes)
und macht so den Zustand des Gebetes zunichte.[13]

Die mit dem Groll, also der eingefressenen Wut, verbundenen psychosomatischen Erscheinungen treten auch als Folge anderer Gedanken auf, heißt es. So etwa beim Kummer, wofür sich im *Antirrhetikos* zahlreiche Beispiele finden, und beim *Hochmut.*[14] Sie treten nachts auf, denn ganz wie das Gebet, der Zustand höchster Wachheit, sind Schlaf und Traum, in denen das (heute so genannte) Unbewusste zum Vorschein kommt, Prüfsteine des „Zustandes der Seele".[15]

*

13 Or 27.
14 M.c. 23.
15 Pr 56.

KAPITEL 12

Der Dämon des Überdrusses, der auch „*Mittagsdämon*" genannt wird[1], ist von allen Dämonen der drückendste. Er befällt den Mönch um die vierte Stunde und umkreist seine Seele bis zur achten Stunde.

Zuerst bewirkt er, dass die Sonne anzusehen ist, als ob sie sich nur schwer oder überhaupt nicht bewege, und den Eindruck macht, als habe der Tag fünfzig Stunden. Dann nötigt er ihn, ununterbrochen auf die Fenster zu starren und aus seiner Zelle herauszuspringen, um die Sonne zu beobachten, wie weit sie noch von der neunten Stunde entfernt ist, und hierhin und dorthin umherzuschauen, ob nicht einer der Brüder ...

Ferner flößt er ihm Hass auf seinen Wohnort ein, auf sein Leben (als Mönch) und auf seine Handarbeit, und dass die Liebe unter den Brüdern verschwunden sei und sich niemand finde, um ihn zu trösten. Und falls jemand den Mönch in diesen Tagen gekränkt hat, bedient sich der Dämon auch dessen, um seinen Hass zu vermehren. Er bringt ihn auch dazu, nach anderen Orten zu verlangen, an denen das (zum Leben) Notwendige leicht zu finden sei, und zu einem leichteren und einträglicheren Beruf überzuwechseln. Auch fügt er hinzu, dass Gott-Wohlgefällig-Sein nicht an einen Ort gebunden sei. Es heißt ja: „*Überall kann man die Gottheit anbeten*".[2]

Er verbindet damit auch die Erinnerung an seine Verwandten und an sein früheres Leben. Er beschreibt ihm, wie lang die

1 Vgl. Ps 90,6.
2 Vgl. Mal 1,11 (sinngemäß).

Dauer des Lebens sei, wobei er ihm die Mühen der Askese vor Augen führt. Und er setzt sozusagen seine ganze Belagerungsmaschinerie in Bewegung, damit der Mönch seine Zelle aufgebe und aus dem Stadion fliehe.
Diesem Dämon nun folgt unmittelbar kein anderer Dämon. Vielmehr werden der Seele nach dem Kampf ein gewisser friedvoller Zustand und eine unaussprechliche Freude zuteil.

Das Kapitel über die Akedia, den Überdruss, ist das bei weitem längste des Praktikos. Warum diese Detailfreude, für die wir gleich noch ein anderes Beispiel finden werden? Weil die Akedia eine höchst „komplexe" Erscheinung ist[3], eine „Verflechtung" der beiden irrationalen Kräfte Jähzorn und Begehren, die gleichzeitig und lang andauernd in Erregung sind, wobei ersterer über alles Vorhandene wütend ist, letzteres nach Nichtvorhandenem lechzt.[4]

Aus dieser „Komplexität" entstehen so widersprüchliche Verhaltensweisen wie Lustlosigkeit und Nachlässigkeit einerseits[5] und hektische Betriebsamkeit und zügelloser Übereifer andererseits.[6] Die immer neuen Beschreibungen der Erscheinungsformen der *Akedia* sollen die hier mehr denn je notwendige „Unterscheidung der Geister" erleichtern.

„Diesem Dämon folgt unmittelbar kein anderer", heißt es am Schluss. Und zwar deshalb, „erstens, weil er andauert, und sodann, weil er fast alle anderen Gedanken in sich enthält"[7], also eine Art Sammelbecken und Endpunkt der übrigen Gedanken ist. All' dies macht ihn zum „drückendsten" aller Dämonen[8], da er die ganze Seele wie die heiße Mittagssonne umfängt und den Intellekt zu „ersticken"

3 1 in Ps 139,3.
4 13 in Ps 118,28.
5 O.sp. 6,1 u.ö.
6 M.c. 35.
7 1 in Ps 139,3.
8 Pr 28.

droht.[9] Aber nicht nur deswegen heißt er *„Mittagsdämon"*.[10] Er ist auch, modern gesprochen, der Dämon der Lebensmitte. *Midlife crisis* sagen wir heute.

So fatal eine Niederlage auf diesem Gebiet auch ist[11], die bestandene Versuchung der *Akedia* enthält eine kostbare Verheißung, die keiner anderen Versuchung gegeben ist: Es folgt ihr unmittelbar kein anderer Dämon, sondern vielmehr *„ein gewisser friedvoller Zustand und eine unaussprechliche Freude"*. Ersterer deutet auf die *Leidenschaftslosigkeit* als Ziel der *Praktike* hin[12], letztere ist mit dem *„Gebet"* in seinen höchsten Formen der bild- und wortlosen Schau verbunden.[13]

Bei der *Akedia*, diesem Zwilling des *Kummers*[14], geht es also ums Ganze! Sie kann entweder zur Zerstörung des geistlichen Lebens, ja zum physischen Selbstmord führen[15] oder zu jenem „Durchbruch", bei dem das Geschöpf dem Unbegreifbaren begegnet. Der Weg dahin ist steinig. Dafür gleich noch ein Beispiel, in dem sich wohl nicht nur Eremiten wieder finden dürften.

Das Auge des Überdrüssigen
starrt dauernd die Fenster an,
und sein Geist
stellt sich Besucher vor.
Die Tür knarrt,
und jener springt auf.
Er hört eine Stimme
und späht aus dem Fenster,
und er geht von dort nicht weg,
bis er, lahm geworden, sich setzt.
Liest der Überdrüssige,
dann gähnt er viel

9 Pr 36.
10 4 in Ps 90,6.
11 Vgl. Pr 28.
12 Vgl. Pr 57.
13 Or 15. 62. 153.
14 Vit 3. 4.
15 M.c. 12.

und leicht versinkt er in Schlaf.
Er reibt sich die Augen,
und streckt die Hände aus,
und indem er die Augen vom Buch abwendet,
starrt er die Wand an.
Dann wendet er sie wieder ab
und liest ein wenig,
und indem er (das Buch) durchblättert,
forscht er nach dem Schluss der Ausführungen.
Er zählt die Blätter
und bestimmt die (Zahl der) Hefte,
bemäkelt die Schrift und die Ausstattung ...
Und zuletzt klappt er das Buch zu,
und legt den Kopf darauf
und verfällt in einen nicht allzu tiefen Schlaf,
denn der Hunger weckt schließlich
seine Seele wieder auf,
und sie geht dann (erneut)
ihren eigenen Sorgen nach.[16]

Die Heilmittel gegen dieses zeitlose Laster finden sich in Kapitel 27–29.

*

16 O.sp. 6,14–15.

KAPITEL 13

Der Gedanke des eitlen Ruhmes ist äußerst subtil und stellt sich leicht bei den Tugendhaften ein mit der Absicht, ihre Kämpfe an die Öffentlichkeit zu bringen. Und (stets) auf der Jagd nach Ruhm bei den Menschen[1], ersinnt er kreischende Dämonen, geheilte Weibsbilder und gar eine Volksmenge, die seine Gewänder berührt ...

Er prophezeit ihm hernach auch das Priestertum und bestellt die ihn Suchenden an die Tür. Und falls er etwa nicht wolle, werde man ihn gebunden wegführen! Und nachdem er ihn auf diese Weise mit eitlen Hoffnungen in die Höhe gehoben hat, fliegt er davon und überlässt ihn entweder dem Dämon des Hochmutes zur Versuchung oder dem des Kummers, der ihm seinen Hoffnungen entgegen gesetzte Gedanken zuführt. Manchmal überliefert er ihn auch dem Dämon der Unzucht, ihn, den vor kurzem noch gefesselten heiligen Priester.

Der eitle Ruhm, eines der „seelischen Laster“, die aus den zwischenmenschlichen Beziehungen entstehen[2], ist eine typische Versuchung der „Vollkommenen“, da er sich nach dem Rückzug der anderen Dämonen einstellt.[3] Ruhm braucht Öffentlichkeit, daher tut man das Gute nicht, wie es rechtens wäre, um seiner selbst willen[4], sondern wenn und wo man gesehen wird[5], und lässt das Getane bekannt werden.

1 Vgl. I Thes 2,6.
2 Pr 35.
3 Pr 31.
4 Pr Prol [3].
5 M.c. 3.

Einmal zu Ruhm gelangt, malt man sich eine noch großartigere Karriere aus, in unserem Fall als *Priester*[6], eine typische Versuchung der frühen Mönche, die durchweg Laien waren. An sich galt die Regel, der Mönch solle Frauen und Bischöfe fliehen, da beide die Neigung haben, den Mönch für sich mit Beschlag zu belegen. Da das Priestertum jedoch als große *Ehre* betrachtet wurde, zu der man bisweilen die Widerspenstigen sogar mit Gewalt nötigte (siehe die Anspielung auf die Fesselung), drängten sich auch immer wieder Unwürdige zu diesem Amt.

Um Mittel ist der Versucher da nicht verlegen. In der Wüste gab es nur sehr wenige Priester. Von den acht Priestern, die es zur Zeit des Evagrios in Nitria gab, amtierte nur der rangälteste.[7] Daher schämt sich der Dämon nicht, den Tod dieses amtierenden Priesters zu prophezeien und hinzuzufügen, man dürfe diese Ehre nicht, wie Tausende es taten, fliehen.[8] Und alsbald sieht sich der Genarrte schon „mit dem Gewand des Hirten bekleidet und eine Herde weidend ..." Oder er erträumt sich die „Gabe der Heilung", „sieht künftige Wunderzeichen voraus", „stellt sich die Geheilten vor", „große Ehre seitens der Brüder", sogar „Gabensendungen von auswärts, sei es aus Ägypten, sei es aus dem Ausland" ...[9] Schließlich verheißt ihm der Dämon gar, er werde alsbald in den Himmel entrückt werden ...[10] Wie wenig eine solche Beschreibung aus der Luft gegriffen ist, lehrt die traurige Geschichte des Mönchs Eukarpios, den Evagrios bestens gekannt hat.[11]

Die „Subtilität" des Dämons des eitlen Ruhmes besteht darin, dass er nicht etwa „neben dem Weg" der *Praktike* auftritt, d.h. den Mönch an der Übung der Tugenden hindert, sondern *„auf dem Wege selbst"* seine Schlingen auslegt[12], indem er den Tugendhaften dazu verführt, das Gute allein um des Ruhmes willen bei den Menschen zu

6 Ant VII, 26.
7 HL 7.
8 M.c. 21.
9 M.c. 28.
10 Ant VII, 27.
11 HL syr. [73].
12 Ps 141,4.

tun.[13] Das Perfide ist dabei, dass er sich selbst unserer Versuche, dem zu entgehen, bedient ...[14] Scharfsinnig deckt Evagrios dann auch die Folgen auf.

Als einziger der Gedanken ist der des eitlen Ruhmes reich an Mitteln und umfasst nahezu den gesamten Erdkreis, und er ist es, der allen Dämonen die Türen öffnet, wie ein übler Verräter einer Stadt.[15]

Die „Feinde“, die dieser „Verräter“ einlässt, sind, wenn uns das Erhoffte zu unserem Unglück zuteil werden sollte, der *Hochmut*, als Folge enttäuschter Hoffnungen hingegen der *Kummer*, bisweilen sogar, als eine Art Ersatzbefriedigung, die *Unzucht*. Wer diesen Dämon des eitlen Ruhmes längere Zeit bei sich beherbergt, hat sogar noch Schlimmeres zu gewärtigen.

Was soll man aber über den Dämon sagen, der die Seele gefühllos macht? Ich scheue mich nämlich, auch nur über ihn zu schreiben, wie die Seele bei seinem Nahen aus dem ihr eigenen Zustand gerät. Sowohl die Gottesfurcht als auch die Frömmigkeit streift sie ab. Die Sünde betrachtet sie nicht als Sünde, den Frevel hält sie nicht für Frevel. An Strafe und ewiges Gericht denkt sie, als seien es bloße Worte, und sie „verspottet“ tatsächlich „das feuerträchtige Erdbeben“.[16] *Angeblich bekennt sie zwar Gott, weiß aber nicht, was er geboten hat. Du schlägst dich an die Brust, da sie auf die Sünde zusteuert, aber sie bleibt gefühllos. Du zitierst ihr aus den Schriften, aber sie ist vollkommen verhärtet und hört nicht zu. Du hältst ihr die Schande bei den Menschen vor, und sie trägt der Schmach bei den Brüdern keine Rechnung. (Mit einem Wort,) sie ist vollkommen uneinsichtig wie ein Schwein, das die Augen zukneift und einen Zaun durchbricht.*

---

13 M.c. 30.

14 Pr 30.

15 M.c. 14.

16 Ijob 41,21.

Diesen Dämon führen andauernde Gedanken des eitlen Ruhmes herbei. „Wenn seine Tage nicht abgekürzt wären, würde kein Fleisch gerettet werden“.[17]

Die Heilmittel finden sich in Kapitel 30–32.

*

17 M.c. 11 (Zitat Mt 24,22).

KAPITEL 14

Der Dämon des Hochmutes wird der Seele zum Urheber des schlimmsten Falles. Er verleitet sie nämlich dazu, Gott nicht als Helfer anzuerkennen, sondern zu meinen, sie selbst sei die Ursache ihrer guten Taten, und sich wider die angeblich unverständigen Brüder aufzublasen, weil sie alle dies über sie nicht wissen. Dem folgen Wut und Kummer, und als letztes Übel Verrücktheit und Wahnsinn und die Schau einer Fülle von Dämonen in der Luft.

Der Dämon des eitlen Ruhmes liefert sein Opfer dem des Hochmutes aus, hieß es im vorhergehenden Kapitel. Denn

> *aus diesem Gedanken [des eitlen Ruhmes] entsteht auch der Hochmut, jener, der „das Siegel der Ebenbildlichkeit und den Kranz der Schönheit“*[1] *vom Himmel auf die Erde schleuderte.*[2]

Als „*Urübel,* das den Morgenstern (Luzifer), der in der Frühe aufgeht, herabschleuderte“[3], ist der Hochmut zugleich auch die letzte und schrecklichste Versuchung, die sich sogleich nach Rückzug der anderen Dämonen einstellt.[4] Sie manifestiert sich auf zweifache Weise: als *Lästerung* gegen Gott (oder seine hl. Engel), dessen Hilfe, Vorsehung und gerechte Gerichte der Mensch leugnet[5], um alles Geleistete allein seiner eigenen Kraft zuzuschreiben[6], und zugleich als *Verachtung* für den Rest der Menschheit, die ihm nicht das Wasser reichen kann.[7] Vor al-

1 Ez 28,12.
2 M.c. 14.
3 Pr Prol [2].
4 Pr 57.
5 Ant VIII, 3. 5 u.ö.
6 Ant VIII, 6. 13 u.ö.
7 Ant VIII, 8. 31. 33 u.ö.

lem die blasphemischen Gedanken, die dem Menschen einreden, er sei „der Heilige Gottes“[8], und die unaussprechliche Lästerungen wider Gott ausstoßen[9] und die Dämonen an die Stelle Gottes setzen[10], sind bisweilen so entsetzlich, dass Evagrios sich weigert, sie niederzuschreiben.[11]

Die Folgen sind Wut und Kummer, weil solche absurden Ansprüche notwendigerweise unerfüllt bleiben müssen. Schließlich folgen Irrsinn und Wahnvorstellungen.[12] Letztere stehen in einem paradoxen Gegensatz zu den eben noch gehegten Größenwahnträumen.

Überlass deine Seele nicht dem Hochmut,
und nie wirst du schreckliche Phantasiegebilde schauen.
Die Seele des Hochmütigen nämlich
wird von Gott verlassen,
und wird zu einem Gegenstand der Schadenfreude
für die Dämonen.
Bei Nacht phantasiert er
den Ansturm einer Menge wilder Tiere,
und bei Tag wird er
von Gedanken der Angst verwirrt.
Wenn er schläft,
fährt er ständig auf,
und wachend verkriecht er sich
vor dem Schatten eines Vogels.
Das Geräusch eines Blattes
erschreckt den Hochmütigen,
und das Brausen des Wassers
zerbricht seine Seele.

8 Ant VIII, 1.
9 Ant VIII, 29.
10 Ant VIII, 47. 49.
11 Ant VIII, 21.
12 M.c. 21.

Denn er, der sich noch vor kurzem
Gott widersetzte
und seine Hilfe leugnete,
wird zuletzt von gewöhnlichen Erscheinungen
in Schrecken versetzt.[13]

Eine solche Seele ist zum „Gespött der Dämonen“ geworden, da „Gott sie verlassen hat“.[14]

Die Heilmittel finden sich in Kapitel 33.

*

13 O.sp. 8,9.
14 Mn 62.

KAPITEL 15: Wider die acht Gedanken

Wenn der Intellekt vagabundiert, dann bringen ihn Lesen, Wachen und Gebet zum Stehen. Das entflammte Begehren löschen Hunger, Mühe und Anachorese aus. Den erregten Jähzorn beruhigen Psalmodie, Langmut und Erbarmen. Und dies zu den gebührenden Zeiten und mit Maßen getan. Denn das Maßlose und Unzeitgemäße ist von kurzer Dauer. Was von kurzer Dauer ist, ist jedoch eher schädlich als nützlich.

Auf die Diagnose der Krankheiten folgen nun die Heilmittel, durch die *Christus*, der „Arzt der Seelen“[1], die „Krankheiten der Seele heilt“.[2] Obwohl er in der Folge nur zweimal genannt wird[3], ist er also der wahre Urheber und Handelnde der *Praktike*, die ja in seiner Nachfolge besteht.[4]

Ehe den acht Gedanken einige spezifische Heilmittel verabreicht werden, geht Evagrios kurz auf das Wirken der ihnen zugrunde liegenden drei Kräfte der Seele ein.

*

Der menschliche Geist ist von einer schwer zu zügelnden natürlichen Beweglichkeit[5], die es ihm erlaubt, sich mit Leichtigkeit die „Bilder“ der leiblichen Dinge dieser Welt „einzuprägen“[6] und dann nach Belieben in sich aufsteigen zu lassen[7], um sich mit ihnen gleichsam zu unterhalten, was sich jedoch im Gebet als ein Hindernis erweist[8], da dieses

1 Ep 42,1 u.ö.
2 2 in Ps 102,3.
3 Pr 33. 54.
4 Siehe oben, Einleitung.
5 Pr 48.
6 Ep 41,2.
7 Ep 34,1.
8 Ep 7,1.

„bildlos“ sein soll.[9] Ohne dass sich der Mensch von seinem Platz rührte, „vagabundiert“ so sein Geist in der ganzen Welt herum.[10] Die Triebfeder dieses Streunens sind die Leidenschaften.

> *Der Intellekt streunt, wenn er leidenschaftlich ist, und er ist schwer zum Stehen zu bringen, wenn er die seine Gelüste bewirkenden Stoffe betrachtet. Er kommt jedoch von seinem Herumschweifen zum Stehen, wenn er leidenschaftslos geworden ist und den Körperlosen begegnet, die seine geistlichen Begierden ganz befriedigen.*[11]

Um dieses regungslose „Stehen“ des Intellektes[12] zu fördern, rät Evagrios zum „Lesen der Worte Gottes“.[13] „Denn nichts bewirkt so das reine Gebet wie das Lesen“ der göttlichen Schriften“[14], „die nicht nur bezeugen, dass Christus der Erlöser der Welt ist, sondern auch, dass er der Schöpfer der Äonen ist und des Gerichtes und der Vorsehung in ihnen“[15], die also eben jene Erkenntnis bezeugen, die die „geistlichen Begierden“ des Intellektes befriedigt.

> *(Von den schlechten Gedanken) befreit nichts so wie die Betrachtung der Worte (oder Sinngehalte: logoi) Gottes. Da nämlich das Gesetz geistliche Betrachtungsgegenstände enthält, zieht es den Geist zu sich hin, der dann die Gedanken ablegt.*[16]

Der Schriftlesung und Schriftbetrachtung widmeten daher die Mönche, wie die Christen ursprünglich allgemein, viel Zeit. Sie taten dies, wie wir aus der Vita des Evagrios wissen, namentlich auch bei ihren Nachtwachen[17], die wie keine andere Übung den Geist „reinigen“[18] und

9 Ep 58,3.
10 Ep 7,1.
11 M.c. 35.
12 Or 2.72.
13 Inst.mon. I, 3.
14 Ep 4,5.
15 Ep 6,4.
16 41 in Ps 118,92.
17 Vita J.
18 Vg 40.

„leicht“ machen[19], oder auch frühmorgens, von Aufgang der Sonne bis zur zweiten Stunde (8.00).[20]

Aus dieser gesammelten Reinheit des Geistes entsteht dann das Gebet in der ganzen Weite des Begriffes, der sowohl die tägliche Gebetsregel als auch jenen „Zustand des Gebetes“ umfasst, bei dem der Intellekt in bild- und wortloser Schau der Gegenwart des dreifaltigen Gottes im „Spiegel“ seiner selbst innewird.

*

Das Begehren entzündet sich an den sinnlichen Dingen der Welt.[21] Fasten, asketische Mühen aller Art und die Entfernung von der bewohnten Welt (Anachorese) helfen hier, die irrationale Begierde auszulöschen.[22]

Schwerer zu heilen ist der erregte Jähzorn.[23] Die besänftigende, beruhigende Wirkung der *Psalmodie* ist eine Erfahrungstatsache, die Evagrios des öfteren erwähnt.[24]

Einen Ansturm des Jähzorns
besänftigen Langmut und Psalmodie.[25]

Diese beruhigende, auch tröstende[26] Wirkung der Psalmodie, die Evagrios nicht ohne Grund wie das Gebet als ein Charisma betrachtet[27], rührt nicht zuletzt daher, dass sie „der mannigfaltigen Weisheit Gottes angehört“[28], der diese Welt ihre sinnvolle und auf Erlösung ausgerichtete Ordnung verdankt. Die Psalmen, die ja in ihrer Art die ganze Schrift in hymnischer Form zusammenfassen, sind „geistliche Beleh-

19 Mn 48.
20 Vg 4.
21 Pr 4.
22 Ep 55,3.
23 Pr 38.
24 Or 83; Mn 98; Pr 71.
25 Inst.mon. I, 4.
26 Vgl. Pr 27.
27 Or 87.
28 Or 85.

rung“[29] über die wunderbare Weise, in der sich Gottes Erbarmen seine Bahn bricht. Davor vergeht all’ unser voreiliges Zürnen. Die Liebe Gottes, die hier offenbar wird, ruft auch den Menschen zu Langmut und Erbarmen mit seinen Nächsten auf und bringt ihn Gott nahe.

Ein langmütiger Mann
erblickt Gesichte,
Versammlungen der heiligen Engel,
und wer ohne Groll ist,
übt sich in geistlichen Gründen (logoi),
und er empfängt bei Nacht
die Lösung von Geheimnissen.[30]

All diese Übungen haben jedoch zu ihren eigenen Zeiten und mit Maß zu geschehen, um nicht mehr Schaden als Nutzen zu bringen.

Verordne dir selbst
ein Maß in jedem Werk,
und steh’ nicht eher davon ab,
bis du es vollendet hast ...[31]

Obwohl das anachoretische Mönchtum keine geschriebene, für alle verpflichtende Regel kannte, hatte es doch seine „Richtschnur“ (kanon).[32] Ausdrücklich erwähnt Evagrios etwa die „gewohnte Stunde“ für die Schriftlesung[33], d.h. allgemein die Zeit von Sonnenaufgang bis etwa 8.00.[34]

Desgleichen gibt es für das Fasten feste, wenn auch individuell angepasste Regeln. Es reichte allgemein „von Abend zu Abend“, d.h. bis zur neunten Stunde (15.00).[35] Gegessen wurde also, sofern man nicht

29 1 in Ps 80,3.
30 O.sp. 4,21.
31 O.sp. 6,18.
32 Pr 40.
33 Ep 4,3.
34 Vg 4.
35 Ant I, 7.

krank oder alt war, nur einmal am Tage. Und zwar Brot und Wasser, dazu ein wenig Öl „nicht bis zur Sättigung“[36], also „gewogen und gemessen“.[37]

Gleiches gilt vom *Gebet*, bei dem jeder sein eigenes Maß hatte. Allgemein üblich waren zwei Psalmenoffizien, Vesper und Vigil, zu je zwölf Psalmen mit den entsprechenden „Gebeten“. Hinzu kam eine bestimmte Anzahl von über den restlichen Tag bzw. die Nacht verteilten „üblichen Gebeten“.[38] Von Evagrios etwa wissen wir, dass er, wie sein Meister Makarios der Alexandriner[39], täglich *einhundert Gebete* verrichtete.[40]

Kurz, das geistliche Leben ist von einem „Kanon“, einer Lebensregel geprägt, auf die sich der Mönch zwar nicht eingeschworen hat, weil dies dem Wesen des Mönchtums und seiner evangelischen Freiheit vollkommen zuwider wäre[41], die er jedoch den Umständen entsprechend treu beobachtete.[42] Diese ausgewogene, in Freiheit geübte Regelmäßigkeit ist das Geheimnis der inneren Ausgeglichenheit und Beständigkeit des geistlichen Lebens.[43]

*

36 M.c. 35.
37 Pr 94.
38 Or 106.
39 HL 20.
40 HL 38.
41 Ant I, 27.
42 Pr 40.
43 Vgl. Pr 29.

KAPITEL 16

Wenn unsere Seele nach abwechslungsreichen Mahlzeiten verlangt, dann soll sie sich an Brot und Wasser einschränken, um selbst für einen bloßen Bissen dankbar zu werden. Denn die Sattheit begehrt mannigfaltige Speisen, der Hunger aber hält selbst die Sättigung an Brot für eine Seligkeit.

Die Diät der Anachoreten der ägyptischen Wüste war, wie gesagt, sehr frugal: Brot, Öl, Wasser.[1] Kein Wunder also, dass einen verwöhnten Griechen wie Evagrios[2] bisweilen die Erinnerung an „ehemalige Leckerbissen, an milde Weine und Schalen, die wir in unseren Händen hielten, als wir zu Tische lagen und tranken“[3], überkam. Zumal ja auch die Sättigung selbst an Brot und Wasser verpönt war.[4]

Das Rezept gegen Versuchungen der Fresslust: Einschränkung selbst an Brot und Wasser, scheint daher absurd. Aber der Volksmund hat Recht: „Hunger ist der beste Koch“. Es ist gerade die Sattheit, die nicht nur nach immer abwechslungsreicheren Speisen verlangt[5], sondern ganz wie die sinnliche Lust[6] Unersättlichkeit erzeugt.

Wenn du dich
der Begierde nach Speisen hingibst,
wird nichts genügen,
um die Lust zu befriedigen.
Denn ein Feuer
ist die Begierde nach Speise,
das immer nimmt
und immer brennt.

1 M.c. 35.
2 Vgl. HL 38.
3 Ant I, 30.
4 M.c. 35.
5 Ep 55,3.
6 O.sp. 6,13.

Ein ausreichendes Maß
füllt ein Gefäß
ein berstender Magen aber
sagt nicht: Genug![7]

Wie modern sich das im Zeitalter des „Overeating" anhört ... Doch ist zu beachten, dass Evagrios von *Einschränkung* spricht. Denn jede Übertreibung auf diesem Gebiet stammt von eben demselben Dämon, der uns auch zur Genusssucht reizt.[8]
Was hier auf dem Spiele steht, lehrt die erste Versuchung Christi in der Wüste, die ja die der Gastrimargia war. Über der Sorge um Essen und Trinken vergisst der Mensch Gott![9] „Der Mensch lebt aber nicht vom Brot allein, sondern von jedem Wort, das aus dem Munde Gottes hervorgeht".[10] Um sich dessen bewusst zu werden, um es buchstäblich am eigenen Leib zu erfahren, ist es gut, zu fasten, um den Geist frei zu machen.

Das Gebet des Fastenden ist ein hochfliegendes „Adlerjunges"[11]*, doch das durch Sattheit beschwerte des Völlers wird herabzogen.*[12]

Der Geist des Fastenden wird also jenen „heiligen Mächten" ähnlich[13], deren Symbol jene „Adlerjungen" sind[14], und wie die Engel „schaut er nun allzeit das Antlitz des Vaters in den Himmeln"[15]

*

7 O.sp. 1,27. 28.
8 Ant I, 37; M.c. 35.
9 Ant I, 4 (Zitat Dt 6,12).
10 Dtn 8,3.
11 Prov 30,17.
12 O.sp. 1,14.
13 Vgl. Or 82.
14 Capita XXXIII, 33.
15 Or 113 (Zitat Mt 18,10).

KAPITEL 17

Die geringe Einnahme von Wasser ist sehr förderlich für die Besonnenheit. Davon mögen dich die dreihundert Israeliten überzeugen, die zusammen mit Gideon Madian in ihre Hand brachten.[1]

Ein für modernes Empfinden sonderbarer Rat, den Evagrios nach dem Zeugnis von Zeitgenossen auch mündlich seinen Besuchern gab[2] und auch sonst ständig wiederholt.

> *Lege dein Brot auf die Waage*
> *und trink dein Wasser zubemessen,*
> *und der Geist der Unzucht*
> *wird vor dir fliehen.*[3]

Ohne dies ausdrücklich zu sagen, bezieht sich Evagrios hier jedoch auf einen Rat seines gestrengen Lehrers Makarios von Alexandria, wie wir noch sehen werden.[4] Die physiologischen Vorstellungen, die – nicht nur bei Evagrios – einen direkten Zusammenhang zwischen der Einnahme von Flüssigkeit und der Unkeuschheit herstellen[5], brauchen uns hier nicht weiter zu beschäftigen, interessanter ist ihr biblischer Hintergrund. Figürlich gesprochen ist das „Meer", in dessen „Abgründen" die „unterirdischen Dämonen" hausen, ganz allgemein der Aufenthaltsort der Dämonen.[6] Deshalb findet der Dämon nach dem Wort Christi[7] in der trockenen, wasserlosen Wüste keinen Ruheplatz. Der

1 Vgl. Ri 7,5–7.
2 HM 20,15 (ed. FESTUGIÈRE).
3 Mn 102.
4 Pr 94.
5 Ant II, 22.
6 2 in Ps 134,6.
7 Vgl. Mt 12,43.

Satan ist in der Tat „der König aller im Wasser Lebenden".[8] Daher heißt es in Auslegung eines anderen Schrifttextes:

> *Wenn der Teufel der „König aller im Wasser Lebenden" ist und er „an einem wasserlosen Ort keine Ruhe findet", dann heißt es von den „Aufenthaltsorten" der Reinen zu Recht, sie seien geschützt.*[9]

Warum nun diese Sorge um die leibliche und mehr noch die seelische Reinheit? Keinesfalls aus einer manichäischen *Leibfeindlichkeit* heraus, die Evagrios ausdrücklich bekämpft.[10] Obwohl selber Mönch und in der Ehelosigkeit lebend heilte er einmal die Frau eines Tribunen die unter dem Einfluss derartiger bloß „äußerer Weisheit" den ehelichen Verkehr aufgegeben hatte.[11] Es geht vielmehr um die *Reinheit des Gebetes,* wie wir noch sehen werden.[12] Denn das Gebet soll rein sein von allen bildlichen Vorstellungen, namentlich natürlich den leidenschaftlichen. Um diese Reinheit zu verhindern, regen die Dämonen in uns jene Laster an.[13]

*

8 2 in Ps 7,5. (Zitat Ijob 41,26).
9 In Prov 31,27: Géhin 380.
10 Pr 53.
11 Vita M.
12 Pr 23.
13 Or 51.

KAPITEL 18

Dass ein und demselben zugleich Leben und Tod zuteil würden, ist füglich nicht anzunehmen. Ebenso ist es unmöglich, dass bei einem die Liebe mit dem Besitz zusammen bestehe. Denn die Liebe ist nicht nur eine Zerstörerin des Besitzes, sondern selbst dieses unseres vergänglichen Lebens.

Nirgends deutlicher als bei der Habsucht wird offenbar, dass alle Leidenschaften letztlich Formen der *„Selbstverliebtheit"* sind, da der Mensch in ihnen alles auf sein eigenes Ich hin verfremdet, selbst die elementarsten Formen der Nächstenliebe.[1] Auch hier kann jedoch von einer irgendwie gearteten „Materiefeindlichkeit" als Motiv für die „Liebe zur Armut"[2] keine Rede sein. Die materiellen Dinge dieser Welt, das Gold eingeschlossen, sind in sich nicht schlecht und daher auch kein Hindernis auf dem Weg zum Heil.[3] Vom Bösen ist nur jene „menschenfeindliche Lust, die aus der freien Selbstbestimmung (des Menschen) geboren wird und den Intellekt zwingt, sich der Geschöpfe Gottes *schlecht* zu bedienen".[4] „Menschenfeindlich" *(misanthropos)*, weil sie nur sich selbst, nie auch den Nächsten zu sehen vermag.

> *Habsüchtig ist nicht, wer Güter besitzt, sondern wer auf sie erpicht ist. Denn man sagt ja, der Verwalter sei ein verständiger (Geld-)Beute.*[5]

Die der „Geldgier" entgegen gesetzte Tugend ist daher keineswegs die Armut, sondern die vollkommene „Freiheit vom Besitzstreben"

1 Ant III, 5. 7 u.ö.
2 Pr Prol [6].
3 2 in Ps 145,8.
4 M.c. 19.
5 Gn 30.

(aktêmôsynê)[6], die sich dann in selbstloser Freigebigkeit äußert. „Verständig“ (logikon) ist dieser „Beutel“, weil er wie ein guter Verwalter mit Verstand auszuteilen weiß. Indessen gilt es, sich auch hier vor den Listen der Dämonen zu hüten, die uns stets von einem Extrem zum anderen drängen, um so letztendlich zum selben Ziel zu gelangen.

Überaus vielgestaltig scheint mir der Dämon der Habsucht zu sein und geschickt im Täuschen. Wird er häufig von einem äußersten Verzicht eingeschränkt, heuchelt er sofort den Verwalter und Freund der Armen, empfängt aufs beste noch gar nicht vorhandene Fremde und schickt anderen, die in Not sind, Hilfe, besucht die Gefängnisse der Stadt und kauft jene los, die angeblich als Sklaven verkauft werden. Er hängt sich an reiche Frauen und gibt jene an, die der Unterstützung bedürfen; andere wiederum, die einen vollen Beutel besitzen, mahnt er zum Verzicht. Und indem er auf diese Weise Schritt für Schritt die Seele täuscht, flößt (der Dämon) ihr Gedanken der Habsucht ein und liefert sie (schließlich) dem Dämon des eitlen Ruhmes aus.[7]

Womit dann, nach dem Worte Christi[8], „die letzten Dinge“ dieses Menschen „schlimmer wären als die ersten“.[9]

Der tiefere Grund für das Lob der Besitzlosigkeit ist, abgesehen selbstverständlich von der hier ja deutlich ausgesprochenen Nächstenliebe, wiederum die Sorge um die *Reinheit des Gebetes.*[10]

Ein besitzloser Mönch ist ein Athlet,
den man nicht um die Taille fassen kann,
und ein flinker Läufer, der schnell
zu dem „Siegespreis der Berufung nach oben“.[11]

6 Vit 3.
7 M.c. 21.
8 Mt 12,45.
9 M.c. 14.
10 Or 119.
11 O.sp. 3,10 (Zitat Phil 3,14).

Evagrios kommt in Pr 99 auf dieses Thema zurück und gibt in Pr 97 ein schönes Beispiel für diese wahrhaft evangelische Sorglosigkeit, die den Besitzlosen zu einem „hochfliegenden Adler“ macht, der nur dann „um Nahrung nach unten fliegt, wenn die Not ihn dazu zwingt“.[12]

*

12 O.sp. 3,5.

KAPITEL 19

Wer alle weltlichen Vergnügungen flieht, der ist ein unzugängliches Bollwerk für den Dämon des Kummers. Denn der Kummer ist (die Folge des) Entzugs eines gegenwärtigen oder erwarteten Vergnügens. Es ist jedoch unmöglich, diesen Feind zurückzustoßen, wenn wir eine leidenschaftliche Zuneigung für irgendetwas Irdisches haben. Denn er stellt dort seine Falle und bewirkt Kummer, wohin er uns am meisten neigen sieht.

Das typisch „menschliche“[1], weil den anderen Lebewesen fremde Laster des Kummers entsteht also aus *gekränkter Begierde.*[2] Umgekehrt gilt daher:

Wer die Lüste der Welt verachtet,
wird nicht von Gedanken des Kummers belästigt.[3]

Der Kummer ist, ähnlich wie sein Zwillingsbruder, der Überdruss, stets die Folgeerscheinung einer falschen, ichverfallenen Einstellung den Dingen oder den Menschen gegenüber.

Wer vom Kummer gebunden wurde,
ist zuerst von den anderen Leidenschaften besiegt worden,
und er trägt die Fessel mit sich herum,
zum Beweis seiner Niederlage.
Denn der Kummer entsteht
beim Misslingen eines fleischlichen Verlangens,
ein Verlangen aber
ist mit jeder Leidenschaft verbunden.

---

1 Sk 40.
2 Pr 10.
3 O.sp. 5,25.

Wer das Verlangen besiegt,
hat die Leidenschaften besiegt.
Wer aber die Leidenschaften besiegt hat,
der wird vom Kummer nicht beherrscht.
Der Enthaltsame wird nicht betrübt
beim Nichterlangen von Speisen,
noch der Besonnene
wenn er zügellose Lust nicht erreicht,
noch der Zornlose,
wenn ihm die Rache entgeht,
noch der Demütige,
wenn er menschlicher Ehre entbehrt,
noch der von Geldgier Freie,
wenn ihm Schädigungen widerfahren.
Denn die alle haben sich ja dem Verlangen
nach diesen Dingen energisch entzogen.
Wie nämlich der Gepanzerte
kein Geschoss abbekommt,
so wird auch der Leidenschaftslose
nicht von Kummer verwundet[4]

Meister Eckhart wird diese Haltung später als „*Abgeschiedenheit*" bezeichnen: höchste Freiheit inmitten allen Tuns, ohne an irgendetwas zu haften. Auch hier wieder ist das „*Gebet*" der tiefste Beweggrund.[5] Denn:

Jene, die sich selbst Kümmernisse und Groll anhäufen
und dabei zu beten meinen,
gleichen denen, die Wasser schöpfen
und in ein löchriges Fass gießen.[6]

*

4 O.sp. 5,10–12.
5 Vgl. Pr 25.
6 Or 22.

KAPITEL 20

Wut und Hass vermehren den Jähzorn, Barmherzigkeit und Sanftmut vermindern selbst den vorhandenen.

Evagrios widmet den Heilmitteln des Jähzorns hier wie in allen seinen Schriften die allergrößte Aufmerksamkeit. Denn ein naturwidriges Wirken des irrationalen Vermögens des Jähzorns ist das größte Hindernis im geistlichen Leben.

Mit anderen Vätern teilt Evagrios die „vernunftbegabten Wesen" in drei Klassen ein: Engel, Menschen und Dämonen.[1] Der Charakter eines jeden dieser Wesen wird von einem *vorherrschenden Element* bestimmt. Beim Engel ist es der *Geist* (Intellekt), beim Menschen das *Begehren* und beim Dämon der *Jähzorn*.[2] Der Mensch hat seinen Standort zwischen Engel und Dämon, er ist weder das eine noch das andere, bis zur Vollendung dieses Äons.[3] Dank seinem freien Willen vermag er sich jedoch den beiden Extremen anzugleichen, da er „sowohl für die Tugend als auch für das Laster empfänglich ist". „Vermehrt" er nämlich durch Wut und Hass den Jähzorn, wird er zur „Schlange", dem biblischen Symbol des Dämons[4], da er ja das *Leben* eines Dämons führt.[5] „Vermindert" er hingegen durch Barmherzigkeit und Sanftmut den Jähzorn, erlangt er einen „fast engelhaften Zustand"[6], wird „engelgleich"[7], da er sich das *Wesen* des Engels zu eigen gemacht hat.[8] Der Dämon ist ja wesentlich von Zorn beherrscht[9], während die Sanftmut die „Tugend der Engel"[10] ist.

Verweilen wir noch einen Augenblick bei dieser „Verminderung" des Jähzorns, um die es Evagrios ja hier geht. Die *„Barmherzigkeit* heilt

1 Ant Prol.
2 KG I, 68.
3 In Prov 1,32: Géhin 16.
4 Ep 56,4f.
5 KG III, 76.
6 79 in Ps 118,171.
7 Or 113.
8 KG III, 76; vgl. V, 11.
9 KG III, 34; V, 11.
10 Vita K, vgl. KG IV, 38; Pr 76.

den Jähzorn“[11], gleiches gilt von der *Liebe*[12], bzw. der *Sanftmut*[13], der charakteristischen Erscheinungsform der Liebe.[14] Die Sanftmut ist die christliche Tugend schlechthin, da sie Christus eigen ist und er selbst uns aufgetragen hat, ihn darin nachzuahmen.[15] Und wie die Gestalt des Mose, des „sanftmütigsten aller Menschen“[16], lehrt, ist diese Tugend durchaus auch den Menschen zugänglich.[17]

> *Die Sanftmut ist ja eine Unerschütterlichkeit des Jähzorns, die einem bei dem Verzicht auf (alle) vergänglichen Lüste zuteil wird.*[18]

Dies ist also in unserem Kapitel gemeint: Ziel eines wahrhaft *christlichen* Lebens ist es, durch Barmherzigkeit und Sanftmut (Liebe) den Jähzorn zu „mindern“, damit das geistige Element, das allein zur Gottesschau befähigt, sich „mehre“. Im Hintergrund steht auch hier wiederum die Sorge um das Gebet.[19]

> *Der Sanftmut des Mannes*
> *wird bei Gott gedacht*[20],
> *und eine zornlose Seele*
> *wird zum Tempel des Heiligen Geistes.*[21]

*

11 M.c. 3.
12 KG III, 35.
13 Vgl. KG IV, 73; M.c. 27.
14 Ep 56,3ff.
15 M.c. 13; Ep 56,9 (Zitat Mt 11,29).
16 Num 12,3.
17 Ep 27,2.
18 1 in Ps 131,1.
19 Vgl. unten Pr 23.
20 Vgl. Ps 131,1.
21 O.sp. 4,11., vgl. 1 Kor 6,19.

KAPITEL 21

„Die Sonne soll nicht untergehen über eurem Zürnen“[1], damit die Dämonen nicht etwa des Nachts (unvermutet) herzutreten und die Seele in Schrecken versetzen und (so) den Intellekt am folgenden Tag furchtsam für den Kampf machen. Denn die schrecklichen Erscheinungen pflegen aus der Erregung des Jähzorns zu entstehen, und nichts macht den Intellekt so zum Fahnenflüchtigen wie der erregte Jähzorn.

Nächtliche Schreckgesichte finden sich bei mehreren „Gedanken“, wie es oben hieß.[2] Sie haben ihren Ursprung in einer „widernatürlichen“ Erregung des Jähzorns, der sich nicht gegen das Böse, die Dämonen, wendet, sondern gegen einen Mitmenschen.[3] Evagrios spricht oft von derartigen „Gesichten“ (phantasia, phasma), hier ein Beispiel:

> *Die Anachoreten werden also bei Tag von den Dämonen versucht und fallen verschiedenartigen Gedanken anheim; des Nachts wiederum kämpfen sie im Schlaf mit geflügelten Aspisvipern und werden von reißenden Tieren umzingelt, werden von Schlangen umringelt und von hohen Bergen herabgestürzt. Bisweilen werden sie auch, aus dem Schlaf aufschreckend, von diesen Tieren selbst umzingelt und sehen die Zelle voll Feuer und Rauch. Und wenn sie sich diesen Gesichten nicht hingeben noch in Verzagtheit verfallen, dann sehen sie alsbald die Dämonen in Weiber verwandelt, die unanständig kokettieren und bereitwillig schamlos tändeln.*[4]

Der moderne Mensch wird die ihm ja nicht unbekannten, täglichen oder nächtlichen „Erscheinungen“ vielleicht anders deuten. Für Evagrios ist jedoch entscheidend, dass die Dämonen, „die sich ausgebeten haben, den geistlichen Lehrer bei Nacht höchst eigen zu verwir-

1 Eph 4,26.
2 Pr 11.
3 M.c. 5.
4 M.c. 27.

ren“[5], mit all diesen „Phantasien“ bezwecken, sein *Gebet* zunichte zu machen.[6] *M*it Absicht flicht er daher in sein Traktat „Über das Gebet“ eine Anzahl gehörter oder gelesener Geschichten ein, die alle lehren, dass sich ein *„wahrer“* Beter von derartigem Teufelsspuk nicht im mindesten beeindrucken lässt.[7]

Die Heilmittel für den erregten Jähzorn sind *Barmherzigkeit* und *Sanftmut*, hieß es im vorhergehenden Kapitel. Hier ist von jener *Versöhnlichkeit* die Rede[8], die uns Christus selbst gelehrt hat.[9]

> *„Lass deine Gabe vor dem Altar“, heißt es,*
> *„und geh zuerst hin und versöhne dich mit deinem Bruder,*
> *und dann komm“ und bete ungestört.*
> *Denn der Groll verdunkelt den Intellekt des Beters und verfinstert seine Gebete.*[10]

Dieses Gebot Christi und des Apostels[11] gilt es unter allen Umständen in die Tat umzusetzen, mögen die Gründe, die die Dämonen einem dagegen einflüstern: Scham, Furcht, Stolz, auch noch so einleuchtend sein.[12]

*

5 Or 139.
6 Or 50. 69. 92.
7 Or 106. 107. 111.
8 Vgl. auch Or 104. 107.
9 Vgl. Mt 5,24.
10 Or 21.
11 Vgl. 4,26.
12 Ant V, 49.

KAPITEL 22

Wenn der jähzornige Teil unserer Seele, einen Vorwand ergreifend, in Erregung geraten ist, dann geben uns die Dämonen ein, die Anachorese sei eine schöne Sache, damit wir nicht die Ursachen unseres Kummers beheben und uns selbst von der Aufregung befreien. Wenn hingegen der begehrliche Teil erhitzt ist, dann machen sie uns gesellig und nennen uns hart und roh, damit wir nach Leibern verlangend, mit Leibern Umgang pflegen. Man darf ihnen nicht gehorchen, sondern muss eher das Gegenteil (von dem, was sie uns anraten) tun.

Die Anachorese gehört wie die Jungfräulichkeit und der Verzicht auf Speise und Trank zu jenen *„freiwilligen Opfern"*, die nicht vom Gesetz gefordert werden. Wer nun das Gesetz noch nicht erfüllt hat, dem fehlt es am nötigen Freimut vor Gott, um mit dem Psalmisten sagen zu können: „Die freiwilligen (Opfer) meines Mundes seien dir angenehm, Herr".[1] Das wissen die Dämonen sehr wohl, und darum drängen sie uns nicht nur zum Schlechten, sondern auch dazu, das Gute zur *Unzeit* zu tun, mitten im Kampf mit den heftigsten Leidenschaften. Dies hat fatale Folgen:

> *Kein Anachoret ziehe sich unter dem Eindruck von Wut, Hochmut oder Kummer in die Einsamkeit zurück, noch fliehe er die Brüder, wenn er von diesen Gedanken belästigt wird. Denn es entstehen aus derartigen Leidenschaften sogar Anfälle von Verrücktheit (ekstaseis), wenn das Herz von Gedanke zu Gedanke, von diesem zum nächsten und von dem zu einem anderen schrittweise „in den Abgrund" des Vergessens „fällt"[2] Wir haben nämlich viele Brüder gekannt, die diesem Schiffbruch zum Opfer gefallen sind, die die übrigen Brüder unter Tränen und Gebet wieder zu einem*

1 47 in Ps 118,108.
2 Vgl. Weish 16,11.

menschlichen Leben zurückgeführt haben. Einige aber sind auch einem unwiederbringlichen Vergessen anheim gefallen und waren nicht mehr in der Lage, ihren ersten Zustand zu erlangen, und bis zum heutigen Tag sehen wir Armseligen den Schiffbruch unserer Brüder.

Diese Leidenschaft entsteht zumeist aus Gedanken des Hochmutes. Wenn einer in diesem Zustand Anachoret wird, dann sieht er zuerst die Luft seiner Zelle voller Feuer und des nachts Blitze, die auf den Wänden aufleuchten. Dann hört er Stimmen von Verfolgern und Verfolgten, Wagen mit Pferden, die in der Luft erscheinen, das ganze Haus voller Äthiopier[3] *und Schreckgespenste. Und ob des Übermaßes an Mutlosigkeit verfällt er der Verrücktheit, wird übergeschnappt und vergisst vor Entsetzen seinen menschlichen Zustand.*[4]

Aus Palladios wissen wir, dass es sich hier nicht um bloße Theorie handelt, denn in seiner Historia Lausiaca sind uns sogar die Namen mehrerer dieser „Schiffbrüchigen" genannt und ihr trauriges Schicksal berichtet. Evagrios dürfte Stephanos[5], Eukarpios[6], Heron[7], Valens[8] und Ptolemaios[9] persönlich gekannt haben. Eukarpios, Heron und Valens bekehrten sich dank des energischen Einsatzes der Väter noch vor ihrem Tod, während der einst hoch angesehene Mönch Stephanos trotz der flehentlichen Bitten des Evagrios, der ihn zufällig in Alexandria getroffen und versucht hatte, ihn von seinem Irrtum zu überzeugen, in seiner hochmütigen Verstocktheit bis zum Tode verharrte. Auch in seinen Briefen spielt Evagrios bisweilen auf diese die Zeitgenossen zutiefst verwirrenden[10] „Schiffbrüche" oft hervorragender Mönche an.[11]

Die List der Dämonen, stets das Gegenteil von dem zu raten, was im Augenblick geboten ist, erwähnt Evagrios des Öfteren. So heißt es etwa,

3 In dieser Gestalt erscheinen oft die Dämonen, vgl. Ant IV, 34.
4 M.c. 23.
5 HL syr. [72].
6 Ibid. [73].
7 HL 26.
8 HL 25.
9 HL 27.
10 HL 47.
11 Ep 52,4.

dass sie die Kranken und Erschöpften drängen, zu fasten und stehend zu psalmodieren[12], sie, die uns sonst mit allen Mitteln zu vorzeitigem Essen[13] und zu jeder Art von Trägheit verlocken. Sie bereden die noch viel zu Jungen, sich allein niederzulassen[14], andere, sich einzuschließen[15], während sie andere drängen, „zum Nutzen derer, die sie sehen“, in die Welt hinauszugehen.[16] Die einen reizen sie zum Essen[17], die anderen, Anachorese und Fasten über jedes Maß hinauszutreiben.[18] Sie verleiten zum Reden, wenn Schweigen geboten wäre, und umgekehrt[19] und dergleichen mehr. Und obwohl sie uns normalerweise dazu beschwatzen, die „Zeit des Offiziums zu übergehen“[20], lassen sie es sich doch bei Gelegenheit einfallen,

> *uns zu nötigen, Psalmen und geistliche Hymnen zu sagen[21], in denen ein bestimmtes Gebot enthalten ist, das wir, in die Irre gegangen, übertreten haben, um uns, wenn sie es hören, zu verhöhnen als solche, die sagen und nicht tun.[22]*

Was die Dämonen, die uns ja im allgemeinen zu jeder Art von Laster reizen, damit bezwecken, sich plötzlich zu Predigern der Tugend aufzuwerfen, ist mehr als durchsichtig. Sie wechseln allein die Mittel, das Ziel bleibt dasselbe! Eine exzessive Anachorese, von der oben die Rede war, mag vielen heute fern liegen, die folgende Beschreibung exzessiven Fastens aber klingt sehr modern, wenngleich heute im Allgemeinen jede religiöse Motivation dafür entfallen ist.

---

12 Pr 40.
13 Ant I, 7.
14 Ant VII, 15.
15 Ant VII, 11.
16 Ant VII, 18.
17 Ant I, 3 u.ö.
18 M.c. 35.
19 Ant VII, 21.
20 M.c. 28.
21 Vgl. Kol 3,16.
22 2 in Ps 136,3.

Wenn es dem Dämon nach zahlreichen und intensiven Kämpfen nicht gelungen ist, die fest eingeprägte Enthaltsamkeit zu zerstören, dann drängt er den Intellekt zu dem Verlangen nach einer äußersten Askese. Zu diesem Zweck zitiert er die Genossen Daniels, ihr armseliges Leben und die Sämlinge, die sie als einzige Nahrung zu sich nahmen[23]*, erinnert an gewisse andere Anachoreten, die beständig so gelebt haben, oder begonnen haben, so zu leben, und nötigt sie, deren Nachahmer zu werden. Er bezweckt damit, dass sie, eine maßlose Enthaltsamkeit verfolgend, nicht einmal eine maßvolle erreichen, weil der Leib aufgrund der ihm eigenen Schwäche nicht dazu in der Lage ist. In Wirklichkeit „segnet dieser Dämon mit dem Mund und flucht mit dem Herzen".*[24] *Ich bin der Meinung, dass es rechtens ist, ihm nicht zu gehorchen.*[25]

Wie einleuchtend die Gründe auch immer sein mögen, die die Dämonen anführen, um uns über unser eigenes Maß hinauszutreiben,

„man darf nicht auf sie achten, sondern muss ihnen mit nüchternem Sinn klipp und klar nachweisen, dass sie dies zur Täuschung und Irreführung der Seelen tun".[26]

Man soll vielmehr, wie Evagrios in unserem Kapitel lehrt, „das *Gegenteil* von dem, was sie uns anraten, tun". Denn hier nachgeben bedeutet Flucht vor der notwendigen Konfrontation mit der Wirklichkeit, *unserer* Wirklichkeit, dank einer rückhaltlosen Analyse der wahren „Gründe unseres Kummers". Wie man im *Antirrhetikos* Kapitel für Kapitel nachlesen kann, sind die Dämonen unerschöpflich im Vorschieben falscher Gründe für unsere Aggressionen und Begierden. Das Heilmittel ist hier die *diakrisis*, die Unterscheidung der Geister.

Der Kampf also, der mit Unterscheidung geführt wird, ist voll zahlreicher Versuchungen. Er bewirkt aber eine große Reinheit des Geistes, da die Dämonen nicht in der Lage sind, die Seele zu verspotten oder zu verleumden.

---

23 Vgl. Dan 1,12. 16 (in der Version Theodotions).

24 Vgl. Ps 61,5.

25 M.c. 35.

26 M.c. 28.

Gleichwie nämlich der Klugheit die vernünftige Beurteilung der Dinge als Los zugefallen ist, so sind der Unterscheidung die Vorstellungen des Geistes anvertraut worden, indem sie die heiligen Gedanken von den befleckten, die reinen von den unreinen unterscheidet und die Tücken der spöttischen Dämonen, die Sinneswahrnehmung und Gedächtnis zur Irreführung der zur Erkenntnis Christi eilenden Seele nachäffen, dem Prophetenwort gemäß[27] *erkundet.*[28]

*

27 Vgl. Weish 17,7.

28 Ep. 4,4.

KAPITEL 23

Gib dich nicht dem Gedanken der Wut hin, indem du im Geist mit dem, der dich gekränkt hat, streitest, noch auch dem der Unzucht, indem du dir ununterbrochen die Lust vorstellst. Ersteres nämlich verfinstert die Seele, letzteres lädt sie zum Feuer der Leidenschaft ein, beides aber macht den Intellekt besudelt. Und während du zur Zeit des Gebetes dir die (entsprechenden) Bilder vorstellst und Gott dein Gebet nicht rein darbringst, fällst du sofort dem Dämon des Überdrusses anheim, der sich mit Vorliebe auf derartige (seelische) Verfassungen stürzt und, gleichwie ein Hund ein Hirschkalb, die Seele zerreißt.

Wem wären solche *imaginären Streitgespräche* mit denen, die uns – tatsächlich oder vermeintlich – beleidigt haben, nicht bekannt? Von sinnlichen Phantasien ganz zu schweigen. Erstere sind Manifestationen des Grolls, dessen Auswirkungen auf das Gebet uns schon begegnet sind.[1]

> *Deshalb klagt uns auch der Heilige Geist treffend an: „Du setzt dich hin und verleumdest deinen Bruder, und wider den Sohn deiner Mutter hast du eine Falle gestellt“.*[2] *Du hast den Gedanken des Grolls die Türe geöffnet und den Intellekt zur Zeit des Gebets ganz in Verwirrung gebracht, indem du dir ständig das Antlitz deines Feindes vorstellst und ihn zu einem „Gott“ gemacht hast. Denn was der Intellekt im Gebet immerzu anschaut, das kann man billigerweise auch „Gott“ nennen.*[3]

1 Pr 11.
2 Ps 49,20.
3 M.c. 37.

Gleiches gilt von Phantasien der *Unzucht*. Das Gebet eines solchen Menschen ist nicht „rein“, weil von leidenschaftlichen Gedanken „besudelt“. Wird sich der Beter dessen dann bewusst, verfällt er sogleich dem Überdruss.[4] Daher rät Evagrios:

> *Während du „betest, wie es sich gebührt“*[5]*, werden dir Dinge von der Art widerfahren, dass du es für ganz gerechtfertigt hältst, dich des Zornes zu bedienen. Es gibt jedoch durchaus keinen gerechtfertigten Zorn wider deinen Nächsten! Wenn du nämlich nachforschst, wirst du finden, dass es durchaus möglich ist, die Angelegenheit sehr wohl auch ohne Zorn in Ordnung zu bringen.*

Bediene dich daher jedes (erdenklichen) Mittels, um nicht in Zorn auszubrechen.[6]

*

---

4 Vgl. Pr 12.
5 Röm 8,26.
6 Or 24.

KAPITEL 24

Die Natur des Jähzorns ist es, die Dämonen zu bekämpfen und für eine wie auch immer geartete Lust zu streiten. Deshalb legen uns die Engel die geistliche Lust nahe und die aus ihr entstehende Beseligung und mahnen uns, den Jähzorn wider die Dämonen zu wenden. Diese aber schleppen uns zu den weltlichen Begierden hin und nötigen den Jähzorn, wider die Natur gegen die Menschen zu kämpfen, damit der Intellekt, verfinstert und von der Erkenntnis abgefallen, zum Verräter der Tugenden werde.

Die Aufgabe des Jähzorns ist es, wie ein „Hund", nur die „Wölfe" (d.h. die Dämonen) zu vernichten, nicht aber, die Schafe aufzufressen, vielmehr, allen Menschen gegenüber die größte Sanftmut zu erweisen.[1] Denn „der Jähzorn ist eine Kraft der Seele, die die Gedanken vernichtet"[2], indem er alle „leidenschaftlichen verjagt"[3] und die „ungerechten verbellt".[4]

Positiv ist seine *natürliche* Aufgabe, „für die Tugend zu kämpfen"[5] oder, wie Evagrios hier sagt, für eine „geistliche Lust und die aus ihr entstehende Beseligung", d.h. die Erkenntnis Gottes und seiner Schöpfung, die die Schrift „Seligkeit" nennt.[6] Tadelnd schreibt Evagrios daher:

Weshalb, sage mir doch, stürzt du dich denn so schnell in die Schlacht, wenn du doch Speisen, Ruhm und Besitz verachtet hast? Und warum nährst du den „Hund", wenn du erklärst, nichts zu besitzen? Wenn er aber

1 M.c. 13 (Zitat Tit 3,2).
2 Sk 8.
3 Sk 9.
4 Sk 10.
5 Pr 86.
6 Ep.fid. 12,9ff.

so bellt und die Menschen anfällt, dann offensichtlich deshalb, weil er drinnen etwas besitzt und es bewahren will.

Ich aber bin überzeugt, dass ein solcher fern vom reinen Gebet ist, weil ich weiß, dass der Jähzorn ein solches Gebet zerstört. Zu alledem wundere ich mich, dass man selbst die Heiligen vergisst, wo doch David ausruft: „Lass ruhen das Wüten und lass ab vom Zorn“[7], und der Ecclesiast mahnt: „Entferne den Zorn von deinem Herzen und nimm hinweg von deinem Fleisch die Bosheit“[8], und der Apostel anordnet, „ohne Zorn und Gedanken an jedem Ort reine Hände zum Herrn zu erheben“.[9]

Und warum lernen wir nicht von dem verborgenen[10] und antiken Brauch der Menschen, demzufolge man zur Zeit des Gebetes die Hunde aus den Häusern vertreibt und damit andeutet, dass bei den Betenden kein Zorn vorhanden sein darf? Und ferner: „Zorn von Drachen ist ihr Wein“.[11] Die Naziräer (d.h. hier die Mönche) aber enthielten sich des Weines![12] Auch einer der heidnischen Weisen hat gesagt, dass die Gallenblase und die Hüfte für die Götter ungenießbar seien, ohne zu wissen, was er sagte, will mir scheinen. Was mich betrifft so denke ich, dass es sich da um Symbole handelt, erstere für den Zorn und letztere für das irrationale Begehren.[13]

Unter diesen Umständen rät Evagrios, den Jähzorn vor dem Gebet gegen jene zu richten, die uns versuchen[14], d.h. die Dämonen. Dies ist jener *„vollkommene Hass“*[15], der uns so überaus nützlich ist.[16]

*

7 Ps 36,8.

8 Eccl 11,10.

9 1 Tim 2,8.

10 *mystikos* bedeutet hier nicht “mystisch” im modernen Sinn, sondern vielmehr *verborgen*, nicht der Allgemeinheit bekannt und zugänglich.

11 Dtn 32,33.

12 Num 6,3.

13 M.c. 5. Der heidnische Weise ist Menander, vgl. die Anmerkung der Herausgeber.

14 Pr 42.

15 Ps 138,22.

16 M.c. 10.

KAPITEL 25

Hüte dich davor, jemals einen der Brüder, weil du ihn erzürnt hast, zu vertreiben. Du würdest dein Lebtag nicht mehr dem Dämon des Kummers entfliehen, der dir zur Zeit des Gebetes beständig zu einem Hindernis würde.

Dies gilt auch, wenn der Bruder *mich* erzürnt hat.

> *Was auch immer du tust, um dich an deinem Bruder, der dir Unrecht getan hat, zu rächen, all das wird dir zur Zeit des Gebetes zu (einem Stein des) Anstoßes werden.*[1]

Dieser „Anstoß" des Kummers besteht darin, dass das Antlitz dessen, den wir im Unfrieden von uns haben scheiden lassen, unweigerlich zur Zeit des Gebetes vor unserem geistigen Auge auftauchen wird.[2] Dasselbe geschieht, wenn *uns* jemand betrübt hat und wir ihm nicht verzeihen wollen.[3] Ein solches Gebet ist eitel, da der Beter nicht Gott, sondern einen „Götzen" vor Augen hat, wie wir sahen.[4] Im Gebet ergeht nämlich eine Art *„Gericht"* über die Seele[5], d.h. ganz ohne unser Zutun wird unsere *innere Verfassung* offenbar.

> *Wenn du den Zustand deines Herzens erkennen willst, ob du eifrig oder nachlässig bist, achte auf dich selbst zur Zeit des Gebetes! Von welchen Gedanken (phantasiai) wird dein Intellekt gebeugt oder zerstreut, von leidenschaftlichen oder leidenschaftslosen? Wenn er von den erstgenannten bekämpft wird, dann vernachlässigt er die Gebote Gottes und es blühen die Leidenschaften, die in ihm den Jähzorn und das Begehren anregen, und ihm eine Menge von Übeln verbunden mit Trübsal verschaffen. Wenn er*

---

1 Or 13.
2 M.c. 37, vgl. Pr 23.
3 Or 21.
4 M.c. 37.
5 Or 12.

hingegen von den letztgenannten verwirrt wird, achtet er nicht auf die Lesung und das Gebet, sondern wird von häufigen Begegnungen und neuen Geschichten verdorben, da ihn ständig „etwas Neues zu sagen oder zu hören“[6] *verlangt.*

Doch du „kämpfe den guten Kampf“[7]*, damit auch du mit dem Kranz der Gerechtigkeit bekränzt werdest*[8]*, und den Bräutigam, Christus, schauest*[9]*, den du jetzt durch gute Werke suchst. Denn dies ist in Wahrheit das „Suchen des Herrn“.*[10]

*

6 Apg 17,21.
7 1 Tim 6,12.
8 2 Tim 4,8.
9 Vgl. Mt 25,1ff.
10 Ep 25,6 (griechisch). Letztes Zitat: Ps 23,6 u.ö.

KAPITEL 26

Den Groll löschen Geschenke aus. Davon überzeuge dich Jakob, der Esau, welcher ihm mit dreihundert Mann entgegen zog, durch Geschenke besänftigte.[1] Wir aber, die wir arm sind, wollen unsere Bedürftigkeit durch den Tisch wettmachen.

Dass Geschenke den Zorn besänftigen, sagt schon der weise Salomo[2], und Evagrios spricht es ihm nach.

Wut und Zorn wendet Liebe ab,
Groll aber zerstören Geschenke.[3]

Dieser Rat mag bei der vornehmen und wohl auch reichen Diakonisse Severa, für die er bestimmt ist, passend sein. Die Anachoreten der ägyptischen Wüste hingegen verfügten kaum über die nötigen Mittel, um großartige Geschenke zu machen. Aber es stand ihnen die im Orient seit je heilig gehaltene *Gastfreundschaft* zu Gebote, um einen Streit zu schlichten.

Wenn dein Bruder dich erbittert,
führe ihn in dein Haus,
und zögere nicht, bei ihm einzutreten,
sondern iss deinen Bissen mit ihm.
Indem du dies tust,
wirst du nämlich deine Seele retten,
und es wird dir zur Zeit des Gebetes
kein Anstoß widerfahren.[4]

1 Vgl. Gen 32,6ff.
2 Prov 21,14.
3 Vg 41.
4 Mn 15.

Diese so menschliche Geste, eine Feindschaft durch ein gemeinsames Mahl zu beseitigen, ist nach dem Wort *Prov* 25,21*f.* vor allem dann ein Gebot, wenn der *„Feind“* in materieller Not ist.[5]

*

5 Ant V, 28.

KAPITEL 27

Wenn wir an den Dämon des Überdrusses geraten, dann teilen wir die Seele unter Tränen in zwei Hälften, von denen die eine tröstet und die andere getröstet wird, indem wir uns selbst gute Hoffnung säen und uns die zauberischen Worte Davids vorsingen: „*Warum bist du bekümmert, meine Seele, und warum verwirrst du mich? Hoffe auf Gott, denn ich werde ihn bekennen, das Heil meines Antlitzes und meinen Gott*".[1]

Der Überdruss ist ein „komplexes" Phänomen[2] und manifestiert sich daher auf sehr unterschiedliche und z.T. ganz widersprüchliche Weise. Er ist jener geistlichen „Gefühllosigkeit" verwandt[3], die in der Seele eine Art tierischer „Rohheit" verbreitet[4], die sie für ihre tatsächliche Verfassung uneinsichtig macht. Dies hat ganz konkrete schlimme Folgen.

Der Geist des Überdrusses
vertreibt die Tränen[5],

die eben das Zeichen des Eingeständnisses unserer Sündigkeit und Erlösungsbedürftigkeit sind.[6] Das erste und oft genannte Heilmittel gegen den Überdruss sind daher eben die *Tränen*, die für den Menschen der Antike untrennbar mit dem Gebet verbunden waren.[7]

---

1 Ps 41,6.
2 Siehe oben Pr 12.
3 M.c. 11.
4 Or 5.
5 Mn 56.
6 Or 5.
7 Or 5–8 u.ö.

Schwer ist der Kummer
und unerträglich der Überdruss,
Tränen hin zu Gott aber
sind mächtiger als beide.[8]

Diese Tränen sind jedoch nicht stumm, sie sind von den tröstenden Worten des Psalters Davids begleitet, durch die wir uns selbst „gute Hoffnung" säen, d.h., wie Evagrios erklärt, hoffnungsvolle „Erwartung wahrer Erkenntnis".[9] Welchen Sinn die meditative Wiederholung der Psalmworte hat, deutet folgender Text in biblisch-symbolisch verschlüsselter Sprache an. Hier wird auch deutlich, worin der *Pr 12* angedeutete wunderbare Ausgang einer bestandenen Versuchung des Überdrusses besteht.

> *Sollte uns aber auch infolge der Anstrengung [des täglichen und nächtlichen Hütens der „Schafe", d.h. der gedanklichen Vorstellungen dieser Welt] ein gewisser Überdruss ankommen, dann eilen wir ein wenig auf den „Fels"[10] der Erkenntnis und befassen uns mit dem „Psalterion" [d.h. dem Intellekt[11]], indem wir durch die Tugenden die Saiten der Erkenntnis schlagen. Und dann wollen wir wieder die Schafe unterhalb des (Berges) Sinai[12] weiden, damit der „Gott unserer Väter"[13] auch uns [wie Mose] aus dem Dornbusch anrufe und uns mit den „Bedeutungen der Zeichen und Wundertaten"[14] begnade.*[15]

Der Kampf gegen den Überdruss ist also wirklich voll *„guter Hoffnung"*, denn es folgen ihm, wenn wir ihn siegreich bestehen, ein „friedvoller Zustand und eine unaussprechliche Freude"[16], zwei Zeichen dafür, dass der Mensch der „Leidenschaftslosigkeit" gewürdigt

8 Vg 39.
9 5 in Ps 4,6.
10 Vgl. Ps 60,3; Hab 2,1.
11 3 in Ps 32,2 u.ö.
12 Der Sinai ist der Ort des Erscheinung Gottes! Vgl. 7 in Ps 67,8.
13 Ex 3,13 usw.
14 Ps 104,27.
15 M.c. 17.
16 Pr 12.

ward[17] und sich der „Grenze des Gebetes" genaht hat.[18] Nun „bekennt" er Gott, wie es im Psalm hieß, das „Heil seines Angesichts", und dankt ihm für die Erkenntnis seiner verborgenen „Wege" des Heils in der Geschichte der Schöpfung.

Dass Evagrios hier die „zauberischen Worte Davids" nennt, kommt nicht von ungefähr. Die *Psalmodie* gehört nämlich jener *„mannigfaltigen Weisheit Gottes"*[19] an[20], die sich in der Schöpfung, ihrer sinnvollen Ordnung und Gerichtetheit auf das Heil aller widerspiegelt.[21] Sie offenbart die „Wege Gottes", die die gesamte Schöpfung zum ewigen Heil führen.

*

17 Pr 57.
18 Or 62.
19 Eph 3,10.
20 Or 85.
21 Vgl. Pr 69.

KAPITEL 28

Man darf zur Zeit der Versuchungen seine Zelle nicht verlassen, so vernünftig die Vorwände auch angeblich sind, die man sich zurechtlegt, sondern man muss drinnen sitzen bleiben und ausharren und mutig alle Angreifer empfangen, vor allem aber den Dämon des Überdrusses, der drückender ist als alle anderen und die Seele im höchsten Grade erprobt macht. Denn solche Kämpfe fliehen und umgehen lehrt den Intellekt, ungeschickt, feige und ein Ausreißer zu sein.

Ein typisches Merkmal des Überdrusses ist eine gewisse diffuse *Unrast*, die den Betroffenen weder an seinem Ort noch bei seiner Arbeit, seinen Mitmenschen ... aushalten lässt. Diese sich auf tausenderlei Weise gerne auch als *Tugend* verkleidende Rastlosigkeit vermag nur eines zu heilen: *Beständigkeit.*

Den Überdruss
heilen Standhaftigkeit
und dass man alles mit großer Sorgfalt,
Gottesfurcht und Ausdauer tut.
Verordne dir selbst
ein Maß in jedem Werk,
und steh nicht eher davon ab,
bis du es vollendet hast.
Und bete ununterbrochen und kurz gefasst,
und der Geist des Überdrusses
wird vor dir fliehen.[1]

1 O.sp. 6,17–18.

Diese *Beharrlichkeit* bedeutet zuallererst, dass man der Versuchung zur *Flucht*, ganz konkret aus der Wohnung[2], unter keinen Umständen nachgibt. Das Opfer lohnt sich, denn der Gewinn ist groß!

Wenn dich der Geist des Überdrusses überkommt,
verlasse nicht dein Haus,
und weiche nicht aus
zur Zeit des nützlichen Streites.
Denn wie man Silber blank macht,
so wird deine Seele glänzen.[3]

Mehr als jede andere Versuchung macht der Überdruss die Seele, wenn sie den Kampf siegreich besteht, *„im höchsten Maße erprobt"*. Denn sie verleiht ihr eine *„beständige innere Ruhe"*[4], macht sie „glänzend" im „Licht der Leidenschaftslosigkeit"[5] und für die „Erkenntnis Gottes empfänglich".[6]

*

2 Ep 27,6; O.sp. 6,5.
3 Mn 55.
4 O.sp. 6,5.
5 KG I, 81; M.c. 11.
6 Gn 45.

KAPITEL 29

Unser heiliger und überaus erfahrener Lehrer „Makarios der Ägypter" hat gesagt: „Der Mönch soll allzeit so bereit sein, als ob er morgen sterben müsste, und sich andererseits seines Leibes so bedienen, als ob er noch viele Jahre mit ihm zusammen leben müsste." „Ersteres", sagte er, „schneidet die Gedanken des Überdrusses ab und macht den Mönch eifriger, letzteres hingegen hält den Leib gesund und bewahrt die Enthaltsamkeit stets gleich bleibend."

Ein anderer Aspekt des Überdrusses ist eine falsche Einschätzung dieses irdischen Lebens und seiner Wechselfälle. Er schlägt den Betroffenen mit dem Gedanken nieder, wie lang doch das Leben sei[1] und dementsprechend wie beschwerlich das Mönchsleben[2], wie bitter ein langes Alter in Armut[3] und dergleichen mehr. Gegen diese Gedanken einer wirklichkeitsfremden Kleinmütigkeit helfen die Wahrheiten jener Schriftworte, die Evagrios in diesem Zusammenhang als „Widerrede" zitiert:

> *„Der Mensch – seine Tage sind wie Gras, wie die Blume des Feldes ..."*[4]
> *„Wir sind von gestern und wissen nichts, ein Schatten ist unser Leben auf Erden".*[5]

Nach einem auch anderweitig bezeugten Wort seines Lehrers Makarios des Großen soll der Mensch mutig im Angesicht des vielleicht schon morgen eintretenden Todes leben. „Einübung in den Tod" heißt das,

1 Pr 12.
2 Ant VI, 14. 25.
3 Ant VI, 32.
4 Ps 102,15.
5 Ijob 8,9.

Evagrios hat ihr ein eigenes Kapitel gewidmet.[6] Im Angesicht des stets möglichen Todes verlieren alle Gedanken des Überdrusses an Bedeutung. Statt Niedergeschlagenheit stellt sich Eifer ein: Solange es Tag ist, gilt es zu arbeiten!

Aus diesem bewussten Leben im Angesicht des Todes folgt jedoch keineswegs eine Geringschätzung des Leibes, die Evagrios stets ablehnt. So sehr er Krankheiten als göttliche Schickungen mit Dankbarkeit zu ertragen lehrt[7], so fern liegt ihm doch andererseits jede selbstmörderische Askese, auch aus angeblich „geistlichen" Gründen.[8] Zu Recht, denn derartige Übertreibungen, die die von den Brüdern erprobten Regeln außer Acht lassen, stammen vom Bösen. So drängt gerade der Dämon der Fresslust den Mönch, den er anders nicht zu fassen bekam, zu maßlosem Fasten, um seine Gesundheit zu untergraben und auf diese Weise ans selbe Ziel zu gelangen.

> *‚Auch der Dämon des Überdrusses ahmt diesen Dämon der Fresslust nach, indem er dem Standhaften die äußerste Anachorese nahe legt und ihn zur Nacheiferung Johannes' des Täufers und der „Erstlingsgabe" der Anachoreten, Antonios', aufruft, damit er, wenn er die lange und unmenschliche Askese nicht aushält, mit Schanden fliehe und seinen Platz verlasse und der Dämon dann, sich rühmend, sagte: „Ich habe ihn überwunden"!*[9]

Anstelle solcher Übertreibungen, an denen die alte Mönchsliteratur allerdings nicht arm ist, gilt es, sich an das von den angesehensten Vätern Erprobte zu halten und, wie Makarios in unserem Kapitel lehrt, den Leib als Garanten einer stets ausgeglichenen Enthaltsamkeit bei guter Gesundheit zu erhalten. Letzteres natürlich, ohne in die *Pr 7* beschriebenen Ängste zu verfallen. Das rechte Maß wird nie verfehlen, wer sowohl die Relativität unseres Lebens als auch den Wert eines gesunden Leibes im Auge behält.

*

6 Siehe unten, Pr 52.
7 Pr 40.
8 Ant I, 37; KG IV, 33. 76. 83.
9 M.c. 35 (Zitat Ps 12,5).

KAPITEL 30

Es ist schwer, dem Gedanken des eitlen Ruhmes zu entfliehen. Denn gerade das, was du zu seiner Zerstörung tust, wird dir zum Anlass einer neuen Eitelkeit. Denn die Dämonen widersetzen sich nicht jedem unserer rechten Gedanken, sondern bei einigen tun dies auch jene Laster selbst, von denen wir befallen sind.

Evagrios kommt hier auf die oben[1] erwähnte „Subtilität" des Dämons des eitlen Ruhmes zurück, denn die ist wahrlich bemerkenswert.

> *Ich staune in der Tat über die Geschicklichkeit der Dämonen, wie sie allem Vorwände entnehmen. Der Sack dient ihnen zum eitlen Ruhm und das Seidengewand, das Wort und das Schweigen, Sättigung und Mangel, Anachorese und Umgang mit den Leuten. Trefflich nannte daher einer der Brüder den eitlen Ruhm eine Distel, die von allen Seiten sticht.*[2]

Um ‚aus jedem Holz Feuer machen' zu können, bedienen sich die Dämonen, nicht nur der des eitlen Ruhmes, seit jeher einer verfänglichen List.

> *„Sie sannen darauf, meinen Schritten ein Bein zu stellen":*
> *Sehr treffend ist dies gesagt. Denn oftmals flößen uns die Dämonen die schlechten Gedanken nicht unverhüllt ein, damit der Intellekt nicht geradewegs ihre Unvernunft erblicke und die Gedanken von sich werfe, sie säen zusammen mit einigen anderen gut erscheinenden Gedanken auch die bösen aus. Dies tun sie jedoch allein bei den Vollkommenen, die keine Leidenschaften haben. Den Unreinen geben sie die Gedanken, die sie wegen ihrer Leidenschaften nicht wegzustoßen vermögen, sowie ihre unvernünftige Er-*

1 Vgl. Pr 13.
2 Ep 51,3.

> *kenntnis auch ganz offen ein. So sprachen sie auch zu Eva: „Ihr werdet sein wie Gott, erkennend Gut und Böse“.*[3]

Was bedeutet dann aber die Einschränkung, dass die Dämonen nicht *jedem* unserer rechten Gedanken Widerstand leisten?

> *Dem guten Gedanken [der seinen Ursprung entweder in einer Eingebung der Engel oder in unserer guten geschöpflichen Natur, den „Samen der Tugenden“ hat], stehen nur zwei Gedanken entgegen: der dämonische und der, der aus unserem freien Willen stammt, welcher sich dem Schlechteren zuneigt.*[4]

Da die Dämonen unser Herz nicht kennen, sind sie letztlich darauf angewiesen, unser *Verhalten* zu beobachten, durch das wir die geheimen Regungen unseres Herzens, auch ohne es zu wissen und zu wollen, verraten.[5] Dies tun sie also auch beim eitlen Ruhm.[6] Sehen sie nun, dass wir das Gute aus *unlauteren* Motiven tun, widersetzen sie sich ihm nicht. Die letzte Verantwortung liegt also stets bei uns selbst, bei unserem freien Willen. „Wir selbst unterwerfen uns den Dämonen durch unseren Unglauben“[7], obgleich wir durchaus die Kraft hätten, ihnen zu widerstehen. Denn wenn *vor dem Kommen des Erlösers* die Dämonen stärker waren als wir, so sind nun wir stärker als sie![8]

Wie kann man dann aber dieser „subtilen“ Taktik der Dämonen entgehen? Wie sich aus dem Dilemma von dämonischen Versuchungen und eigenen „eitlen Träumen“[9] befreien? Durch absolute

---

3 3 in Ps 139,6 (Zitat Gen 3,5).
4 M.c. 31.
5 M.c. 37.
6 Ep 16,5.
7 Ep 28,3.
8 11 in Ps 17,17–18 (Zitat Lk 10,19).
9 Ep 51,2; Ant VII, 26.

Verschwiegenheit, wie sie Christus selbst gelehrt hat[10] und Evagrios wiederholt einschärft.[11] „Den Duft deiner Mühen versiegele mit Schweigen".[12]

Bei Nacht iss
das Fleisch des Passah[13]
und mach nicht publik
deine verborgene Enthaltsamkeit,
noch stelle sie wie bei Licht vor
vielen Zeugen zur Schau,
damit „der Vater, der ins Verborgene schaut"[14]*,*
dir deinen Lohn in aller Öffentlichkeit vergelte.[15]

*

10 Mt 6,1ff.
11 M.c. 3.
12 Eul 14.
13 Vgl. Ex 12,8.
14 Vgl. Mt 6,6.
15 O.sp. 7,18.

KAPITEL 31

Ich habe bemerkt, dass der Dämon des eitlen Ruhmes von fast allen Dämonen vertrieben wird und dass er sich dann beim Fall der ihn Vertreibenden schamlos naht und dem Mönch die Größe seiner Tugend vor Augen führt.

Da die Eitelkeit die Versuchung vor allem der *Tugendhaften* ist[1], versteht sich von selbst, dass sie mit fast keinem Laster zusammen bestehen kann; die Ausnahme bildet der Hochmut. Denn „die Anwesenheit des eitlen Ruhmes kündigt den Hochmut an"[2] Umgekehrt leuchtet ein, und die persönliche Erfahrung, auf die sich Evagrios hier in aller Offenherzigkeit beruft, bestätigt dies, dass

> *als einzige von den Gedanken die des eitlen Ruhmes und des Hochmutes nach der Niederlage der übrigen Gedanken zum Vorschein kommen.*[3]

Evagrios kommt später noch auf diesen – vordergründigen – Gegensatz zwischen einzelnen Lastern zurück.[4] Er gibt dort den nicht ganz ungefährlichen Rat, „einen Nagel mit einem anderen auszuschlagen", also den uns gerade belästigenden Gedanken durch den ihm entgegen gesetzten. Man muss sich nur hüten, nicht etwa den Teufel durch Beelzebub austreiben zu wollen ...

Evagrios beruft sich auf eigene Beobachtungen, wohl auch Selbstbeobachtungen, und es liegt nahe, in seinen Briefen nachzuforschen, wie er denn von diesem Laster geheilt worden ist. Die angewandten bzw. eher erduldeten Heilmittel sind so hart wie manche Praktiken der antiken Medizin.

---

1 Vgl. Pr 13.
2 O.sp. 8,2.
3 Sk 57.
4 Pr 58.

Eine chronische Vergiftung
wird durch den Kauter geheilt,
und der Habitus des Hochmutes
durch Unehre und Kummer.
Schnitt und Kauter
schmerzen gewaltig,
bringen jedoch das Umsichfressen
der Wunde zum Stillstand.
Ebenso betrübt zwar auch
die Unehre den zu Heilenden
bringt aber zum Aufhören
die üblen Leidenschaften
eitle Ruhmsucht und Hochmut.[5]

Wie die Briefe erkennen lassen, spricht Evagrios hier aus Erfahrung. Veranlassung zu Träumen des eitlen Ruhmes hatte er manche: sein überaus strenges asketisches Leben, sein Ruhm als geistlicher Vater und Schriftsteller ... und schließlich auch noch die Lobeshymnen, die man ihm sang.[6] Aber es fehlt ihm auch nicht an Verleumdern, die er jedoch als seine „Wohltäter" bezeichnet.

Züchtiger nämlich sind sie meiner ruhmsüchtigen Seele durch ihre Beleidigungen. Ich tadele nämlich die mich Beschimpfenden nicht und stoße den Arzt der Seelen (d.h. Christus) nicht von mir, der mir die Gesundheit durch den Verband der Verachtung zuführt. Ich weiß nämlich, was denen widerfährt, die den Ärzten widerstehen, wie man sie mit Riemen bindet und gegen ihren Willen operiert![7]

Das ist es, was Evagrios oben[8] den Gedanken des eitlen Ruhmes durch die Demut zurückstoßen nennt. Man sieht, dass er dieses Mittel an sich selbst erprobt hat. Mit Erfolg, wie ihm die Zeitgenossen zu bescheinigen wussten.

---

5 O.sp. 8,29–30.
6 Ep 52,1.
7 Ep 52,4, vgl. 51,2.
8 Vgl. Pr 58.

Einmal fand in den Kellia eine Versammlung über irgendeine Angelegenheit statt, und Abba Evagrios ergriff das Wort. Da sagte der Priester zu ihm: „Wir wissen, Abba, dass du, wenn du in deiner Heimat wärest, oftmals Bischof und Haupt von vielen hättest sein können. Nun aber sitzt du hier als Fremder". Der aber ward von Reue ergriffen und geriet nicht in Verwirrung, sondern wiegte das Haupt und antwortete ihm: „Das ist wahr, Vater. Indessen, einmal habe ich gesprochen, ich werde es nicht ein zweites Mal tun".[9]

Es ist verständlich, dass die Eloquenz des ehemaligen Diakons des Bischofs der Reichshauptstadt im Kreis der schlichten ägyptischen Wüstenväter nicht nur diesen Verweis seines Lehrers Makarios des Alexandriners eintragen musste, sondern sogar den Neid etwa eines weniger begabten Eukarpios, der ihn einen „Wortdrechsler" nannte.[10] Evagrios hatte indessen Demut und Humor genug, diese „Schwäche" selbst einzugestehen.[11]

*

9 Evagrios 7 (Zitat Ijob 40,5).

10 HL syr. [73,4].

11 Siehe unten Pr 94.

KAPITEL 32

Wer die Erkenntnis erlangt und die aus ihr fließende Wonne geerntet hat, der lässt sich hinfort nicht mehr vom Dämon des eitlen Ruhmes betören, würde er ihm auch alle Freuden der Erde herbeischaffen. Was vermöchte er ihm in der Tat auch zu verheißen, das größer wäre als die geistliche Kontemplation? Solange wir jedoch noch nicht von der Erkenntnis gekostet haben, lasst uns eifrig die Praktike üben, indem wir Gott zeigen, dass es unser Ziel ist, alles um seiner Erkenntnis willen zu tun.

Was den Menschen letztlich vom eitlen Ruhm, der es ja immer nur mit den Nichtigkeiten dieser Welt zu tun hat, heilt, ist die *Begegnung mit der Wirklichkeit* in der Erkenntnis Gottes, seiner Schöpfung und seiner selbst, die ihm gleichsam den Geschmack an diesen Nichtigkeiten nimmt.

> *Der Intellekt wird (erst) dann von den Gedankensünden befreit, wenn er der Erkenntnis gewürdigt wird. Denn die Praktike nimmt nicht die gedanklichen Vorstellungen des Herzens weg, sondern die leidenschaftlichen gedanklichen Vorstellungen. Die Erkenntnis aber schneidet auch die gedanklichen Vorstellungen (selbst) ab. Da nämlich der Intellekt nun die ihm eigenen Beschauungen erworben hat, legt er die ihm von den Widersachern gesandten Gedanken ab.*[1]

Der Mensch ist im Tiefsten seiner selbst auf Beseligung angelegt, und zu ihr hin geht all sein Streben. Wahre Beseligung aber kann er nur durch wahre Erkenntnis finden, da er von seiner Schöpfung her

---

1 5 in Ps 129,8.

eine „erkennende Wesenheit“ ist[2], erschaffen einzig für die „Erkenntnis Gottes“.[3]

Lieblich ist Honig
und süß die Wabe,
Erkenntnis Gottes aber
ist süßer noch als beide.[4]

Diese Wertung, deren Wahrheit allein die Erfahrung lehren kann, liegt Evagrios sehr am Herzen, und er kommt des Öfteren darauf zurück.

Wenn unter den verkosteten Dingen nichts süßer ist als „Honig und Wabe“, es jedoch heißt, die Erkenntnis Gottes sei süßer noch als diese[5]*, dann ist offenkundig, dass nichts von dem, was es auf Erden gibt, eine solche Lust gewährt wie die Erkenntnis Gottes.*[6]

Evagrios scheut sich nicht, diese Einsicht, einem berühmten Schriftwort folgend, auf die gesamte Schöpfung, nimmt man sie für sich, auszudehnen.

Zu jenen, die in die intelligible Kirche [d.h. die wahre Erkenntnis der Äonen und Welten und des Gerichtes und der Vorsehung Gottes in ihnen] eintreten und sich über die Kontemplation des Geschaffenen verwundern, sagt der Logos: Ach ihr, meinet doch nicht, dass dies das letzte Ende sei, das euch durch die Verheißungen hinterlegt ist! Denn all dies ist „Eitelkeit der Eitelkeiten“ angesichts der Erkenntnis Gottes selbst. Denn wie die Heilmittel nach (Erlangung) der vollen Gesundheit eitel sind, so sind die Sinngehalte der Äonen und Welten nach der (Erlangung) der Erkenntnis der Hl. Dreifaltigkeit eitel.[7]

2 KG I, 3.
3 KG I, 50. 87.
4 Mn 72.
5 Ps 118,103.
6 KG III, 64.
7 In Eccl 1,2: Géhin 2.

Und der Weg dorthin? Die *Praktike,* und dass man alles um der Erkenntnis Gottes willen tue.

> *Wer alles tut und sagt, um der Erkenntnis Gottes willen, der hat die Augen der Seele allzeit auf den Herrn gerichtet.*[8]

*

8 7 in Ps 24,16.

KAPITEL 33

Erinnere dich an dein früheres Leben und an deine alten Übertretungen und wie du, obwohl den Leidenschaften unterworfen, durch Christi Erbarmen zur Leidenschaftslosigkeit übergegangen bist und ferner, wie du die Welt verlassen hast, die dich wieder und wieder erniedrigt hat. Denk auch darüber nach: Wer beschützt dich in der Wüste? Wer entfernt die Dämonen, die mit ihren Zähnen wider dich knirschen? Derartige Gedanken flößen nämlich Demut ein und lassen den Dämon des Hochmutes nicht herein.

Der Hochmut ist jene wahnwitzige Versuchung, die den Menschen denken lässt, niemandem als sich selbst zu verdanken, was er ist.

> *Ergib dein Herz nicht dem Hochmut,*
> *und sprich nicht vor dem Angesichte Gottes:*
> *Ich bin mächtig …*[1]

Dabei wissen wir doch aus der Schrift,

> *dass wir ohne den Herrn nicht gegen die Feinde zu kämpfen vermögen,*
> *denn sie sind stärker als wir.*[2]

Es ist verständlich, dass dies nicht die Versuchung der Anfänger oder der noch mit Leidenschaften Behafteten ist, sondern jener, die an Tugend, ja an Erkenntnis reich geworden sind.

---

1 Mn 62.

2 7 in Ps 34,10.

„Damit ich nicht, angefüllt, zum Lügner werde und sage: Wer sieht mich?“:

> *Damit ich nicht, sagt er, angefüllt mit der höchsten Erkenntnis, hochmütig werde und sage: Niemand wird meine Weisheit erkennen*[3]*!*

Es ist deutlich, auf wen Evagrios anspielt. Der Hochmut ist ja nicht nur die letzte Versuchung auf dem Weg zurück zu Gott, er ist auch die erste, das „Urübel“.[4]

Der Hochmut „stürzte vom Himmel“.[5]
den Erzengel herab,
ließ ihn „wie einen Blitz
auf die Erde fallen“[6]
Die Demut hingegen führt den Menschen
in die Himmel hinauf
und lässt ihn mit den Engeln
im Reigen tanzen.[7]

Evagrios kennt mehrere Heilmittel gegen diese Versuchung: Anhaltendes Gebet[8], ein Leben in freiwilliger Armut und damit Abhängigkeit[9], aber auch das erzieherische Von-Gott-Verlassen-Werden.[10] Dem kann der Mensch zuvorkommen, wenn er sich selbst demütigt, indem er sich ohne falsches Selbstmitleid radikal mit der Wirklichkeit seiner Geschöpflichkeit konfrontiert.

---

3 In Prov 30,9: Géhin 287 A.
4 Pr Prol [2].
5 Vgl. Jes 14,12.
6 Lk 10,18.
7 O.sp. 8,11.
8 M.c. 14.
9 M.c. 21.
10 Mn 62.

Was schwingst du dich in die Höhe, Mensch,
da du doch „Lehm“[11] und „Fäulnis“[12] bist?
Was blähst du dich auf
und erhebst dich über die Wolken?
Schau auf deine Natur,
da du „Erde bist
und Asche“ und alsbald[13],
dich in Staub auflöst.
Eben noch hoffärtig
und schon bald ein „Wurm“[14]
Was reckst du den Nacken,
der schon bald verfault?
Groß ist der Mensch,
wenn Gott ihm hilft;
Wird er verlassen,
erkennt er die Schwäche seiner Natur.
Nichts Gutes hast du,
das du nicht von Gott empfangen.
Was brüstest du dich also dieses Fremden,
als sei es dein Eigentum?
Was zierst du dich mit Gottes Gnade,
als sei es dein eigener Besitz?
Erkenne den Geber an
und erhebe dich nicht zu sehr.
Ein Geschöpf bist du,
verachte nicht deinen Schöpfer.
Von Gott ward dir geholfen,
verleugne nicht den Wohltäter.
Zur Höhe des Wandels bist du emporgestiegen,
aber jener hat dir den Weg gewiesen.

---

11 Jes 14,12.
12 Ijob 4,19.
13 Gen 18,27.
14 Vgl. Ps 21,7.

Die Tugend hast du vollbracht,
aber jener hat dabei mitgewirkt.
Bekenne den, der dich erhöht hat,
damit du sicher in der Höhe bleibst.
Ein Mensch bist du,
bleibe in den Grenzen deiner Natur!
erkenne deinen Mitmenschen an,
denn er ist von gleichem Wesen wie du.
Verleugne nicht aus Prahlerei
die Verwandtschaft.
Mag jener auch niedrig sein
und du erhaben,
so hat doch derselbe Schöpfer
euch beide gebildet
Verachte nicht den Niedrigen,
denn er steht sicherer als du.
Er schreitet auf der Erde dahin
und fällt nicht so schnell.
Der Hohe aber, wenn er fällt,
wird zerschmettert.[15]

*

15 O.sp. 8,19.

Über die Leidenschaften

KAPITEL 34

Das, wovon wir leidenschaftliche Erinnerungen haben, dessen Gegenstände haben wir auch vorher mit Leidenschaft aufgenommen. Und umgekehrt, jene Gegenstände, die wir mit Leidenschaft aufnehmen, von denen werden wir auch leidenschaftliche Erinnerungen haben. Daher gilt: Wer die wirkenden Dämonen besiegt hat, der verachtet das von ihnen Bewirkte. Denn weit schwieriger als der materielle ist der immaterielle Krieg.

Der Kampf gegen die dämonischen Einreden ist voll zahlreicher Versuchungen und muss daher mit Unterscheidung geführt werden.

> *Gleichwie der Klugheit die wohlbegründete Beurteilung der Dinge als Los zugefallen ist, ebenso war die Unterscheidung mit den im Geiste vorhandenen gedanklichen Vorstellungen betraut, indem sie die heiligen von den befleckten, die reinen von den unreinen Gedanken unterscheidet und die Listen der trügerischen Dämonen nach dem Prophetenwort auskundschaftet ...*[1]

Um diese Unterscheidung der Geister, deren Gabe es vom Herrn zu erbitten gilt[2], d.h. um die Art und Weise, wie die „Gedanken“ wirken, geht es in den folgenden Kapiteln 34–39.

*

1 Ep 4,4.
2 M.c. 26.

Der Kampf gegen die Leidenschaften spielt sich auf zwei aufeinander folgenden Ebenen ab, der materiellen und der immateriellen. Erstere hat es mit den konkreten sinnlichen Dingen zu tun, deren sich die Dämonen bedienen, um in uns die Leidenschaften zu wecken, letztere mit den „Gedanken". Denn aus unserer leidenschaftlichen Beziehung zu den Dingen entstehen leidenschaftliche Erinnerungen, die sich in entsprechenden Gedanken äußern. Das Ziel des geistlichen Lebens ist nun nicht nur, zu einem leidenschaftslosen Verhalten den Dingen gegenüber zu gelangen, sondern ein „reines Herz", und das heißt auch ein gereinigtes Gedächtnis, zu erlangen.[3] Indessen,

> *es ist nicht möglich, ein reines Herz zu erwerben, ohne vollkommen die Dämonen zu beherrschen.*[4]
> *Es gilt also, zunächst „die Dämonen zu beherrschen"*[5]*, und dies bedeutet, sich von den Verstrickungen der Welt zu befreien, indem man die Anlässe abschneidet, an denen die Leidenschaften konkret Gestalt annehmen. Wer mit Christus „die Welt besiegt hat"*[6]*, vermag sich dann auch dem weit schwierigeren „immateriellen" Kampf der Reinigung des Gedächtnisses zu widmen.*

*

3 Vgl. Pr 67.
4 Ep 27,1.
5 Ep 45,1.
6 Joh 16,33.

KAPITEL 35

Die Leidenschaften der Seele ziehen ihre Veranlassungen aus den Menschen, die des Leibes aus dem Leib. Die Leidenschaften des Leibes schneidet die Enthaltsamkeit ab, die der Seele hingegen die geistliche Liebe.

Entsprechend der doppelten, leiblichen und geistigen Natur des Menschen unterscheidet Evagrios hier zwischen Leidenschaften des Leibes, die ihren Ursprung in den Bedürfnissen des Leibes haben, und solchen der Seele, die aus unseren zwischenmenschlichen Beziehungen erwachsen. Gemeint sind bei ersteren die aus den beiden irrationalen Vermögen der Seele, Jähzorn und Begehren, die wir samt dem Körper mit den Tieren gemeinsam haben[1], entstehenden Leidenschaften. Folgender Text deutet an, wie die Verbindung zu dem den Menschen charakterisierenden geistigen Teil hergestellt wird.

> *Der jähzornige Teil der Seele ist mit dem Herzen verbunden, wo sich auch ihr rationaler (Teil) befindet, und ihr begehrender Teil ist mit „Fleisch und Blut"[2] verbunden, insofern wir ja „den Zorn vom Herzen und die Bosheit vom Fleisch entfernen"[3] sollen.*[4]

Diese „Bosheiten des Fleisches", wie Unzucht und Fresslust[5], hält die Enthaltsamkeit im Zaum[6], die Leidenschaften der Seele, wie Zorn, Groll, Hass, Neid usw., heilt die „geistliche Liebe"[7], die auch die Lehr-

---

1 KG VI, 85.
2 1 Kor 15,50.
3 Vgl. Eccl 11,10.
4 KG VI, 84.
5 In Eccl 11,10: Géhin 72.
6 S.o. Pr 16. 17.
7 Vgl. Pr 38.

meisterin der Weisheit[8] und des Gebetes „in Geist und Wahrheit"[9] ist.

Im Sinne der vorhergehenden Kapitel ist zu beachten, dass die Leidenschaften der Seele nicht geheilt werden können, solange die des Leibes herrschen. Doch hat die Beherrschung der letzteren nur einen Sinn im Hinblick auf die Heilung der ersteren.

> *Niemand sei allein, ich bitte euch, auf die Enthaltsamkeit bedacht. Denn es ist nicht möglich, mit einem einzigen Stein ein Haus zu bauen ...*[10]
> *Was würde es mir auch nützen, wenn ich den Gedanken der Habsucht durch die Wohltätigkeit und den der Fresslust durch die Enthaltsamkeit ablegte, jedoch andere Gedanken des eitlen Ruhmes oder des Murrens anlegte? Denn es würde mir ja wohl auf jeden Fall zur Zeit des Gebetes dasselbe von diesen widerfahren, was mir auch von den ersten Gedanken zustieß, nämlich jenes Lichtes verlustig zu gehen, das zur Zeit des Gebetes den Intellekt umstrahlt.*[11]

*

8 KG III, 58.
9 Or 77.
10 Ep 27,3.
11 M.c. 30.

KAPITEL 36

Jene (Dämonen), die den seelischen Leidenschaften vorstehen, harren bis zum Tode aus, die der körperlichen ziehen sich schneller zurück.

Während die übrigen Dämonen, der auf- oder untergehenden Sonne gleich, stets nur einen bestimmten Teil der Seele berühren, pflegt der „*Mittagsdämon*“[1] die ganze Seele zu umgreifen und den Intellekt zu ersticken. Deshalb ist die Anachorese süß nach der Entfernung der Leidenschaften. Denn dann gibt es nur noch bloße Erinnerungen, und der Streit bereitet den Mönch ferner nicht mehr zum Kampf, sondern zur Kontemplation des Streites selbst.

Es ist eine Erfahrungstatsache, dass die „aus den Leidenschaften des Leibes entstehenden Gedanken kurzlebig sind, Neid und Groll aber bis ins Alter andauern“[2], weshalb der Jähzorn auch besonderer Heilmittel bedarf.[3] Daher lehrt Evagrios:

> *Mahne die Alten, den Jähzorn zu beherrschen, die Jungen hingegen den Magen. Denn ersteren machen die seelischen, letzteren am meisten die leiblichen Dämonen den Krieg.*[4]

Der Überdruss nimmt indessen unter den acht Hauptgedanken eine Sonderstellung ein.

---

1 Vgl. Ps 90,6.
2 Ep 25,3.
3 Pr 38.
4 Gn 31.

Von den Gedanken widerfahren uns die einen als Tiere [die wir dank unseres Leibes, den wir mit den Tieren gemeinsam haben, auch sind], die anderen als Menschen. Als Tiere jene, die aus Begehren und Jähzorn stammen[5], *als Menschen jene, die von Kummer, eitlem Ruhm und Hochmut herrühren. Jene aus dem Überdruss widerfahren uns sowohl als Tiere wie auch als Menschen, da sie gemischt sind.*[6]

„Gemischt" nennt sie Evagrios nicht nur, weil sie „fast alle Gedanken in sich enthalten"[7], sondern auch aus einem anderen Grund. Im Unterschied zu den übrigen Gedanken, die jeweils entweder nur aus dem Begehren oder aus dem Jähzorn entstehen und in Abständen aufeinander folgen, ist der Gedanke des Überdrusses „komplex", eine „Verflechtung" aus gleichzeitigen Regungen des Begehrens und des Jähzorns. Da er zudem andauert, wird verständlich, wieso dieser „Mittagsdämon" wie die im Zenit stehende Sonne das Land, die Seele vollkommen erfasst und mit seiner Glut zu ersticken droht.[8]

Unter diesen Umständen ist die Anachorese, der Rückzug aus dem bewohnten Land und der menschlichen Gesellschaft zum Zweck der Betrachtung, nicht geraten. Sie würde nur einen wahren inneren Aufstand aller leidenschaftlichen Gedanken und Erinnerungen entfesseln.[9] Nach dem Sieg über die Leidenschaften[10] ist dem kontemplativen Mönch hingegen diese Abgeschiedenheit (hesychia) „süß" wie die Erkenntnis[11], da seine Erinnerungen nun nicht mehr voller Leidenschaften sind, sondern „bloß", rein von aller Befleckung. Er kämpft nun nicht mehr mit den Leidenschaften, sondern gibt sich der Betrachtung des verborgenen Sinnes (logos) dieses ganzen Kampfes der Praktike hin.

5 KG VI, 85.
6 Sk 40.
7 1 in Ps 139,3.
8 Vgl. Pr 12.
9 Vgl. Pr 22.
10 Siehe Pr 34.
11 Vgl. Pr 32.

„Wer erkennt das System der Welt und das Wirken der Elemente“[12]*, und wer begreift die Zusammensetzung dieses Instrumentes unserer Seele [d.h. des Leibes]? Oder wer erforscht, wie ersteres mit letzterer verbunden ward und welches ihr (jeweiliges) Herrschaftsgebiet ist und ihr Teilhaben aneinander, so dass die Praktike zu einem ‚Wagen'*[13]*für die vernünftige Seele wird, welche sich müht, zur Erkenntnis Gottes zu gelangen*[14]*?*

*

12 Weish 7,17.

13 Vgl. 12 in Ps 67,18; Ep 39,1.

14 KG I, 67.

KAPITEL 37

Es gilt nun ins Auge zu fassen, ob die gedanklichen Vorstellungen die Leidenschaften anregen oder die Leidenschaften die gedanklichen Vorstellungen. Einige vertraten nämlich erstere, andere letztere Ansicht.

Evagrios greift, ohne hier selbst eine Antwort zu geben, eine in der antiken Philosophie diskutierte Frage auf. Sie ist im Zusammenhang der Praktike nicht bloß von theoretischer, sondern vorrangig von praktischer Bedeutung, geht es doch um den Wirkungsmechanismus der Leidenschaften. Gedankliche Vorstellungen (noemata) sind Sache des Intellektes. Welche Rolle spielt er also bei der Entstehung der Leidenschaften?

> *Weder die Dinge noch deren gedankliche Vorstellungen fesseln den Intellekt, sondern die leidenschaftlichen gedanklichen Vorstellungen der Dinge. Denn der Herr hat auch das Gold gemacht, und er selbst hat die Frau erschaffen, und nichts von dem durch Gott Gewordenen ist dem Heil der Menschen entgegengesetzt. Vielmehr sind es Unzucht und Geiz, die den Intellekt fesseln, indem sie die gedanklichen Vorstellungen zwingen, im Herzen zu verweilen.*
> *Die Dinge hemmen nämlich den Intellekt durch die leidenschaftlichen gedanklichen Vorstellungen, gleichwie das Wasser den Dürstenden durch den Durst und das Brot den Hungernden durch den Hunger. Aus diesem Grund vernichtet der ‚Arzt der Seelen' weder die Dinge, denn er ist ihr Schöpfer, noch zwingt er den Intellekt, sie nicht zu erkennen, denn er ward ja von ihm dazu erschaffen, sie zu erkennen. Sondern indem er durch die geistliche Lehre und die Gebote die Leidenschaften zerstört, die etwas anderes sind als die gedanklichen Vorstellungen und die Dinge, von denen sie ihren Ursprung haben, entlässt er den Intellekt frei aus den Fesseln. Dies bedeuten wohl die Psalmworte: „Der Herr löst die Gefesselten".*[1]

---

1 2 in Ps 145,8.

Somit liegt die Wurzel des Übels also weder in den sinnlichen Dingen noch in den gedanklichen Vorstellungen, die der Intellekt in einem Erkenntnisakt aus ihnen schöpft und die ihn als solche nicht binden dürften, nicht „im Herzen verweilen" sollten, sondern in der freien Wahl des Intellektes, der sich statt zum Guten zum Schlechten neigt[2], d.h. in einer „menschenfeindlichen Lust, die aus dem freien Willen entsteht, sich der Geschöpfe schlecht bedient"[3], indem er sie nicht auf ihren Schöpfer zurückführt, sondern selbstsüchtig auf sich hin verfremdet. Es sei daran erinnert, dass für Evagrios die Wurzel aller Laster ja die philautia ist, die „Selbstverfallenheit", wie man auch übersetzen könnte.

*

2 In Eccl 6,10–12: Géhin 52.

3 M.c. 19.

KAPITEL 38

Durch die Sinne pflegen die Leidenschaften angeregt zu werden. Wenn nun Liebe und Enthaltsamkeit vorhanden sind, werden sie nicht angeregt, sind jene abwesend, werden sie angeregt. Der Jähzorn indessen bedarf reichlicherer Heilmittel als das Begehren. Deshalb wird auch die Liebe „groß“ genannt[1], weil sie ein Zaum für den Jähzorn ist. Diese nannte auch der hl. Moses in seinem Buch über die Natur symbolisch eine „Schlangenbekämpferin“.[2]

Jede Erkenntnis des Geschaffenen geht, da sich der Intellekt in einem „verleiblichten“ Zustand befindet[3], von der sinnlichen Wahrnehmung aus, und hier ist auch das Einfallstor der Leidenschaften. Denn

> *ohne sinnliche Dinge widerfahren uns keine unreinen Gedanken.*[4]

Die sinnliche Wirklichkeit tritt ja durch die beiden irrationalen und leidenschaftlichen Vermögen der Seele, Begehren und Jähzorn, an den Intellekt heran. Beide gehören wesentlich zum Leib[5], welcher der materiellen Welt wesensverwandt ist[6], insofern beide zusammen entstanden sind. Umgekehrt gilt auch:

> *Was an der Sinneswahrnehmung nicht teilhat, ist auch frei von Leidenschaften.*[7]

1 1 Kor 13,13.
2 Vgl. Lev 11,22.
3 Sk 35.
4 M.c. 24.
5 KG VI, 85.
6 12 in Ps 43,20.
7 Pr 4.

Gemeint sind die in den Dingen verborgenen immateriellen Sinngehalte (logoi), die auf den immateriellen Schöpfer hinweisen.[8]

Wie wir oben sahen[9], stellen weder die materiellen Dinge noch die gedanklichen Vorstellungen, die der Intellekt aus ihnen schöpft, noch auch die beiden irrationalen Vermögen, deren er sich dazu als Mittler bedient, ein Hindernis auf dem Weg zum Heil dar. Ja, selbst die uns versuchenden Dämonen wären machtlos, fänden sie nicht in uns einen Komplizen. Es sind unsere falsche, selbstische Einstellung zu den Dingen und der Missbrauch, den wir mit den Vermögen unserer Seele und durch sie mit den Dingen treiben[10], die uns zu Fall bringen. Herrschen jedoch im Begehren die Tugenden der Enthaltsamkeit (oder Selbstbeherrschung: *enkrateia*) und im Jähzorn die selbstlose Liebe (*agape*), vermögen sich die Leidenschaften nicht zu entfalten. Selbst dann nicht, wenn wir von den Dämonen angegriffen werden.[11] Die „Samen" dieser und aller Tugenden sind jedoch in jedem Menschen vorhanden, auch im Sünder, mag dieser sich um seiner Bosheit willen auch im Hades befinden.[12]

Dabei genügt es nicht, etwa nur das Begehren durch die Enthaltsamkeit zu zügeln. Ohne Liebe, die den Jähzorn heilt[13], ist die Enthaltsamkeit nichts weiter als verbrannte Asche.[14]

Die Tatsache, dass der Jähzorn reichlicherer Heilmittel bedarf als das Begehren und die Liebe daher „groß" genannt wird, erklärt sich aus dem Gesamtgefüge der menschlichen Person. Der Jähzorn hat nämlich zusammen mit dem Verstehen seinen Sitz im Herzen.[15] Deshalb „blendet" der erregte Jähzorn den Intellekt.[16] Umgekehrt jedoch macht auch die Liebe den Intellekt zum „Seher" (*theôrêtikos*), den dann die Erkenntnis Gottes „wie auf einem Flügel entrückt und von der körperlichen Welt trennt"[17] und so den dämonischen Versuchungen entzieht.

---

8 7 in Ps 29,8.
9 Vgl. Pr 37.
10 KG III, 59.
11 Pr 77.
12 KG I, 40.
13 Gn 47.
14 Ep 28,1.
15 KG IV, 84.
16 KG V, 27.
17 Ep 27,4.

Evagrios wird daher nicht müde, diese „große“ oder „heilige“ Liebe, die er stets als Sanftmut versteht[18], zu preisen. Denn

die Sanftmut ist die Mutter der Erkenntnis.[19]

Dies bezeugt eben auch der „sanftmütigste aller Menschen“[20], Mose, der um dieser Sanftmut willen „als Einziger die Einsichten dieser Welt einheimste“[21], wovon sein „Buch über die Natur“, d.h. die fünf Bücher Moses, die von den geschaffenen „Naturen“ handeln[22], zeugen. Im Griechischen heißt dort[23] eine Heuschreckenart „Schlangenbekämpfer“ (ophiomaches). Evagrios hat den kuriosen Namen hier angeführt, weil die Schlange, die ja Symbol des Teufels ist[24], wie dieser ganz vom Zorn beherrscht ist.[25]

*

18 Ep 56.
19 Ep 27,2.
20 Num 12,3.
21 Ep 41,5.
22 KG II,64; Ep.Mel. 37.
23 Vgl. Lev 11,2.
24 Ep 56,4. 5.
25 Ps 57,5.

KAPITEL 39

Zufolge des bei den Dämonen vorherrschenden Gestankes pflegt die von den Leidenschaften des sie (gerade) belästigenden (Dämons) befallene Seele, sobald sie deren Nahen wahrnimmt, für die Gedanken zu entbrennen.

Dieses Kapitel erlaubt uns einen interessanten Einblick in die antike „Dämonologie", die Evagrios z.T. mit seinem monastischen Milieu teilt. Das vorhergehende Kapitel nannte als auslösendes Moment der Leidenschaften die Sinneswahrnehmung. Hier kommen als weiteres Moment die Dämonen hinzu; anderenorts fügt Evagrios noch das Gedächtnis an.[1]

Der Dämon hat nach Evagrios ebenso einen Leib wie alle geschaffenen Wesen. Dessen vorherrschendes Element ist (nach Eph 2,2) die Luft (bzw. der Äther).[2] Da dieser Körper, entsprechend der anderen „Welt", der er angehört, eine andere Zusammensetzung hat als der menschliche, fällt er, obwohl er Form und Farbe hat, nicht unter unsere Sinneswahrnehmung.[3] Was uns bisweilen „erscheint", ist daher nichts als trügerische Nachäffung wirklicher Körper.[4] Nichtsdestoweniger wirkt er auf uns ein, und zwar eben durch seinen „Geruch".

> *Die Körper der Dämonen wachsen nicht und nehmen nicht ab, es begleitet sie jedoch ein starker Gestank, durch welchen sie auch die Leidenschaften erregen. Sie werden leicht von denen erkannt, die vom Herrn die Fähigkeit empfangen haben, diesen Geruch wahrzunehmen.*[5]

---

1 Sk 59.
2 KG I, 68.
3 Ep 56,4.
4 KG V, 18.
5 KG V, 78.

Die Vorstellung, dass sich die Gegenwart der Dämonen – für den geistlichen Meister – durch einen üblen Gestank zu erkennen gibt, teilt Evagrios mit seinen Zeitgenossen. Man vergleiche etwa die Vita Antonii, Kapitel 63, auf die Evagrios in dem zuletzt zitierten Text wohl anspielt. Doch was bedeutet das für ihn? Da wir weder die Farbe noch die Form der Dämonenleiber sinnlich wahrzunehmen vermögen, ist nicht an ein sinnliches „Riechen“ zu denken. Nun hat jedoch nicht nur der „äußere Mensch“ fünf Sinne, mit denen er die sinnliche Wirklichkeit des ihm ja „wesensverwandten“ Kosmos wahrnimmt, auch der „innere Mensch“ besitzt fünf geistige Sinne, mit denen er die ihm eigenen Stoffe erfasst. Von dem geistigen „Geruchsinn“ heißt es nun, dass er den von allem Trug unvermischt reinen Wohlgeruch der geistigen Wirklichkeiten genieße.[6]

Ist nun die Seele, wie in unserem Fall, nicht „rein“, sondern von einer bestimmten Leidenschaft befallen, dann „entbrennt“ sie, sobald ihr verderbter „Geruchsinn“ beim Nahen des dieser Leidenschaft vorstehenden Dämons sich von dem lüsternen Trug, den er verströmt, hat täuschen lassen, für eben jene Gedanken, die er ihr zuträgt. Konkret bedeutet dies, dass entweder ihr Jähzorn zu Wut, Hass usw. entbrennt oder ihr Begehren zu schändlichem Tun[7]; je nachdem, wo ihre „Krankheit“ liegt. Wäre sie hingegen „gesund“[8] und wäre der Intellekt zur Erkenntnis Gottes gelangt, würde der Intellekt mit der ihm eigenen feinen „Nase“ sogleich das „Trügerische“ der dämonischen Verlockung als „Gestank“ erkennen[9], und die „brennenden Pfeile des Bösen“[10] vermöchten ihn nicht zu verwunden.

Denn ein ‚brennender Pfeil‘ ist der dämonische Gedanke, der das Begehren durch Nichtgeziemendes erregt. Diesen Pfeil nimmt der Intellekt, der durch die Schau seiner selbst erleuchtet und durch das Gedenken Gottes gesammelt ist, entweder nicht auf, oder, wenn er ihn aufnimmt, wirft er ihn schnell wieder weg, weil ihn die Erkenntnis wie auf einem Flügel entrückt

6 KG II, II, 35.
7 In Prov 6,19: Géhin 78.
8 Pr 56.
9 KG V, 78.
10 Eph 6,16.

und von der körperlichen Welt trennt. Ohne die Körperlichkeit dieser Welt nämlich hat der dämonische Gedanke kein Mittel, zu bestehen, weil derartige Gedanken (stets) leibliche Dinge einprägen.[11]

*

11 Ep 27,4.

Ratschläge

KAPITEL 40

Es ist nicht zu jeder Zeit möglich, die gewohnte Regel zu erfüllen, man muss vielmehr auf die Umstände Rücksicht nehmen und versuchen, nach bestem Wissen und Vermögen die je möglichen Gebote zu erfüllen. Diese Umstände sind freilich auch den Dämonen selbst nicht unbekannt. Deshalb wenden sie sich gegen uns und hindern uns zu tun, was möglich ist, und nötigen uns zu tun, was nicht möglich ist. So hindern sie etwa die Kranken daran, für ihre Schmerzen Dank zu sagen und langmütig mit den ihnen Dienenden zu sein. Stattdessen ermahnen sie die Erschöpften, enthaltsam zu sein, und die Niedergedrückten, stehend zu psalmodieren.

Dem Geist des sketischen Mönchtums, der uns in den Schriften des Evagrios begegnet, lag es noch vollkommen fern, das geistliche Leben in eine für alle verpflichtende Regel zu fassen.[1] Erst das Zusammenleben sehr vieler Menschen, z.T. auf engem Raum, wie in den pachomianischen Klöstern, machte eine schriftliche Regel unumgänglich.[2] Evagrios und die Mönche von Nitria, der Sketis und der Kellia kennen nur das erprobte Vorbild der heiligen Väter, von dem ihre „Sprüche" und Geschichten Zeugnis ablegen. An diesem Ideal richtet ein jeder sein Leben aus, wie es ihm seine Kräfte erlauben.[3] Die hier genannte „gewohnte Regel" ist also die persönliche Lebensregel. Sie betrifft vor allem die Enthaltsamkeit (Fasten) und das Gebet.

Von dieser gewohnten Lebensregel suchen die Dämonen den Mönch auf jede erdenkliche Weise abzubringen. Etwa dadurch dass sie

1 HL 7.
2 HL 32.
3 S. u. Kap. 91–100.

ihn drängen, sich auf diesem Gebiet durch Eide festzulegen, „was dem Mönchsleben gänzlich fremd ist".[4] Denn hier herrscht jene evangelische Freiheit die es dem Mönch erlaubt, etwa aus Gründen der Gastfreundschaft oder weil er erkrankt ist, statt der einen Mahlzeit mehrmals am Tage zu essen.[5] Ein anderes Mittel ist, ihn zu überreden, die Dinge nicht zu ihrer Zeit und mit dem gebührenden Maß zu tun.[6]

> *Wider den eitlen Gedanken (der Fresslust), der uns beredet, unseren Wandel über das Geziemende hinaus auszudehnen, indem wir uns Säcke um die Hüften binden, in die Wüste hinausgehen und beständig unter freiem Himmel bleiben, die Wurzeln des Feldes abweidend, und der uns ferner rät, den Anblick der Menschen, die uns trösten oder von uns getröstet werden, zu fliehen ...*[7]

Der Dämon scheut sich zu diesem Zweck auch nicht, wie wir oben sahen, uns biblische Vorbilder wie Daniel vor Augen zu führen oder im Falle des Überdrusses, wo er dieselbe Taktik verwendet, uns zur Nacheiferung solcher Heroen wie Johannes' des Täufers und Antonios' des Großen zu reizen.[8] Es ist nicht unwichtig zu wissen, dass Evagrios selbst einmal diesem unklugen Maximalismus erlegen ist[9] und daher mit der Erfahrung eines gebrannten Kindes spricht.

Was hier zu tun ist, hat Evagrios schon weiter oben gesagt[10]: Man darf den Dämonen unter keinen Umständen gehorchen, so einleuchtend ihre Argumente auch scheinen mögen, sondern soll vielmehr das Gegenteil von dem tun, was sie uns anraten.

*

4 Ant I, 27.
5 R.m. 10.
6 Pr 15.
7 Ant I, 37.
8 M.c. 35.
9 HL 38.
10 Vgl. Pr 22.

KAPITEL 41

Wenn wir genötigt sind, uns für kurze Zeit in Städten oder Dörfern aufzuhalten, dann sollen wir, wenn wir mit Weltlingen zusammen sind, uns in ganz besonderem Maße an die Enthaltsamkeit halten, damit unser Intellekt nicht etwa, infolge der gegenwärtigen Umstände stumpf geworden und der gewohnten Sorgfalt beraubt, etwas Ungewolltes tue und, von den Dämonen getroffen, zum Ausreißer werde.

Die Anachoreten waren bisweilen genötigt, ihre Abgeschiedenheit zu verlassen und in die Städte und Dörfer zu gehen, sei es, um ihre Handarbeiten zu verkaufen, sei es um anderer Notwendigkeiten willen. Evagrios tat dies nur höchst ungern und weigerte sich sogar energisch, entsprechenden Aufforderungen nachzukommen.[1] Er hatte dafür einen sehr einfachen Grund.

> *Man darf sich nicht dem Wandel des Mönchtums nahen und (dann weiterhin) die Städte frequentieren, damit die Seele nicht mit vielen und verschiedenartigen Bildern, die sie von außen aufnimmt, angefüllt werde. Diesbezüglich habe ich schon oft zu Gott gebetet, dass sie entweder nicht entstehen möchten oder, wenn sie entstehen, nicht andauern möchten. Mit Leichtigkeit nämlich prägt der Intellekt Bilder in sich ein und ist schnell durch die dämonischen Gedanken zu erregen.*
>
> *Deshalb ist der Zustand eines Praktikos und der eines Theoretikos nicht ein und derselbe. Denn die Tugend behindert der aus den Leidenschaften herrührende Gedanke, die Kontemplation aber behindert selbst der einfache Gedanke. Die leiblichen Sinne nämlich behindern die geistliche Einsicht. Ob es nun möglich ist, dass einer, während er sich in der Stadt aufhält und sich in ihr herumtreibt, seinen Intellekt gänzlich bildlos bewahre, das beurteile du selbst!*[2]

---

1 Ep 26; 58,2 u.ö.

2 Ep 41,2–3.

Die Gefahr, in der „Welt" in einer wahren Flut von Sinnes-„eindrücken" (ein Begriff, den Evagrios in diesem Zusammenhang ständig benutzt) und aufreizenden „Bildern" buchstäblich zu ertrinken und jede Lust und Fähigkeit zu tieferem „Schauen" oder auch nur Nachdenken zu verlieren, ist heute eher noch größer als in der ausgehenden Antike. Die empfohlene Askese ist daher umso notwendiger, will man der unausweichlichen Abstumpfung entgehen, jedenfalls solange man noch nicht genügend gefestigt ist. Denn

> *es ist gefährlich für den Mönch, noch unfertig seine Zelle zu verlassen, bevor er die Vollendung der Praktike und der Kontemplation erlangt hat.*[3]

*

3 Ep 58,5.

KAPITEL 42

Bete nicht, wenn du versucht wirst, ehe du nicht ein paar Worte mit Zorn wider den dich Bedrängenden gesagt hast. Denn da deine Seele von den Gedanken befallen ist, geschieht es, dass auch dein Gebet nicht rein dargebracht wird. Wenn du jedoch voll Wut etwas wider sie sagst, vereitelst und vernichtest du die gedanklichen Vorstellungen der Widersacher. Dies pflegt nämlich die Wut selbst bei den guten gedanklichen Vorstellungen zu bewirken.

Die natürliche Aufgabe des Jähzorns ist es, die Dämonen zu bekämpfen.[1] Der Jähzorn ist unser „Hund", der die „Wölfe" vernichtet[2], d.h. die Dämonen und überhaupt jeden „Gedanken".

> *Der Jähzorn ist eine Kraft der Seele, die die Gedanken vernichtet.*[3]

Daher kommt ihm bei der Bemühung um ein „reines Gebet" eine entscheidende Rolle zu, denn dieses will ja „den Intellekt ohne Gedanken Gott zuführen".[4] Was die Dämonen wiederum mit allen Mitteln zu vereiteln suchen.

> *Der Hass gegen die Dämonen ist uns überaus förderlich zum Heil und nützlich beim Wirken der Tugend. Doch vermögen wir, auf uns selbst gestellt, ihn nicht wie einen guten Sprössling zu nähren, weil die genusssüchtigen Geister ihn vernichten und die Seele wieder zu Freundschaft und vertrautem Umgang einladen. Diese Freundschaft aber, oder vielmehr dieses schwer heilbare Krebsgeschwür heilt der Arzt der Seelen durch das (von Gott) Verlassenwerden. Er gestattet nämlich, dass wir bei Nacht oder bei*

1 Pr 24.
2 M.c. 13.
3 Sk 8.
4 M.c. 32.

Tag mancherlei Schrecken von ihnen zu erdulden haben, und dann eilt die Seele wieder zu dem ursprünglichen Hass zurück, da sie gelernt hat, nach den Worten Davids zum Herrn zu sagen: „Mit vollkommenem Hass habe ich sie gehasst, zu Feinden sind sie mir geworden".[5] *Der nämlich hasst die „Feinde" mit vollkommenem Hass, der weder in der Tat noch in Gedanken sündigt, was ein Merkmal der ersten und größten Leidenschaftslosigkeit ist.*[6]

Evagrios weist übrigens ausdrücklich darauf hin, dass diese Verachtung für die Dämonen nicht ihrer Natur gilt, da Gott sie ja nicht böse erschaffen hat[7] , sondern dass wir ihre Bosheit hassen[8], eine Eigenschaft also, die erst nachträglich erworben wurde.[9] Ebenso bleibt übrigens auch der Gesetzesübertreter als „Bild und Gebilde Gottes" liebenswert, mag er auch als Gesetzesübertreter nach dem Psalmwort „hassenswert" sein.[10]

*

5 Ps 138,22.
6 M.c. 10.
7 KG IV, 59.
8 KG V, 47.
9 Vgl. KG I, 39. 41.
10 50 in Ps 118,113.

KAPITEL 43

Man muss auch die Unterschiede zwischen den Dämonen erkennen und sich ihre zeitlichen Umstände merken. Wir werden nun aus den Gedanken, bei den Gedanken aber aus den Dingen erkennen, welche der Dämonen selten und drückender bzw. welche anhaltend und leichter sind und welche die sind, die urplötzlich hereinstürzen und den Intellekt zu einer Lästerung hinreißen. Dies zu wissen ist notwendig, damit wir, wenn die Gedanken anfangen, ihren eigenen Stoff anzuregen, noch ehe wir allzu weit aus unserem eigenen Zustand hinausgeworfen worden sind, etwas wider sie vorbringen und den anwesenden (Dämon) kenntlich machen. Auf diese Weise werden wir selbst mit Gottes Hilfe leicht Fortschritte machen, jene aber werden wir, voll Verwunderung über uns und bekümmert, nötigen, hinweg zu fliegen.

Um die Unterschiede zwischen den Dämonen, und das heißt zwischen den einzelnen Leidenschaften und den entsprechenden „Gedanken", erkennen zu können, bedarf es vor allem der Gabe der „Unter-scheidung"[1], die die persönliche Beobachtung und Erfahrung[2] ergänzt und vollendet. Wie sie wirkt, lehrt folgender Text.

> *Alle dämonischen Gedanken führen in die Seele gedankliche Vorstellungen sinnlicher Gegenstände ein; von ihnen geprägt, trägt dann der Intellekt die Formen jener Gegenstände in sich selbst herum. An dem Gegenstand selbst erkennt er dann den sich nahenden Dämon. Zum Beispiel, wenn in meinem Geist das Antlitz dessen, der mich geschädigt und entehrt hat, entsteht, dann ist damit der sich nahende Gedanke des Grolls überführt. Wenn*

1 M.c. 35.
2 Vgl. Pr 50. 51.

ferner die Erinnerung an Besitz oder Ehre entsteht, dann wird an dem Gegenstand natürlich der uns bedrängende (Dämon) erkannt [d.h. der der Habsucht und der des eitlen Ruhmes]. Und in gleicher Weise wirst du bei den anderen Gedanken an dem Gegenstand den gegenwärtigen und die Vorstellungen einflüsternden Dämon ausfindig machen.[3]

Evagrios schränkt allerdings sofort ein, dass nicht alle Erinnerungen an Gegenstände von den Dämonen herrühren, da auch der Intellekt selbst solche Bilder in sich aufsteigen lasse.[4] Gemeint sind hier nur jene Erinnerungen, die widernatürlichen Zorn bzw. Begehren nach sich ziehen.

Die in unserem Kapitel erwähnten seltenen, aber drückenden Gedanken sind jene des Überdrusses.[5] Hartnäckig, aber leichter zu beherrschen sind jene Gedanken, die aus unseren natürlichen Bedürfnissen entstehen[6], Fresslust und Unzucht also. Zu einer Lästerung reißt den Intellekt der Gedanke des Hochmutes hin.[7]

Wem es auf diese Weise gelingt, den Dämon zu identifizieren, der „überführt ihn und zeigt ihm: Sieh, du hast etwas ausgeheckt, was den Schriften zuwider ist!“.[8] Demaskiert, verflüchtigen sich die Dämonen – einstweilen – von allein.

*

3 M.c. 2.
4 Vgl. Ep 55,2.
5 Vgl. Pr 12. 28.
6 Ep 55,2f.
7 Pr 46. 51.
8 Ant Prol.

KAPITEL 44

Wenn die Dämonen in ihrem Kampf gegen die Mönche machtlos sind, dann ziehen sie sich ein wenig zurück und beobachten, welche Tugend in der Zwischenzeit vernachlässigt wird, und dort brechen sie dann unversehens herein und reißen die elende Seele in Stücke.

> *Das Geheimnis des geistlichen Lebens, dessen Ziel ja das „Gebet" ist, lautet: Achtsamkeit.*[1]
> *Der Dämon beneidet ganz besonders einen Menschen, der betet, und er bedient sich jeder List, um dessen Ziel zu vereiteln. Er ruht daher nicht, die gedanklichen Vorstellungen der Dinge durch das Gedächtnis aufzurühren und sämtliche Leidenschaften durch den Hebel des Fleisches in Bewegung zu setzen ...*[2]

Zu seinen Listen gehört auch, eine Niederlage vorzutäuschen und sich, scheinbar „besiegt", freiwillig zurückzuziehen.

> *Wenn es der erzböse Dämon trotz zahlreicher Versuche nicht fertig bringt, das Gebet des Eifrigen zu verhindern, dann zieht er sich ein wenig zurück und rächt sich dann an dem Beter. Entweder macht er nämlich den in ihm durch das Gebet hergestellten vorzüglichen Zustand zunichte, indem er ihn zum Zorn entflammt, oder er verhöhnt den Intellekt, indem er ihn zu irgendeiner unsinnigen Lust aufstachelt.*[3]

Mit anderen Worten, der Dämon greift die beiden irrationalen Kräfte der Seele an. Dies vermag er indessen nur, wenn in Begehren und Jähzorn nicht Enthaltsamkeit und Liebe herrschen[4] sowie die mit diesen

---

1 Or 149.
2 Or 47.
3 Or 48.
4 Pr 38.

verbundenen Tugenden der Besonnenheit und des Mutes.[5] Wird eine dieser „praktischen" Tugenden vernachlässigt, entsteht eine Schwachstelle. Denn die Tugend ist ja im Grunde eine und manifestiert sich nur auf verschiedene Weise.[6] Es gilt daher, auf sich selbst zu achten, um durch den Fortschritt in den Tugenden nur schwer zum Bösen bewegbar zu werden.[7]

*

5 Pr 89.
6 Pr 98.
7 M.c. 15.

KAPITEL 45

Die bösartigen Dämonen schleppen zu ihrer Hilfe Dämonen heran, die noch bösartiger sind als sie. Und mögen sie auch im Hinblick auf ihre Beschaffenheit einander entgegengesetzt sein, so sind sie sich doch in einem einig: dem Verderben der Seele.

Je mehr der Mensch Fortschritte macht, desto heftiger wird der Widerstand der Dämonen[1], von denen nämlich einer bösartiger ist als der andere.[2] Es ist von höchster Wichtigkeit, dieses Spiel zu durchschauen.

> *Da es auch eine Aufeinanderfolge der Dämonen gibt, wenn der erste im Kampf schwach wird und nicht in der Lage ist, die ihm entsprechende Leidenschaft zu erregen, finden wir, wenn wir diese (Abfolgen) beobachten, folgendes: Wenn die Gedanken irgendeiner Leidenschaft für lange Zeit selten geworden sind und es unversehens zu einem Aufkochen und einer Regung derselben kommt, ohne dass wir durch Nachlässigkeit einen Anlass dazu gegeben hätten, dann erkennen wir, dass uns ein bösartigerer Dämon als der vorherige in Empfang genommen hat und dass dieser, den Platz des Geflohenen haltend, durch seine eigene Bosheit das Maß (des ersten) vollgemacht hat. Aber auch dieser lernt unsere Seele genau kennen, wenn er sie viel heftiger als gewöhnlich bekämpft und auf einmal aus den Gedanken von gestern und vorgestern vertrieben worden ist, ohne dass irgendein äußerer Vorwand dazugekommen wäre. Wenn nun der Intellekt dies sieht, dann nehme er seine Zuflucht beim Herrn, indem er „den Helm des Heiles" nimmt, den „Panzer der Gerechtigkeit" anzieht, das „Schwert des Geistes" zückt und den „Schild des Glaubens" aufhebt[3], und er sage, indem er mit Tränen zu seinem eigenen inneren Himmel aufblickt:*

1 Pr 59.
2 Vgl. KG IV, 33.
3 Vgl. Eph 6,14ff.

„Herr Christus, Kraft meines Heiles“[4],
„neige mir dein Ohr zu, eile, mich herauszureißen.
Sei mir ein Gott, der mich schützt, und ein Zufluchtsort, um mich zu retten“.[5]

Vor allem aber mache er durch Fasten und Wachen das „Schwert“ blinkend. Denn ganze sieben Tage lang wird er, (von dem Dämon) bekriegt und getroffen von den „brennenden Pfeilen des Bösen“[6]*, bedrängt werden, und nach dem siebten Tag wird der Dämon langsam anerkennen, dass er seinem Vorgänger gleich geworden ist. Er bleibt dann ein ganzes Jahr, sehr viel öfter verwundet als verwundend, bis dann auch der diesem folgende naht, insofern wir ja nach Ijob (zur festgesetzten) „Zeit unter sie fallen und unsere Häuser von Gesetzlosen ausgeplündert werden“.*[7]

*

4 Ps 139,8.
5 Ps 30,3.
6 Eph 6,16.
7 M.c. 34 (Zitat Ijob 12,5).

KAPITEL 46

Der Dämon, der den Intellekt zu einer Lästerung Gottes hinreißt und zu jenen verbotenen Vorstellungen, die ich nicht einmal der Schrift anzuvertrauen wage, soll uns nicht verwirren noch uns unsere Willigkeit austreiben. Denn ein *„Herzenskenner"*[1] ist der Herr, und er weiß, dass wir, selbst als wir noch in der Welt waren, uns niemals je einem derartigen Wahnsinn hingegeben haben. Das Ziel dieses Dämons ist es, uns vom Gebet abzubringen, damit wir nicht mehr vor dem Herrn stünden noch es wagten, die Hände zu dem auszustrecken, wider den wir derartiges im Sinn gehabt haben.

In blasphemischen Gedanken manifestiert sich der Dämon des Hochmutes, jenes „Urübels", das den Erzengel zu Fall brachte.[2] Alle Gedanken des Hochmutes sind letztlich Lästerungen Gottes, doch unterscheidet Evagrios zwischen solchen, denen sich der Mensch freiwillig ergibt, und unfreiwilligen Versuchungen. Letzteren ist eigen, „wie ein Wirbelsturm das Schiff zu überschwemmen und den Steuermann-Intellekt zu bedecken"[3] und ihn wie eine Woge wider Willen mit sich zu reißen.[4] Denn der Gedanke der Lästerung ist der „schnellste" aller Gedanken[5], so schnell, dass er (ähnlich wie der der Unzucht) fast die Regung des Intellektes überholt[6] und uns so unversehens überrascht.

Diese Lästerungen haben verschiedene Inhalte. Einige sind theologischer Natur, wie die Leugnung der Gottheit des Sohnes und des Geis-

1 Apg 1,24.
2 Pr Prol [2].
3 Ep 52,3.
4 Ant VIII, 41; Pr 43. 51.
5 2 in Ps 139,4.
6 Pr 51.

tes, die die Dreifaltigkeit selbst zu einem Geschöpf erniedrigt.[7] Andere betreffen die Physike. Sie nennen den Schöpfer ungerecht und unweise[8], indem sie Gottes „Gericht und Vorsehung" in Frage stellen[9] und im Besonderen unsere leibliche Existenz schmähen.[10] Andere sind im engeren Sinn soteriologischer Natur. Sie leugnen die Willensfreiheit und entsprechend die Gerechtigkeit Gottes[11], fragen vorwitzig, ob Gott unter uns sei oder nicht[12], d.h. sie leugnen Gottes Beistand[13], und machen gar die Dämonen zu Göttern.[14] Bisweilen sind die Lästerungen so ungeheuerlich, dass sich die Feder weigert, sie niederzuschreiben ...

Diese blasphemischen Gedanken stürzen den Betroffenen in Kummer und Verzweiflung[15], da sie ihm zur Zeit des Gebets jenen Freimut zu rauben scheinen[16], der dem Gläubigen in Christus verliehen ward.[17] Er wagt es nicht mehr, wie Evagrios in unserem Kapitel schreibt, sich mit erhobenen Händen vor Gottes Angesicht hinzustellen, nach Osten gewandt, von wo er den Sohn, vom Vater her, erwartet. Was ist da zu tun? Soll man dieser Mutlosigkeit nachgeben? Keinesfalls! Gott, der alleinige „Herzenskenner"[18], weiß, im Unterschied zu den Dämonen[19], was wir im Grunde unseres Herzens wirklich denken, weil „er allein unser Herz erschaffen hat".[20] Man muss also genau das Gegenteil tun: beten!

---

7 Mn 134.
8 5 in Ps 143,7.
9 In Prov 19,5: Géhin 190.
10 KG IV, 60. 62.
11 Ant VIII, 16.
12 Ant VIII, 12.
13 Ant VIII, 5.
14 Ant VIII, 47, vgl. 49c.
15 Ant VIII, 49a.
16 Ant VIII, 20. 28. 49b.
17 Eph 3,12.
18 Apg 1,24; 15,8.
19 M.c. 37.
20 10 in Ps 32,15.

An den Herrn, wegen der Worte des Dämons, der in uns unsagbare Lästerungen wider den Herrn vorbringt, die ich nicht aufzuschreiben vermag, um nicht Himmel und Erde zu erschüttern. Voll Wut nämlich steht dieser Dämon auf, ohne zu wanken, und spricht eine große Lästerung wider Gott und seine heiligen Engel. Was ich sage, verstehen jene, die von ihm versucht worden sind.
Zur Zeit dieser Versuchung aber ist Fasten gut und Lesen der Hl. Schriften und ununterbrochene, unter Tränen dargebrachte Gebete [wie das des Königs Hiskija]:
„Herr, Gott Israels, der du auf den Cherubim thronst,
du allein bist Gott in allen Reichen der Erde.
Du hast den Himmel und die Erde gemacht.
Neige dein Ohr, Herr, und höre.
Öffne dein Auge, Herr, und sieh
und höre die Worte Sanheribs, die er sandte,
um den lebendigen Gott zu verhöhnen".[21]

Wir wissen aus seiner Vita, dass Evagrios selbst schrecklich von diesem Dämon verfolgt worden ist.[22] Er spricht, wie auch der obige Text andeutet, einmal mehr aus leidvoller Erfahrung.

*

21 Ant VIII, 21 (Zitat 2 Kg 19,15f).
22 HL 38, vgl. Ep 9,1.

KAPITEL 47

Das Kennzeichen der Erkrankungen der Seele sind entweder ein ausgesprochenes Wort oder eine Bewegung des Körpers, durch welche die Feinde wahrnehmen, ob wir inwendig ihre Gedanken haben und mit ihnen in Wehen liegen, oder ob wir sie von uns werfen und uns um unser Heil sorgen. Denn den Intellekt kennt allein Gott, der uns erschuf, und er bedarf keiner Kennzeichen, um das im Herzen Verborgene zu erkennen.

Gott ist ein „Herzenskenner", hieß es im vorhergehenden Kapitel, ja „Gott allein kennt das Herz des Menschen, da er allein es erschaffen hat"[1] und auch sein alleiniger Richter ist.[2] Evagrios hebt diese Tatsache entgegen anders lautenden Meinungen[3] mehrfach ausdrücklich hervor. Warum? Weil ihm daran liegt, festzuhalten, dass das „Herz", das Zentrum der menschlichen Person, biblisches Symbol des „Intellektes"[4] und Ort der Gottebenbildlichkeit, dem Bösen grundsätzlich verschlossen ist. Es sei denn, der Mensch öffne ihm selbst die Türe.[5] Das Böse hat nach evagrianischer Überzeugung keine absolute Macht über den Menschen, der ihm in der Willensfreiheit eine feste Grenze setzt.[6]

Nun stammen jedoch nach biblischer Lehre die bösen Gedanken aus dem „Herzen"[7], wenngleich sie von den Dämonen angeregt werden. Wie können die Dämonen nun wissen, ohne unser „Herz" zu kennen, an welcher Leidenschaft es „krankt" und folglich für welches Laster wir empfänglich sind? Durch Beobachtung unseres Verhaltens, antwortet der Psychologe Evagrios.[8] Die sichtbaren Bewegungen unseres Körpers verraten nämlich dem guten Beobachter, welche Ge-

1 10 in Ps 32,15.
2 In Prov 16,10: Géhin 144.
3 M.c. 37.
4 4 in Ps 15,9.
5 Ep 11,3.
6 Pr 6. 75.
7 Mk 7,21.
8 4 in Ps 55,7.

danken wir heimlich in uns nähren[9], ebenso wie die Worte, die wir vielleicht ganz unbeabsichtigt fallen lassen. Diese uns meist unbewussten Manifestationen unserer wahren Gesinnung dienen den Dämonen als Anlass für ihre Angriffe.[10] Sie gießen also eigentlich nur ihr Öl in unser Feuer ... Evagrios hätte die Art und Weise, wie die Dämonen uns beobachten und danach ihre Angriffe planen, gerne genauer dargestellt. Der Priester der Kellia, Makarios der Alexandriner, untersagte es ihm jedoch; solche Dinge solle man nicht unter die Leute bringen.[11] In einem (wohl an Abba Lucius und seine Mönche gerichteten) Brief gibt er jedoch einige interessante Beispiele für dieses unser verräterisches Verhalten. Wer würde sich in diesen Zeilen nicht wieder erkennen?

> *Wiederum schreibe ich an dich und deine Brüder. Denn ich möchte nicht, dass die Tücken der Dämonen vor euch verborgen seien, die ihr, siehe, durch die Gnade Gottes auf dem „Wege" lauft, auf dem ein jeder der Dämonen im Hinterhalt liegt, indem er den Mönch beobachtet, ob er wohl zu einer der (beiden) Seiten neige oder ob er in der Mitte des königlichen Weges einhergeht.*
>
> *Das will sagen: Der Dämon der Fresslust beobachtet den Fastenden, ob die Niedergeschlagenheit seines Fastens seine Bedürftigkeit anklagt, oder ob er durch sein Wort etwas Derartiges zu erkennen gibt, oder ob etwa sein Wille zum Fasten in zwei geteilt ist und er im Inneren das eine denkt, nach außen hin aber den Menschen etwas anderes vortäuscht; und ob er darauf achtet, Worte über die Blässe seines Gesichtes oder die Dünnheit seiner Haut zu hören.*
>
> *Sodann beobachtet auch der Dämon der Unzucht die Zielpunkte der Überlegungen des Mönchs, ob er, wenn er einer Frau begegnet, ihr wie zufällig begegnet oder ob er es so eingerichtet hat, dass er ihr aus Scheingründen begegnet. Auch wägt er die Worte, die er hervorbringt, ob sie zum Lachen anregen oder die Besonnenheit im Auge haben. Er beobachtet auch die Augen des Mönchs, ob sie etwa schamlos sind, und seinen Gang, ob er etwa geziert ist oder durch seine weiche Lässigkeit seine Leidenschaft*

9 In Prov 6,13: Géhin 76.

10 M.c. 37.

11 Ibid.

herausschreit. Auch seine Kleidung untersucht er, ob sie abgetragen ist oder einer Frau zuliebe hübsch.

Auch der Dämon der Habsucht schätzt unsere Pfade ab, wie wir uns den Reichen nahen und was wir bei ihnen sagen oder tun, um von ihnen etwas zu empfangen. Und ob wir vor ihnen über unsere Ärmlichkeit seufzen, als ob wir wegen der uns drängenden Armen unseren Aufenthaltsort verlassen wollten. Und ob wir die Reichen freudig aufnehmen, von den Armen aber wie einer, der flieht, unser Antlitz abwenden.

Diesen Dämonen tut es auch der Dämon des eitlen Ruhmes gleich. Auch er gibt nämlich Acht, ob wir etwa irgendetwas sagen oder tun, was uns der Würde des Priestertums nahe bringt. Oder ob wir etwa, wenn uns jemand einlädt, um uns von dem harten (asketischen) Tun zu erquicken aufseufzen wie Erschöpfte, um gelobt zu werden. Und ferner, ob wir um des Ruhmes willen den anderen erzählen, was uns in der Zeit seitens der heiligen Engel oder der Dämonen widerfährt.

Und wie ist es mir wohl möglich, ihre Tücken (alle) aufzuzählen, hinsichtlich derer unser Herr sagte: „Seid listig wie die Schlangen und unschuldig wie die Tauben!“[12] Es muss nämlich der Mönch in Wahrheit ohne Falsch sein und sanft, und in seiner Sanftmut geschehe sein Streit, nach dem Wort des Propheten[13]. Der Blick seines Geistes aber sei behände, und er sei listig in den Tücken der Dämonen wie der Ichneumon[14], der die Fährte des Wildes beobachtet, um in der Lage zu sein zu sagen: „Die Gedanken des Bösen sind uns nicht verborgen“[15], und: „Mein Auge blickt auf meine Feinde und meine Ohren werden von den Bösen, die mir widerstehen, hören.“[16]

*

12 Mt 10,16.

13 Vgl. Joel 3.

14 Es handelt sich um eine ägyptische Wieselart.

15 2 Kor 2,11.

16 Ep 16 (Zitat Ps 91,12).

KAPITEL 48

Mit den Weltlingen streiten die Dämonen mehr durch die Dinge, mit den Mönchen hingegen zumeist durch die Gedanken, denn der Dinge entbehren sie ja wegen der Einsamkeit. Und in dem Maße wie es viel leichter ist, in Gedanken statt in Taten zu sündigen, ist auch der im Geist ausgetragene Kampf sehr viel schwieriger als der durch die Dinge stattfindende. Denn der Intellekt ist ein leichtbewegliches Ding und schwer zu zügeln (in Richtung auf) gesetzlose Vorstellungen.

Der Unterschied zwischen Mönchen und Weltlingen ist, wie man sieht, keineswegs ein prinzipieller. Nicht zu Unrecht hat man jedoch das Mönchtum als das „Martyrium des Gewissens" bezeichnet, das die legitime Nachfolge des blutigen Martyriums angetreten hat.

Die hier gemachte Unterscheidung zwischen Gedanken- und Tatsünden findet sich sehr oft in den evagrianischen Schriften. Sich vor letzteren zu hüten war bereits Gebot des Alten Bundes, erstere untersagt der Herr erst im Neuen Bund. So gebietet Mose: „Du sollst nicht ehebrechen"[1], Christus aber[2] :„Du sollst nicht begehren".[3] Vor den Tatsünden hütet sich daher der „Mensch-Mönch", vor den Gedankensünden hingegen der „Intellekt-Mönch"[4], der Kontemplative als vollkommener Mensch.

Sich von Gedankensünden rein halten ist deshalb so schwierig, weil der Intellekt von einer erstaunlichen Regsamkeit ist und nach Belieben in sich jene „Bilder" aufsteigen lässt[5], die er zuvor im Erkenntnisvorgang aus den sinnlichen Dingen geschöpft und sich „eingeprägt"

1 Ex 30,13.
2 Mt 5,28.
3 3 in Ps 123,7.
4 Ant Prol.
5 Ep 34,1.

hatte.[6] Und nicht nur die guten oder wertneutralen, sondern auch die leidenschaftlichen.

Diese nur schwer zu zügelnde Beweglichkeit[7] bringt es mit sich, dass wir als Menschen nicht in der Lage sind, uns gänzlich von schlechten Gedanken fern zu halten.[8] Verhindern können wir nur, wie Evagrios oben feststellte[9], dass diese Gedanken in uns Wurzel fassen, dann Leidenschaften anregen und schließlich zu Gedanken- oder Tatsünden werden. Mit Recht preist Evagrios daher den selig, den der Herr von den Tatsünden befreit hat, seliger aber den, den er auch von Gedankensünden erlöst hat.[10] Denn allein letzterer ist in der Lage, „wahrhaft" zu beten.

> *Nicht nur Jähzorn und Begehren muss beherrschen, wer sehnlich darnach verlangt, wahrhaft zu beten, sondern er muss auch frei sein von (jedem) leidenschaftlichen Gedanken.*[11]

Dieses hohe Ideal hindert Evagrios indessen nicht daran, ein nüchterner Realist zu bleiben.

„Wenn du die Gesetzlosigkeiten beachtest, Herr, Herr wer könnte dann bestehen?":

> *Wenn die den Intellekt unrein machenden Gedankensünden ihn von der Erkenntnis Gottes fernhalten würden, kein Mensch würde der Erkenntnis gewürdigt werden. Denn „wer vermöchte sich zu rühmen, ein reines Herz zu haben? Oder wer hätte den Freimut zu sagen, er sei rein von Sünden?"*[12] *„Und niemand" sagt (Ijob)*[13]*, „ist rein von Schmutz, währte auch sein Leben nur eine Stunde lang."*[14]

*

6 Ep 41,2.
7 M.c. 35.
8 In Prov 5,20: Géhin 68.
9 Vgl. Pr 6.
10 3 in Ps 123,7.
11 Or 54.
12 Prov 20,9.
13 Vgl. Ijob 14,4f.
14 2 in Ps 129,3.

KAPITEL 49

Beständig zu arbeiten, zu wachen und zu fasten ward uns nicht vorgeschrieben, hingegen ward uns geboten, *„ohne Unterlass zu beten"*.[1] Denn die erstgenannten Tätigkeiten, die den leidenschaftlichen Teil der Seele heilen, bedürfen zu ihrer Ausübung auch unseres Leibes, welcher auf Grund der ihm eigenen Schwäche diesen Mühen nicht gewachsen wäre. Das Gebet hingegen macht den Intellekt stark und rein für den Streit, da er von Natur aus dazu gemacht ist, auch ohne diesen Leib zu beten und für alle Vermögen der Seele wider die Dämonen zu kämpfen pflegt.

Ziel des geistlichen Lebens ist das Gebet „in Geist und Wahrheit"[2], das die Dämonen daher mit allen Mitteln zu vereiteln suchen.

> *Was bezwecken die Dämonen damit, dass sie in uns Fresslust, Unzucht, Habsucht, Zorn und Groll und die übrigen Leidenschaften wecken? (Sie wollen), dass der Intellekt, durch sie stumpf geworden, nicht fähig sei, „zu beten, wie es sich gebührt".[3] Denn wenn die Leidenschaften des irrationalen (alogon) Teils (der Seele) zur Herrschaft gelangen, gestatten sie ihm nicht, sich vernünftig (logikôs) zu regen und den Gott-Logos zu suchen.*[4]

Die üblichen Mittel der Askese heilen nur den irrationalen (alogischen) Teil der Seele, Begehren und Jähzorn, die zu ihrer Verwirklichung auch des Leibes als eines „Instrumentes" bedürfen.[5] Um zu „beten, wie es sich gebührt", d.h. um die „ihm eigene Tätigkeit" auszuüben[6], bedarf

1 1 Thess 5,17.
2 Joh 4,23.
3 Röm 8,26.
4 Or 51.
5 Ep 57,4; KG I, 6.
6 Or 83. 84.

der seinem Wesen nach leiblose Intellekt nicht nur nicht des Leibes, er „entflieht" ihm sogar samt seinen Bedürfnissen, wenn er sich den „Grenzen des Gebetes" nähert.[7] Um die ihn daran hindernden Dämonen zu überwinden, greift er nun zum Mittel des „unablässigen Gebetes".

Willst du die Feinde zurückschlagen, dann „bete ohne Unterlass".[8]

Wir rühren hier an eines der „Geheimnisse" des frühesten Mönchtums: ihre „Technik" des immerwährenden Herzensgebetes, das in späterer Zeit im so genannten *Jesus-Gebet* seine klassische Form finden sollte. Evagrios ist keineswegs der Erfinder dieser damals schon über die Grenzen Ägyptens hinaus (Augustinus) bekannten Übung, jedoch der wohl früheste literarische Zeuge. Er legt dieses „unablässige"[9], „anhaltende"[10], „andauernde"[11], „kräftige"[12], „kurze und angespannte"[13] Gebet seinen Lesern beständig ans Herz.

Gemeint ist hier nicht der mystische „Zustand des Gebets", der wort- und bildlos ist. Es geht vielmehr um die über den ganzen Tag (und einen guten Teil der Nacht) verteilten, in sehr knappen Abständen wiederholten kurzen Anrufungen unseres Herrn Jesus Christus, nach Art unserer „Stoßgebete" (Augustinus), die den Geist beständig „im Gebet" halten. Johannes Cassianus, der zur selben Zeit wie Evagrios unter den ägyptischen Wüstenvätern lebte und ein Träger derselben Tradition ist, beschreibt diese „Technik" ausführlich.[14]

*

7 Or 62.
8 5 in Ps 55,10.
9 Ant VIII, 21; Ep 19,2; Vg 5.
10 M.c. 14.
11 Mn 37.
12 M.c. 16. 23.
13 Or 98.
14 Conl X, 10. Vgl. dazu G. Bunge, "Das Geistgebet", Kapitel II: „Betet ohne Unterlass".

KAPITEL 50

Wenn ein Mönch die wilden Dämonen durch Erfahrung kennen lernen und eine Fertigkeit (im Umgang mit) ihren Tücken erwerben will, dann achte er auf die Gedanken, mache sich ihr Zunehmen und ihr Nachlassen, ihre Verflechtungen und ihre Zeitpunkte deutlich und welche jene Dämonen sind, die dieses (oder jenes) tun, und welcher Dämon auf welchen folgt und welcher welchem nicht folgt. Und er suche bei Christus die Gründe dafür. Denn sie toben gar sehr über die, die sich mit Erkenntnis der Praktike widmen, in der Absicht, *„im Finstern die, die aufrechten Herzens sind, niederzuschießen.“*[1]

Die „Finsternis“ der Unwissenheit, die es den Dämonen erlaubt, ihr Spiel mit uns zu treiben, gilt es zuerst im eigenen Herzen zu erhellen.

> *Zahlreiche Leidenschaften verstecken sich in unserer Seele, welche uns, dieweil sie uns verborgen sind, die heftigeren Versuchungen offenbar machen. Und man muss „mit aller Achtsamkeit das Herz bewahren“[2], damit wir nicht, wenn sich jener Gegenstand, für den wir eine Leidenschaft hegen, einstellt, unvermutet von den Dämonen mit weggerissen werden und etwas von Gott Verbotenes tun.*[3]

Den Versuchungen kommt dabei, recht betrachtet, letztlich eine durchaus positive Rolle zu. Nicht nur, weil sie uns Gott, bei dem wir Hilfe suchen, nahe bringen[4], sondern auch, weil sie uns über uns selbst Aufschluss geben.

---

1 Ps 10,2.
2 Prov 4,23.
3 KG VI, 52.
4 Ep 1,5.

„Was ich nicht wusste, fragten sie mich“:

> *Von sich aus erkennen die Menschen die Laster nicht. Wenn sie jedoch von den Feinden durch die Gedanken „befragt“ werden, gelangen sie zur Erkenntnis des Lasters. Ich nenne hier die Erfahrung Erkenntnis, denn auch die Erfahrung wird Erkenntnis genannt. Es heißt ja*[5]*: „Adam erkannte sein Weib Eva“.*[6]

Um zu diesem Wissen aus Erfahrung zu gelangen, kann es unter gewissen Umständen geraten sein, sich probeweise auch einmal auf die Versuchung einzulassen!

> *Falls wir jedoch die Absicht haben, die List dieses (Dämons der Unstetigkeit) genau zu erkennen, dann wollen wir nicht sofort etwas wider ihn vorbringen noch das Vorgefallene klären, wie er im Geist die Begegnungen bewirkt und auf welche Weise er den Intellekt schrittweise in den Tod treibt, denn (dann) würde er vor uns fliehen – er verträgt es nämlich nicht, bei diesem Tun gesehen zu werden –·, und wir würden dann nichts von dem wissen, was wir zu erkennen uns befleißigen. Lassen wir ihn vielmehr noch einen oder einen zweiten Tag sein Spiel treiben, um genau seine Hinterlist kennen zu lernen, und darnach treiben wir ihn, indem wir ihn durch ein Wort überführen, in die Flucht.*[7]

Es liegt auf der Hand, dass derartige „Selbstversuche“ nicht ungefährlich sind, ähnlich wie die weiter unten angeratene Methode, „einen Nagel durch einen anderen auszuschlagen“.[8] Nur jene, die schon weit im geistlichen Leben vorangeschritten sind, sollten sich darauf einlassen. Wahr bleibt jedoch, dass die *Praktike* auf weite Strecken hin eine reine „Erfahrungswissenschaft“ ist.[9] Doch genügt eigene, auch noch so

5 Gen 4,1.
6 8 bis in Ps 34,11.
7 M.c. 9.
8 Pr 58.
9 Vgl. Pr 43. 51; Ep 11,4 u.ö.

„lange Beobachtung“[10] nicht. Wer die *Praktike* „mit Erkenntnis“ betreiben will, bedarf des Herrn, „der unsere Hände für die Schlacht und unsere Finger zum Kampfe unterweist“.[11]

> *Wer vom Herrn den Kampf gegen die widrigen Mächte gelernt hat, der erkennt die Gründe der Tugenden und Laster, die Unterschiede der Gedanken, die Merkmale der Leidenschaftslosigkeit und ihre Grenzen. Ferner erkennt er auch die Bedeutungen der nächtlichen Erscheinungen oder Träume, von denen die einen von dem rationalen Teil der Seele herrühren, dadurch, dass das Gedächtnis angeregt wird, andere von dem Jähzorn, wieder andere von dem Begehren ...*[12]

Evagrios verweist uns an dieser Stelle auf seinen „Monachos“, d.h. das uns vorliegende Werk, in dem er all dies „genauestens dargestellt“ habe. „Denn diese Untersuchung der (genannten) Gründe ist Gegenstand einer Beschäftigung mit der „Ethike“, ein anderer Name für Praktike. Und in der Tat finden wir die Antworten auf diese und andere Fragen im „Mönch“. „Mit Erkenntnis“ die Praktike betreiben bedeutet, sie im „Lichte“ der von Gott geschenkten Einsicht betreiben. Wer sich allein auf seine Erfahrung oder andere Erkenntnisquellen verlassen wollte, gleicht einem Mann, der „in der Nacht [der Unwissenheit] kämpft“[13] und entsprechend leicht verwundbar ist.

*

10 M.c. 8.
11 Ps 143,1.
12 1 in Ps 143,1.
13 Pr 83.

KAPITEL 51

Wenn du genau acht gibst, wirst du finden, dass zwei Dämonen äußerst schnell sind und fast die Regung unseres Intellektes überholen: der Dämon der Unzucht und jener, der uns zu einer Lästerung Gottes hinreißt. Indessen ist der zweite von kurzer Dauer, und der erste hindert uns nicht an der Erkenntnis Gottes, wenn er die Gedanken nicht mit Leidenschaft anregt.

Evagrios kommt, sich auf eigene, überprüfbare Erfahrungen berufend, auf ein bereits weiter oben[1] angeschnittenes Thema zurück. Unser Intellekt zwar selbst ist von äußerster Schnelligkeit[2], doch gibt es zwei Gedanken, die fast schneller sind als er und die ihn daher überraschen können.

> *Auch wenn du meinst, „bei Gott zu sein"[3], hab doch Acht auf den Dämon der Unzucht! Denn er ist überaus trügerisch und äußerst neidisch, und er trachtet darnach, schneller zu sein als die Regung und die nüchterne Wachsamkeit deines Intellektes, um ihn von Gott abzuziehen, während er vor ihm mit Scheu und Ehrfurcht steht.*[4]

Er vermag dies indessen nur, wenn der Intellekt die Regung annimmt und einen leidenschaftlichen Gedanken in sich entstehen lässt.[5]

Von dem ebenfalls äußerst schnellen Gedanken der Blasphemie war bereits ausführlich die Rede.[6] Evagrios sagt in unserem Kapitel, dieser Gedanke dauere nicht lange an. Im Antirrhetikos ist allerdings von „anhaltenden blasphemischen Gedanken" die Rede[7], und aus der

1 Vgl. 43.
2 M.c. 24.
3 Ps 72,23.
4 Or 90.
5 Pr 6.
6 Vgl. Pr 46.
7 Ant VIII, 10. 21. 23. 28.

Vita des Evagrios wissen wir, dass er selbst einmal vierzig Tage lang von diesem Dämon bis an den Rand der Verzweiflung getrieben wurde.[8] Man sieht, dass gerade die Erfahrung nicht selten die Theorie korrigiert. Evagrios gesteht denn auch selbst unumwunden sein Tasten auf diesem Gebiet ein.[9]

*

8 Hl 38.
9 Ep 4,1.

KAPITEL 52

Den Leib von der Seele zu trennen steht allein dem zu, der sie zusammengebunden hat; die Seele vom Leib zu trennen indessen auch dem, der sich der Tugend widmet. Die Anachorese nämlich nennen unsere Väter eine „Einübung in den Tod" und eine „Flucht vor dem Leib".

Leib und Seele sind eine von Gott zusammengefügte Einheit[1], die sich zwar eines Tages auflösen wird[2], jedoch allein durch den, der sie geschaffen hat. Evagrios ist daher ein entschiedener Gegner des offenen oder versteckten, durch übertriebene Askese hervorgerufenen Selbstmordes.

> *Die Unbarmherzigen werden nach ihrem Tode unbarmherzige Dämonen in Empfang nehmen, und die Unbarmherzigeren noch weit unbarmherzigere als diese. Wenn dies so ist, dann ist denen, die sich selbst aus dem Leib hinausbefördern, verborgen, was für Dämonen ihnen nach dem Ausgang begegnen werden! Es geht aber auch die Rede, dass keiner von denen, die mit Gottes Willen aus (dem Leib) gegangen sind, derartigen Dämonen ausgeliefert werde.*[3]

Evagrios wendet sich daher mehrfach selbst gegen den bloßen Wunsch, etwa als Folge übergroßen Kummers[4], dieses „Gefängnis"[5] vorzeitig zu verlassen.[6] Das wäre so, als ob ein Kranker den Schreiner bäte, das Bett, auf dem er liegt, zu demolieren ...[7] Dieser Leib stellt eben nicht nur ein Hindernis für die Kontemplation göttlicher Dinge dar[8], weil er ihn

1 Ep 57,4.
2 KG I, 58.
3 KG IV, 33.
4 M.c. 12.
5 Vgl. Ps 141,8.
6 KG IV, 70. 83.
7 KG IV, 76.
8 Ep 56,1.

beschwert[9] er ist auch und vor allem jenes „Instrument“, durch welches der Mensch die materielle Wirklichkeit wahrnimmt, aus denen sein Intellekt die verborgenen Sinngehalte (logoi) erhebt.[10]

Den Leib von der Seele zu trennen ist also nicht erlaubt, wohl aber, die Seele von den Forderungen des mit dem Leib direkt kommunizierenden irrationalen Teiles zu „trennen“, wenn diese durch die Leidenschaften ihrem natürlichen Wirken entfremdet sind.[11] Ja, darin besteht sogar das Wesen der Praktike.[12] Denn wie aus der eingangs zitierten Sentenz KG IV,33 hervorgeht, führt der physische Tod zu keiner wahren Befreiung, am allerwenigsten der selbst bewirkte. Vielmehr ist ein „Tod“ gefordert, der „die Seele vom Laster trennt“.[13] Dies aber ist ein „mystischer“ Tod.[14]

> *Die vernünftige Natur, die durch das Laster gestorben ist, weckt Christus durch die Kontemplation aller Äonen auf. Dessen Vater aber weckt die Seele, die den Tod Christi gestorben ist, durch die Erkenntnis seiner selbst auf.*[15] *Dies ist es, was der Apostel sagt*[16]*: „Wenn wir zusammen mit Christus gestorben sind, glauben wir, dass wir auch zusammen mit ihm leben werden“.*[17]

Von jenem „Tod der Laster“ befreit uns Christus, das „Leben“[18], durch die Praktike[19], die ein freiwilliges „Sterben“ ist. Christus ist es daher auch, der uns zu jenem „Leben“ führt, das der Vater gibt.

9 Ep.fid. 7,31f.
10 Vgl. Pr 53.
11 Vgl. Pr 86.
12 Vgl. KG V, 46.
13 5 in Ps 54,16.
14 Vgl. Pr Prol [6].
15 Vgl. Joh 5,21.
16 Röm 6,8.
17 M.c. 38.
18 Joh 14,6.
19 11 in Ps 32,19.

> *Der „Tod Christi" ist das geheimnisvolle Wirken, das jene, „die in diesem Leben auf ihn gehofft haben"[20], zum ewigen Leben zurückführt.*[21]
> *Wenn nun die „mit Christus Sterbenden gerechtfertigt werden"[22], dann werden also jene, die ein diesem „Tod" entgegen gesetztes Leben führen, nicht von Gott gerechtfertigt werden.*[23]

Die Anachorese, die ja eine freiwillige Trennung vom bewohnten Land und ein Leben in der Wüste ist[24], wird so zum sinnenfälligen Zeichen einer „Einübung" auf diesen „Tod Christi", zum Symbol eines geistigen Verlassens der weltlichen Begierden, ja einer „Flucht vor dem Leib".

> *Ein Anachoret ist, wer von sich alle leidenschaftlichen Regungen abgehauen und das ganze Sinnen seiner Seele an Gott gebunden hat.*[25]

Oder noch lapidarer:

> *Ein Fremdling ist jener, dem das Weltliche fremd ist.*[26]

*

20 1 Kor 15,19.
21 KG VI, 42.
22 Röm 6,7f.
23 2 in Ps 142,2.
24 47 in Ps 118,108.
25 Cent.Suppl. 48.
26 Sent 14.

KAPITEL 53

Jene, die in übler Weise das „*Fleisch*" herausfüttern und so „*darum Sorge tragen, dass seine Begierden erwachen*"[1], mögen sich selbst und nicht dieses (Fleisch) schelten. Denn es kennen die Gnade des Schöpfers jene, die mittels dieses Leibes die Leidenschaftslosigkeit erworben haben und sich bis zu einem gewissen Grad der Kontemplation der Dinge an sich widmen.

Das Verlangen, „aus dem Leibe auszuziehen"[2], kann zwei Motivierungen haben. Zum einen, wie bei Paulus, der Wunsch, „beim Herrn zu sein", zum anderen eine falsche, verächtliche Einstellung dem Leib gegenüber. Evagrios wendet sich hier gegen letztere.

> *Wer wird denen, die den Schöpfer schmähen und schlecht von diesem Leib unserer Seele sprechen, die Gnade zeigen, die sie, dieweil sie leidenschaftlich sind, empfangen haben, nämlich mit einem solchen ‚Instrument' verbunden worden zu sein ...*[3]

Den manichäischen Leibverächtern hält Evagrios entgegen:

> *Nicht allen steht es zu, zu sagen: „Führe meine Seele aus dem Gefängnis heraus"*[4]*, sondern nur denen, die sich um der Reinheit ihres Herzens willen auch ohne diesen Leib der Kontemplation des Geschaffenen zu widmen vermögen.*[5]

---

1 Röm 13,14.
2 2 Kor 5,8.
3 KG IV, 60.
4 Ps 141,8.
5 5 in Ps 141,8.

„Reinen Herzens“[6] sind jene, die die Leidenschaftslosigkeit erworben haben[7], und zwar dank eben ihrem „praktischen Leib“[8], der ihnen als „Instrument“ (organon) zur „Übung“ (praktike) der Tugenden dient[9], durch die sie die Leidenschaftslosigkeit erwerben.[10]
Zugleich dient dieses „Organon“ aber auch dazu, dank seiner „Verwandtschaft“ mit dieser sinnlichen Welt[11], der Seele die sinnlichen Dinge zu zeigen[12] und ihr so zu ermöglichen, aus den Geschöpfen den Schöpfer zu erkennen.[13] „Bis zu einem gewissen Grade“, schränkt Evagrios ein, denn jetzt erkennen wir nur „wie in einem Spiegel“[14] die „Schatten“ der göttlichen Wirklichkeiten, später erst, wenn wir diesen irdischen Leib abgelegt und einen unverweslichen und unsterblichen angelegt haben[15], werden wir deren „Archetypen“ schauen[16].

Nicht der Leib als solcher hindert uns also an der Kontemplation des Geschaffenen, sondern der von Begierde beherrschte. Evagrios mahnt daher seinen „Gnostikos“, d.h. jenen, der zur „Reinheit des Herzens“ und damit zur „Schau Gottes“ gelangt ist, eindringlich:

Der heilige Paulus „kasteite seinen Leib und knechtete ihn“.[17] Vernachlässige du also nicht deine Lebensweise[18] in deinem Leben und verhöhne nicht die Leidenschaftslosigkeit, indem du sie durch einen prallen Leib erniedrigst[19]!

*

6 Vgl. Mt 5,8.
7 Ep 12,2.
8 KG III, 45 u.ö.
9 Ep 57,4.
10 Pr 81.
11 12 in Ps 43,20.
12 KG IV, 62.
13 Ep.fid. 31ff; 12,39f.
14 1 Kor 13,12.
15 Vgl. 2 Kor 5,1.
16 Ep.fid. 12,13f.
17 1 Kor 9,27.
18 Gemeint ist vor allem der persönliche "Kanon“ (vgl. Pr 40), der die Ernährung (diaita) regelt, also die Auswahl der Speisen, ihr Mass und die Essenszeiten.
19 Gn 39.

Kapitel 54–56

Über das, was einem im Schlaf widerfährt

KAPITEL 54

Wenn die Dämonen mittels der Phantasien des Traumes den begehrlichen Teil (der Seele) bekriegen und uns Zusammenkünfte von Freunden, Gelage von Verwandten, Chöre von Frauen und allerlei Lust verschaffende Dinge dieser Art zeigen und wir (eilfertig) herbeilaufen, dann kranken wir an diesem Teil und ist die Leidenschaft hier stark. Wenn sie hingegen den Jähzorn verwirren und uns zwingen, abschüssige Wege zu begehen, bewaffnete Männer und Gift sprühende und reißende Tiere herbeischaffen, wir aber angesichts dieser Wege in Schrecken geraten und, von den Tieren und Männern verfolgt, fliehen, dann tragen wir Sorge um den jähzornigen Teil und rufen während der Wachen Christus an, indem wir uns der vorgenannten Heilmittel bedienen.

Die Auseinandersetzung mit den „Gedanken" und den sie anheizenden Dämonen erstreckt sich nicht nur auf die bewusst erlebten Stunden des Tages, sondern auch auf die Zeit des nächtlichen Schlafes, in dem das Unterbewusste, wie wir heute sagen, die Herrschaft antritt.[1] Den „Psychologen" Evagrios interessieren die Träume und sonstige nächtliche Erscheinungen vornehmlich, insofern sie Aufschluss geben über den „Gesundheitszustand" der Seele. Eine weitergehende „Traumdeutung" nach antiker oder moderner Art findet sich bei ihm nicht. Die Träume bieten je nach Inhalt Hinweise auf die „Gesundheit"[2] oder „Krankheit" der Seele. Da es in der Praktike um die Heilung der Seele geht, steht letztere natürlich im Vordergrund.

---

1 Siehe schon Pr 11. 21 sowie 64.

2 Vgl. dazu Pr 56.

Mit dem Intellekt sind verbunden Erkennen und Nichterkennen; das Begehren ist empfänglich für Besonnenheit und Unzucht, und dem Jähzorn pflegen Liebe und Hass zu widerfahren ...[3]

Strebt nun das Begehren nicht, seiner natürlichen Bestimmung entsprechend, nach der Tugend[4], sondern „krankt" es an allerlei „weltlichen", dazu noch „frustrierten"[5] Begierden, dann wird der Betroffene des Nachts entsprechende Träume haben. Die von Evagrios hier genannten Beispiele finden sich z.T. unter den Gedanken der elementarsten Form der sinnlichen Begierde, der Fresslust, wieder.[6]

Gleiches gilt vom Jähzorn. Kämpft er nicht, seiner Natur entsprechend, für die Tugend[7], sondern voll Hass und Groll oder auch Hochmut gegen einen Mitmenschen, und wird er dann mit Kummer erfüllt, weil er seine Rachegelüste oder Größenwahnvorstellungen nicht befriedigen kann[8], dann kommt es zu den im Vorhergehenden schon des öfteren beschriebenen schrecklichen Alpträumen.[9] In diesen Gesichten vor dem Schrecken zu fliehen ist ein Zeichen der Feigheit[10] und bedeutet, dass der Jähzorn „krank" ist, da seine spezifische Tugend der Mut ist.[11]

Um den jähzornigen Teil der Seele zu „heilen", rät Evagrios vor allem, „Christus während der (Nacht-)wachen anzurufen". Die Andeutung ist diskret aber durchsichtig für den, der mit der Spiritualität der Wüstenväter vertraut ist. Es handelt sich um jene „unablässigen", „anhaltenden" und „kurzen Gebete", von denen bereits die Rede war[12] Sie richten sich in der Tat stets an den „Herrn", das heißt an Christus[13], den Mensch

3 KG I, 84.
4 Pr 86.
5 Pr 10.
6 Ant I, 30. 36. 39 u.ö.
7 Pr 86.
8 Pr 10.
9 Vgl. Pr 11. 21.
10 M.c. 27.
11 Pr 89.
12 Vgl. Pr 49.
13 Vgl. M.c. 34.

gewordenen Logos. Die Nachtwachen sind auch heute noch die bevorzugte Zeit jener Übung, aus der sich später das so genannte Jesus-Gebet entwickelt hat, weil die Nacht uns am besten vor äußeren Zerstreuungen und ungebetenen Zeugen schützt.

Unter Tränen rufe
des Nachts den Herrn an,
und niemand nehme dein Beten wahr,
und du wirst Gnade finden[14]

Die „vorgenannten Heilmittel" sind für das Begehren die verschiedenen Mühen der Askese[15], der Enthaltsamkeit mit einem Wort[16]; dem Jähzorn verschreibt Evagrios Langmut und Erbarmen[17], Mitleid und Sanftmut[18], den Dienst an den Kranken[19], kurz die verschiedenen Formen der Liebe.[20] Hinzu kommt die Psalmodie[21], vor allem in Form meditativer Wiederholung bestimmter tröstender Psalmverse.[22]

*

14 Vg 25.
15 Pr 15.
16 Pr 38.
17 Pr 15.
18 Pr 20.
19 Pr 91.
20 Pr 38.
21 Pr 15.
22 M.c. 23.

KAPITEL 55

Die bildlosen natürlichen Regungen des Leibes während des Schlafes bezeugen, dass die Seele bis zu einem gewissen Grad gesund ist. Die Formung von Bildern hingegen ist das Kennzeichen einer Erkrankung. Betrachte nun die unbestimmten Antlitze als Anzeichen einer alten Leidenschaft, die bestimmten hingegen als Zeichen einer frischen Wunde.

Ein weiteres Kriterium der Gesundheit bzw. Krankheit der Seele sind neben den Träumen die „natürlichen Regungen des Leibes", d.h. die nächtlichen Pollutionen. Geschehen diese frei von sinnlichen Phantasien, dann hat die Seele offenbar „bis zu einem gewissen Grad" das Ziel der Leidenschaftslosigkeit erreicht. Sie ist „gesund"[1], wenn auch nicht vollkommen, da die vollkommene Leidenschaftslosigkeit[2] nach Meinung mancher Zeitgenossen selbst frei von allen „natürlichen Regungen" ist. Evagrios selbst scheint diesen Zustand vollkommenen inneren Friedens drei Jahre vor seinem Tod erlangt zu haben.[3]

Sind die „natürlichen Regungen" hingegen von bildlichen Vorstellungen begleitet, dann ist dies ein Anzeichen dafür, dass die Seele noch an der Leidenschaft krankt. Tragen diese „Bilder", die sich der Intellekt vor nicht langer Zeit „eingeprägt" hat[4], die Züge einer bestimmten Person, so bedeutet dies nach der ganz sinnvollen Erklärung des Evagrios, dass es sich um eine frische Wunde handelt und nicht wie bei einem unbestimmten Antlitz um eine alte Verletzung.

Somit unterscheiden sich für Evagrios Wach- und Schlafzustand nicht grundsätzlich voneinander. Der Schlaf und seine Träume sind die Fortsetzung des Tageserlebens, auch wenn dieses z.T. vielleicht schon lange zurückliegt. Was einem bei Tage, namentlich im Gebet[5], wo ja

1 Pr 56.
2 Pr 60.
3 HL 38.
4 M.c. 24.
5 Ep 25,6.

auch die äußeren Sinneseindrücke zurücktreten, geschehen kann, nämlich dass bestimmte „Bilder“, sei es des Begehrens, sei es des Jähzorns, vor unserem geistigen Auge aufsteigen, das wiederholt sich verstärkt im Traum. Und zwar geschieht dies mittels des Gedächtnisses[6], auf das auch die Dämonen einzuwirken vermögen.[7]

> *Das Gedächtnis führt dir, wenn du betest, entweder Vorstellungen (phantasias) vergangener Dinge zu oder neue Sorgen oder das Antlitz dessen, der dich betrübt hat.*[8]

Im Traum ist es, wie wir sahen, nicht anders.

*

---

6 Or 45.
7 Or 47. 69.
8 Or 46.

KAPITEL 56

Die Merkmale der Leidenschaftslosigkeit werden wir bei Tage durch die Gedanken und bei Nacht durch die Träume erkennen. Die Leidenschaftslosigkeit nun wollen wir die Gesundheit der Seele nennen, ihre Nahrung aber die Erkenntnis, welche allein uns mit den heiligen Mächten in Verbindung zu bringen pflegt, insofern die Verbindung mit den Körperlosen aus der gleichen Verfassung zu entstehen pflegt.

Wer die Leidenschaften entfernt hat, der hat in Zukunft nur noch „einfache", reine Erinnerungen.[1] Die Dämonen vermögen also sein Gedächtnis im Schlaf nicht mehr durch die Leidenschaften anzuregen, um entsprechende Träume zu provozieren.

> *Es gibt nämlich auch eine gleichsam einfache Regung des Gedächtnisses, deren Ursache wir selbst oder die heiligen Mächte sind, durch die wir im Schlaf den Heiligen begegnen und mit ihnen sprechen und essen ...*[2]

Während die leidenschaftlichen Träume die Seele entweder aufreizen oder terrorisieren, haben die Träume der Leidenschaftslosen und Reinen eine ganz andere Wirkung. Auch hier zeigt sich übrigens wieder, dass Tag und Nacht nur zwei Seiten ein und desselben Seelenlebens sind.

> *Die Träume der Engel nämlich sind nicht von dieser Art, sondern sie zeichnen sich aus durch große Stille der Seele, unsagbare Freude und bei Tag durch das Fehlen von leidenschaftlichen Gedanken, ein reines Gebet wie*

1 Pr 36.
2 M.c. 4.

auch bestimmte Sinngehalte (logoi) des Geschaffenen, die durch das Wirken des Herrn sich sachte zeigen und die Weisheit des Herrn offenbaren.[3]

Dieser Zustand der Leidenschaftslosigkeit ist nach evagrianischer Auffassung der der natürlichen, weil ursprünglichen[4] Gesundheit der Seele.

Denn aus der Natur stammt kein böser Gedanke. Wir sind ja nicht von Anfang an als böse erschaffen worden, hat doch der Herr guten Samen in seinen Acker gesät (Mt 13,24). Denn wessen wir empfänglich sind, dessen Vermögen besitzen wir nicht auch unbedingt. Wie wir ja ebenso gut auch nicht sein könnten, ohne das Vermögen des Nichtseins zu besitzen. Denn Vermögen sind Qualitäten, das Nichtsein aber ist keine Qualität.
Denn es gab eine Zeit, da das Laster nicht war, und es wird eine Zeit geben, da es nicht mehr sein wird. [Aber es gab keine Zeit, da die Tugend nicht war, und es wird keine Zeit geben, da sie nicht mehr sein wird].[5] *Denn untilgbar sind die Samen der Tugend. Davon überzeugt mich auch jener Reiche in den Evangelien, der [um seiner Bosheit willen] zum Hades verurteilt ward und sich seiner Brüder erbarmte.*[6] *Das Sicherbarmen aber ist ein vorzüglicher Same der Tugend*[7]*!*

Aus dieser ursprünglichen Gesundheit der Seele erwächst auch jene dem Intellekt ursprünglich eigene Erkenntnis[8], die Evagrios hier wie oft als „Nahrung“ der Seele bezeichnet, denn Gott „nährt“ die Seele durch seine Erkenntnis.[9] Sie ist jenes „Brot der Engel“, das Engel und Menschen gemeinsam essen[10], vorausgesetzt, dass Letztere einen „fast engelhaften Zustand“ erlangt haben[11], das heißt, dass sie wie die

3 M.c. 28.
4 KG I, 41 u.ö.
5 KG I, 40. Dieser Satz ist in allen Handschriften ausgefallen, vgl. die Anmerkung der Herausgeber.
6 Lk 16,19–31.
7 M.c. 31.
8 Vgl. KG I, 84 u.ö.
9 3 in Ps 30,4.
10 10 in Ps 77,25.
11 79 in Ps 118,171.

Engel leidenschaftslos geworden sind, soweit dies in dieser Weltzeit möglich ist.[12] Diese gleiche Verfassung lässt den Menschen schon hier zum Genossen der Engel werden.

> *Denn in ein reines Herz wird ein anderer Himmel eingeprägt, dessen Anblick Licht und dessen Ort geisthaft ist, wo in einem gewissen Maße die Sinngehalte der Geschöpfe geschaut werden. Und auch die heiligen Engel versammeln sich bei denen, die würdig sind ...*[13]

*

12 Ep 61,1, vgl. in Prov 1,32: Géhin 16.

13 Ep 39,5, vgl. KG V, 39.

Über den Zustand, der der Leidenschaftslosigkeit nahe ist

KAPITEL 57

Es gibt zwei friedvolle Zustände der Seele, der eine erwächst aus den natürlichen Samen, der andere entsteht aus dem Rückzug der Dämonen. Dem ersten nun folgt Demut, zusammen mit Zerknirschung, Tränen, einem grenzenlosen Verlangen nach dem Göttlichen und einem maßlosen Eifer für die Arbeit. Beim zweiten bringt der eitle Ruhm zusammen mit dem Hochmut den Mönch durch das Verschwinden der übrigen Dämonen zu Fall. Wer nun die Begrenzungen des ersten Zustandes beachtet, wird schnell die Einbrüche der Dämonen erkennen.

Die Kapitel 57–62 handeln von den „Grenzen" der Leidenschaftslosigkeit, d.h. von all' jenen „Merkmalen", an denen man erkennt, dass man sich dem Zustand des „Friedens"[1] genaht hat. Diese Unterscheidung ist umso wichtiger, als die Dämonen selbst die Leidenschaftslosigkeit täuschend echt nachzuahmen verstehen.

> *Die Leidenschaftslosigkeit ist ein ruhiger Zustand der vernünftigen Seele, der aus Sanftmut und Besonnenheit besteht.*[2]

Es ist jener „Friede", der dem – vollkommenen oder teilweisen[3]– Aufhören des „Kampfes" gegen die Dämonen und die Leidenschaften folgt. Er entsteht aus dem Zusammenwirken von göttlicher Gnade und menschlichem Eifer.[4] Letzterer hat seine Wurzeln in den „natürlichen

1 1 in Ps 143,1; 2 in Ps 147,3.
2 Sk 3.
3 Pr 60.
4 12 in Ps 17,21.

Samen der Tugend"[5], die der Schöpfer zu Anfang in die „Erde" der Seele gesät hat.[6] Da sie „untilgbar" sind[7], liegt es allein an dem Eifer des Menschen, ob er ihnen Raum zu freier Entfaltung gibt oder nicht.

Da dieser Zustand wahren Friedens also aus den natürlichen Samen der Tugend entsteht, ist er leicht an seinen Früchten zu erkennen. Evagrios nennt hier einige, pars pro toto. Gleiches gilt aber auch für die dämonische Nachäffung dieses Friedens, der seine Herkunft aus dem „Reis der Bosheit"[8] nicht verleugnen kann. Denn auf den Rückzug aller übrigen Dämonen folgt der Dämon des eitlen Ruhmes[9], der wiederum dem des Hochmutes die Hand reicht.[10] Der „Frieden", den die Dämonen anbieten, ist daher stets nichts weiter als eine Finte.

„Sie sagten mir zwar friedliche Dinge, doch voll Zorn sannen sie auf Trug":

> *„Ihr werdet sein wie Götter", heißt es, „erkennend Gut und Böse".[11] Friedlich nämlich ist diese Rede.[12]*

*

5 4 in Ps 136,7.
6 Ep 18,2 u.ö.
7 KG I, 40.
8 Ep 46.
9 Pr 31.
10 Pr 13.
11 Gen 3,5.
12 13 in Ps 34,20.

KAPITEL 58

Der Dämon des eitlen Ruhmes ist dem Dämon der Unzucht entgegengesetzt, und es ist nicht anzunehmen, dass diese beiden gleichzeitig die Seele befallen, insofern der eine Ehrungen verheißt, der andere aber Schanden verschafft. Wenn sich dir nun einer der beiden naht und dich bedrängt, dann bilde in dir zum Schein Gedanken des ihm entgegen gesetzten Dämons. Und wenn du es fertig bringst, einen Nagel durch einen anderen herauszuschlagen, wie man sagt, dann wisse, dass du den Grenzen der Leidenschaftslosigkeit nahe bist. Denn dein Intellekt hat mit Hilfe eines menschlichen Gedankens einen dämonischen Gedanken zu vernichten vermocht.
Durch die Demut den Gedanken des eitlen Ruhmes zurückzustoßen oder durch die Besonnenheit den der Unzucht wäre indessen ein Merkmal einer sehr tiefen Leidenschaftslosigkeit. Und dies versuche bei allen einander entgegen gesetzten Dämonen zu tun. Denn du wirst dadurch zugleich auch erkennen, von welcher Leidenschaft du am meisten befallen bist. Indessen, soweit du es vermagst, erbitte von Gott, die Feinde auf die zweite Weise abzuwehren.

Von der – allerdings nur vordergründigen – Opposition einzelner Dämonen bzw. Gedanken zueinander war schon die Rede.[1] Der Grund für diesen Scheingegensatz liegt nicht nur, wie Evagrios im vorliegenden Kapitel sagt, im Inhalt der einzelnen Gedanken, sondern auch im Wesen des Intellektes selbst begründet.

1 Pr 45.

Die Dämonen versuchen uns nicht alle auf einmal, noch flößen sie uns (alle) zur gleichen Zeit ihre Gedanken ein, weil nämlich der Intellekt von Natur aus nicht dazu gemacht ist, die gedanklichen Vorstellungen von zwei sinnlichen Dingen gleichzeitig aufzunehmen. [...] Wenngleich unser Intellekt auch überaus schnell ist im Hinblick auf seine Beweglichkeit und die Gedanken miteinander verbindet, so darf man deshalb doch nicht meinen, dass sie sich alle zur selben Zeit bilden.

Evagrios gibt dann für diese Ansicht etliche Beispiele und rät schließlich, ähnlich wie in unserem Kapitel:

Man muss sich also in Zeiten der Versuchung bemühen, den Intellekt von dem unreinen Gedanken auf einen anderen hinüberzutragen und von diesem zum nächsten und so jenem üblen „Antreiber“[2] entfliehen.[3]

Auf diese Weise „einen Nagel durch einen anderen ausschlagen“ oder, besser, den Intellekt von einem schlechten auf einen guten Gedanken herüberziehen ist ein Zeichen, dass man der Leidenschaftslosigkeit nahe gekommen ist. Noch befindet man sich indessen auf „feindlichem Gebiet“. Wer hingegen das Laster durch die ihm entgegen gesetzte Tugend austreibt[4], der ist im Besitz der „ersten und höchsten Leidenschaftslosigkeit“, da er weder in Gedanken noch im Werk sündigt.[5] Zu Recht gibt Evagrios daher dieser zweiten „Methode“ den Vorzug.

*

2 Ex 5,6.
3 M.c. 24.
4 In Prov 17,9: Géhin 157.
5 M.c. 10.

KAPITEL 59

Je mehr die Seele voranschreitet, desto mächtigere Widersacher lösen sich gegen sie ab. Denn ich glaube nicht, dass stets dieselben Dämonen bei ihr bleiben. Und dies wissen am besten jene, die sich genauer mit den Versuchungen befassen und die ihnen eigene Leidenschaftslosigkeit durch die einander ablösenden (Widersacher) aus der Fassung gebracht sehen.

Schon der weise Jesus ben Sirach sagte:

> *Mein Kind, wenn du herzu trittst, um Gott dem Herrn zu dienen, bereite deine Seele auf die Versuchung vor!* [1]

Und diese Versuchungen nehmen nicht ab, sondern werden mit der Zeit heftiger, wie es schon weiter oben hieß.[2]

> *Wider die Seele, die nicht weiß, dass die Versuchungen sehr viel stärker werden, wenn sie angefangen hat, die lebendigen Worte Gottes auf geistliche Weise zu erforschen, und sich eifrig um die Gebote Gottes gemüht hat.*[3]

Evagrios verweist in diesem Kapitel bescheiden auf die Erkenntnis Erfahrener. Dass es ihm bisweilen nicht besser als diesen gegangen ist, deutet er an.[4] In einem autobiographisch gefärbten Brief ist sogar

---

1 Sir 2,1.

2 Vgl. Pr 45.

3 Ant IV, 3. Als Antwort auf diesen versucherischen Gedanken empfiehlt Evagrios Ex 5,22f.

4 Vgl. Ep 4,1.

von „Schiffbrüchen im Hafen“ die Rede[5]! Es ist unerlässlich zu wissen, dass all’

> *jene, die Fortschritte machen, es mit zahlreichen Bedrängern zu tun haben.*[6]

*

5 Ep 52,2.
6 1 in Ps 3,2.

KAPITEL 60

Die vollkommene Leidenschaftslosigkeit wird der Seele nach dem Sieg über alle der Praktike entgegenstehenden Dämonen zuteil; von der unvollkommenen Leidenschaftslosigkeit spricht man im Hinblick auf die Kraft des sie einstweilen noch bekämpfenden Dämons.

Das geistliche Leben gliedert sich in zwei Hauptphasen: Das „praktische" Leben der Askese und das „theoretische" Leben der Kontemplation, zuerst der Werke Gottes, dann des Schöpfers selbst. Entsprechend gibt es Dämonen, die der ersteren, und solche, die der letzteren Phase entgegenstehen. Weiter unten kommt Evagrios auf dieses Thema zurück.[1]

Diese beiden Hauptphasen sind in sich wieder gestuft, der Aufstieg ist also gleitend. Die „Blüte" der Praktike ist die Leidenschaftslosigkeit[2], verstanden als natürliche „Gesundheit der Seele".[3] Diese kann nun „vollkommen" sein, dann nennt Evagrios sie „heilig", da sie den „neuen Menschen" formt[4] , oder auch die „erste und größte", da der Mensch nun weder in Gedanken noch in Taten sündigt.[5] Diese Leidenschaftslosigkeit ist die „Krone" des Intellektes[6], die Apatheia des „Herzens", die den Intellekt befähigt, sich selbst „zur Zeit des Gebetes" (bildlich gesprochen) „sternenförmig" zu schauen.[7] Sie trägt ihn „wie auf Flügeln" in die himmlischen Regionen, wo er der Erkenntnis der Hl. Dreifaltigkeit teilhaftig wird.[8]

---

1 Vgl. Pr 84.
2 Pr 81.
3 Pr 56.
4 M.c. 3.
5 M.c. 10.
6 M.c. 35.
7 M.c. 43.
8 M.c. 29.

Dem steht die „unvollkommene“ Leidenschaftslosigkeit gegenüber, zum Beispiel allein des „begehrenden Teils“ der Seele.[9] Sie befreit den Menschen nur bedingt, „im Hinblick auf die Kraft des sie einstweilen noch bekämpfenden Dämons“, selbst von den Leidenschaften dieses Teiles. Mancher „Alte“, dem der Magen nicht mehr zusetzt, bleibt doch recht verwundbar, was den Jähzorn betrifft.[10] Diese „kleine“ Apatheia, wie Evagrios sie nennt, ist daher, wie alles Halbfertige, nicht ungefährlich für den, der sie erworben hat.

> *Wenn der Intellekt des Anachoreten ein wenig Leidenschaftslosigkeit erlangt hat, dann jagt er sofort, nachdem er das Pferd des eitlen Ruhmes erworben hat, durch die Städte und lässt sich voll laufen mit dem ungemischten Wein der Lobhudeleien des Ruhmes. Durch göttliche Fügung begegnet ihm (dabei) der Geist der Unzucht, der ihn in einen von den Schweineställen einsperrt und ihn lehrt, das Bett nicht mehr vor der (Erlangung der) vollkommenen Gesundheit zu verlassen und nicht jene undisziplinierten Kranken nachzuahmen, die, obwohl sie noch die Überreste der Krankheit in sich herumtragen, sich unzeitgemäßen Reisen und Bädern hingeben und unmittelbar darauf wieder ihren Krankheiten anheim fallen.*
>
> *Bleiben wir daher (in unserer Zelle) sitzen und achten wir lieber auf uns selbst, damit wir, in der Tugend Fortschritte machend, nur schwer zum Bösen bewegt werden und, „in der Erkenntnis erneuert“[11], eine reiche Vielfalt von Schauungen empfangen und, wiederum „erhöht“, zur Zeit des Gebetes deutlicher das Licht unseres Erlösers erblicken.*[12]

*

9 M.c. 16.
10 Gn 31.
11 Kol 3,10.
12 M.c. 15.

KAPITEL 61

Der Intellekt vermöchte nicht voranzuschreiten noch jene schöne Auswanderung zu vollbringen und in das Land der Körperlosen zu gelangen, wenn er nicht (zuvor) sein Inneres in Ordnung gebracht hat. Denn das Durcheinander der Hausgenossen pflegt ihn dorthin zurückkehren zu lassen, von wo er ausgezogen war.

Zwei Themen überlagern sich in diesem Kapitel. Zum einen die Exodus-Typologie: Das geistliche Leben entfaltet sich in der Spannung zwischen „Auszug“ aus Ägypten und „Einzug“ in das Gelobte Land; zum anderen das Bild vom wohlgeordneten Haushalt, das den Sprüchen Salomos entlehnt ist. Evagrios hat, wie er dies des Öfteren tut, beide Themen zusammen noch einmal und fast gleich behandelt.

> *Der Intellekt vermag nicht voranzuschreiten noch zur Kontemplation der Körperlosen zu gelangen, wenn er nicht seine inneren Angelegenheiten in Ordnung gebracht hat. Denn das Durcheinander der ‚Hausgenossen‘ pflegt ihn dorthin zurückkehren zu lassen, von wo er ausgezogen ist. Hat er aber die Leidenschaftslosigkeit erlangt, dann ‚verweilt‘ er in der Kontemplation und ‚sorgt sich nicht um die, die im Hause sind‘. Denn der Jähzorn ist mit Sanftmut und Demut ‚bekleidet‘ und das Begehren mit Besonnenheit und Enthaltsamkeit.*[1]

Die Befriedung der „Hausgenossen“ Jähzorn und Begehren bedeutet zugleich den „Auszug aus dem Laster hin zur Tugend“, Vorbedingung des „Einzugs, von der Tugend ausgehend, in die Erkenntnis Gottes“[2]. Es ist dies jener „schöne Lauf und Auszug zu Gott hin“[3], der sich im Gebet ereignet. Im Hintergrund dieser bildlichen Rede steht, wie ge-

1 In Prov 31,21: Géhin 377.
2 2 in Ps 120,8.
3 Or 47.

sagt, die von Evagrios reich entfaltete Exodus-Typologie. Denn „Ägypten“, wohin die Väter aus ihrem Erbland hinab gestiegen waren, ist Symbol „dieser Welt“, die unter der Herrschaft „Pharaos“, Symbol des Teufels, steht.[4] Von dort auszuziehen bedeutet also das Laster zu verlassen. Das Ziel dieses „Exodus“ ist das „Gelobte Land“, Symbol der Erkenntnis Gottes. Dazwischen liegt jedoch die lange Wüstenzeit mit all ihren Entbehrungen und Versuchungen, ein Bild der Mühen der Praktike.[5] Im „Gelobten Land“ unterscheidet Evagrios wieder verschiedene Etappen des Aufstiegs.

> *Ägypten bedeutet das Laster, die Wüste die Praktike, das Land Juda die Kontemplation der Körperlichen, Jerusalem die der Körperlosen, und der Zion ist Symbol der Dreifaltigkeit.*[6]

Unser Kapitel gehört zu jener Gruppe von Texten, die von dem Zustand handeln, „der der Leidenschaftslosigkeit nahe ist“. Er enthält also eine Warnung an die, die vor der Erlangung der vollkommenen Apatheia[7] bereits die „schöne Auswanderung zu Gott“ unternehmen möchten. Sie würden alsbald von den „häuslichen Unruhen“ zum Rückzug gezwungen werden.

*

4 12 in Ps 104,22.
5 3 in Ps 135,6.
6 KG VI, 49.
7 Vgl. Pr 60.

KAPITEL 62

Sowohl die Tugenden als auch die Laster machen den Intellekt blind: die einen, damit er nicht die Laster sehe, die anderen, damit er nicht die Tugenden erblicke.

Solche Umwertungen der Begriffe finden sich des Öfteren bei Evagrios. „Blindheit", d.h. die Unfähigkeit, schauend zu erkennen, ist normalerweise ein Mangel.

> *Blindheit bedeutet Entzug der Erkenntnis.*[1]

Hier bedeutet sie aber, dass der Mensch das Laster gleichsam „aus dem Blick verloren hat". Desgleichen ist die „Empfindungslosigkeit" an sich ein furchtbares Laster[2], doch in einem anderen Zusammenhang bedeutet sie die positiv verstandene Ausschaltung der sinnlichen Wahrnehmung im Zustand des Gebetes.[3] Oder es ist von einer „göttlichen Zerstreuung" die Rede, die ein Synonym für die „Erkenntnis Gottes" ist[4], im Gegensatz zu einer „vergänglichen Zerstreuung" durch die sinnlichen Dinge[5] oder gar der „schlechten Zerstreuung" des Nichterkennens, die den Unreinen von der Kontemplation trennt.[6] Ähnlich ist „Taubheit" an sich ein Mangel, die Apatheia jedoch bewirkt eine positive „Taubheit", deren der Intellekt vor allem im Gebet bedarf.

> *„Ich aber, wie ein Tauber, hörte nichts":*
> *Er nahm die Gedanken des Versuchers zwar auf, ‚hörte' sie jedoch nicht, da er nicht ihnen entsprechend handelte. Denn eine (Art) Taubheit ist die Leidenschaftslosigkeit, dank der er sie nicht hörte.*[7]

---

1 3 in Ps 145,8.
2 M.c. 11.
3 Or 120.
4 In Eccl 5,17–19: Géhin 45.
5 In Eccl 3,10–13: Géhin 15.
6 In Eccl 5,13: Géhin 40.
7 9 in Ps 37,14.

Unter Verwendung des dem Auszugs-Motiv verwandten Bildes des „Weges“ (der Praktike), auf dem man sich schrittweise vom Laster entfernt und der Tugend nähert, drückt Evagrios denselben Gedanken auch folgendermaßen aus:

Von den Tugenden sagt man, sie seien ‚vor uns‘, von den Lastern hingegen, sie lägen ‚hinter uns‘. Daher ward uns auch geboten, die „Unzucht zu fliehen“[8], aber der „Gastfreundschaft nachzujagen“[9].

In den folgenden Kapiteln entfaltet Evagrios den Gedanken der „Blindheit“ für die Laster als Zeichen der Leidenschaftslosigkeit genauer.

*

8 1 Kor 6,18.
9 6 in Ps 43,11 (Zitat Röm 12,13).

Über die Zeichen der Leidenschaftslosigkeit

KAPITEL 63

Wenn der Intellekt anfängt, seine Gebete ohne Zerstreuung zu verrichten, dann spielt sich der ganze Kampf bei Nacht und bei Tag um den jähzornigen Teil der Seele ab.

Ein erstes „Merkmal" der Leidenschaftslosigkeit ist, zu beten ohne Zerstreuung.[1]

> *Ein Gebet ohne Zerstreuung ist der höchste intellektive Akt des Intellektes.*[2]

Denn hier übt der Intellekt die „ihm eigene Tätigkeit" aus[3], nämlich das Erkennen als unmittelbares Schauen Gottes selbst. Es ist jene „göttliche Zerstreuung", von der oben die Rede war.[4] Das „Gebet" als Kontemplation ist dem Vollkommenen vorbehalten. Da nun Intellekt und Jähzorn zusammen im „Herzen" weilen[5], sind jene, die „nach dem Intellekt leben"[6], vornehmlich den Versuchungen des Zornes ausgesetzt. Denn der „getrübte Jähzorn blendet den Intellekt".[7] Evagrios mahnt daher die „Alten", vor allem den Jähzorn im Zaum zu halten.[8] Wehe dem, der dies nicht tut!

> *Alle Tugenden bereiten dem Gnostiker den Weg, mehr als alle jedoch die Zornlosigkeit. Denn wer sich der Erkenntnis widmet und leicht zum*

1 Vgl. Pr 69.
2 Or 35.
3 Or 83.
4 Vgl. zu Pr 62.
5 KG VI, 84.
6 Or 110.
7 KG V, 27.
8 Gn 31.

Zorn angeregt wird, gleicht dem, der sich mit einer eisernen Nadel selbst die Augen aussticht.[9]

Dies wissen natürlich auch die Dämonen sehr wohl, und daher setzen sie alle Hebel in Bewegung, um den „Gnostiker" aus der Fassung zu bringen.

Des Nachts bitten sich die Dämonen aus, den geistlichen Lehrer höchst eigen in Verwirrung zu stürzen, bei Tage hingegen bedienen sie sich der Menschen und verstricken ihn in widrige Umstände, Verleumdungen und Gefahren.[10]

Vor allem durch hässliche Verleumdungen versuchen sie, ihn in jene „üble Zerstreuung" zu stürzen, die ihn von der Kontemplation abbringt[11] und sein Gebet vernichtet. Daher die eindringliche Warnung:

Sollte dir irgendeine Versuchung widerfahren oder ein Wortstreit dich reizen, den Zorn zur Rache an dem dir Gegenüberstehenden zu erregen oder irgendeinen undeutlichen Laut hervorzubringen, gedenke des Gebetes und des Gerichtes, das dann stattfindet, und sofort wird sich die ungeordnete Regung in dir beruhigen.[12]

*

9 Gn 5.
10 Or 139.
11 KG III, 90.
12 Or 12.

KAPITEL 64

Ein Merkmal der Leidenschaftslosigkeit ist, dass der Intellekt angefangen hat, seinen eigenen Lichtschein zu schauen, angesichts der nächtlichen Erscheinungen ruhig zu bleiben und die Dinge unberührt zu betrachten.

Über das erste der drei weiteren Merkmale der *Apatheia* hat Evagrios sehr oft gehandelt.[1] Immer wieder ist davon die Rede, dass der Intellekt „im „Zustand des Gebetes“ seinen eigenen Lichtschein (phengos) schaut.

> *Begehrst du das reine Gebet, dann überwache den Zorn; liebst du die Besonnenheit, beherrsche den Magen; gib deinem Bauch kein Brot und schränke ihm das Wasser ein; wache im Gebet und entferne den Groll von dir; die Worte des Heiligen Geistes sollen dich nicht verlassen, und poche an die Tore der Schrift mit den Händen der Tugenden. Dann wird dir die Leidenschaftslosigkeit des Herzens aufleuchten, und du wirst deinen Intellekt im Gebet sternenförmig erblicken.*[2]

Was ist nun damit gemeint, dass „die Leidenschaftslosen zur Zeit des Gebetes den sie umstrahlenden eigenen Lichtschein des Intellektes schauen“[3] und der Intellekt sich dabei selbst „lichtförmig“[4] oder „sternenförmig“ erblickt? Keinesfalls ist an ein sinnlich wahrnehmbares Phänomen zu denken, da Evagrios diese durchweg als dämonische Nachäffung ablehnt[5], und doch handelt es sich um eine echte Erfahrung der „Erleuchtung“. Denn „schauen“ und „Licht“ sind, wenn es sich um den Intellekt handelt, stets Metaphern für „erkennen“ und „Er-

1 Vgl. G. Bunge, „Das Geistgebet“, Kapitel IV: „Der Zustand des Intellektes“.
2 M.c. 43.
3 Gn 45.
4 Sk 25.
5 Or 67ff, 114. 116 u.ö.

kenntnis“[6], „erleuchten“ bedeutet daher „Erkenntnis verleihen“[7], denn „Gott ist Licht“[8], und das bedeutet dass er „wesenhafte Erkenntnis“ ist.[9]

Da nun der Intellekt „nach dem Bilde Gottes“ erschaffen ward[10], besitzt auch er ein „eigenes Licht“ der Erkenntnis, jedoch nicht wesenhaft, sondern als „empfangenes“, vergleichbar einer „Lampe“.[11] Von den Leidenschaften gereinigt und „im Hinblick auf die Erkenntnis erneuert“[12], schaut er in dem gnadenhaften Augenblick des „Zustandes des Gebetes“ mit seinem „rechten Auge“ das selige Licht der Hl. Dreifaltigkeit[13] in sich selbst „wie in einem Spiegel“[14]. Mit anderen Worten, er wird seiner selbst als „Bild Gottes“ inne, „Ort“ der gnadenhaften Gegenwart des dreifaltigen Gottes.

Wenn der Intellekt den „alten Menschen ablegt“ und den (neuen) aus Gnaden „anlegt“[15], dann wird er auch seinen eigenen Zustand zur „Zeit des Gebetes dem „Saphir oder der Himmelsfarbe ähnlich“ erblicken, jenen Zustand, den die Schrift auch „Ort Gottes“ nennt, welchen die Ältesten auf dem Berge Sinai erblickten.[16]

Gebet wird hier zum Sakrament der zukünftigen Seligkeit: Offenbarung der Person Gottes in der Person des Menschen.

*

6 17 in Ps 68,29 u.ö.
7 4 in Ps 33,6.
8 1 Joh 1,5, vgl. KG I, 35.
9 5 in Ps 24,7.
10 Gen 1,27.
11 16 in Ps 17,29.
12 Kol 3,10, vgl. M.c. 15.
13 M.c. 42.
14 Inst.mon. II, 5.
15 ç, 22. 24.
16 M.c. 39 (Zitat Ex 24,9 f).

Evagrios nennt noch zwei weitere Merkmale der Apatheia: Ruhe angesichts nächtlicher Erscheinungen[17] und Unberührtheit im Betrachten der Dinge der Welt.

> *Gleichwie der Spiegel unbefleckt bleibt von den Bildern, die man in ihm erblickt, ebenso (bleibt) die leidenschaftslose Seele (unbefleckt) von den Dingen auf Erden.*[18]

Nicht die Dinge an sich beflecken sie ja, denn sie sind Geschöpfe Gottes, sondern die Leidenschaften[19], die die Dinge missbrauchen und selbstisch verfremden, anstatt sie (um im Bild zu bleiben) in Gott zurückzuspiegeln.

*

17 Vgl. Pr 54 und Or 139.

18 KG V, 64.

19 2 in Ps 145,8.

KAPITEL 65

Der Intellekt befindet sich im Vollbesitz seiner Kraft, wenn er sich zur Zeit des Gebetes nichts von den Dingen dieser Welt vorstellt. Evagrios hatte die Leidenschaftslosigkeit als „Gesundheit der Seele" definiert.[1] Ein weiteres Merkmal dieses „Vollbesitzes der Kraft" ist, dass der Intellekt, entgegen seiner normalen Tätigkeit, „sich nichts von den Dingen dieser Welt vorstellt", d.h. gänzlich frei bleibt von jenen „Bildern", die diese Dinge notwendigerweise in ihn „einprägen"[2], frei dann auch von allen „gedanklichen Vorstellungen"[3], die er aus ihnen schöpft und die ihn, wenngleich auf einer höheren Ebene, immer noch an den Dingen festhalten.[4] Ziel des Gebetes ist aber, „ohne jegliche Vermittlung mit Gott (selbst) Zwiesprache zu halten".[5]

> *Selig der Intellekt, der zur Zeit des Gebetes eine vollkommene Empfindungslosigkeit besitzt.*[6]

Evagrios nennt diese „Abwesenheit der Sinneswahrnehmung" *(anaisthêsia)*, die den Intellekt wie der Schlaf von den sinnlichen Dingen trennt[7], auch den Zustand der „vollkommenen Formenlosigkeit"[8], da die sinnlichen Dinge ihn nun nicht mehr „formen" und „gestalten". Der Intellekt befindet sich jetzt im „Zustand der *Gestaltlosigkeit*"[9] der

1 Pr 56.
2 1 in Ps 140,2.
3 Or 71.
4 Or 56–58.
5 Or 3.
6 Or 120.
7 3 in Ps 126,2.
8 Or 117.
9 Sk 22.

unmittelbar-personalen Gottesbegegnung, er geht gleichsam „immateriell zum Immateriellen“.[10]

> *Wenn der Intellekt sich in der (Phase der) Praktike befindet, ist er in den gedanklichen Vorstellungen dieser Welt (befangen); wenn er sich in (den Gefilden) der Erkenntnis befindet, verweilt er in der Kontemplation; wenn er jedoch in (den Zustand) des Gebetes gelangt, ist er im Gestaltlosen, welches auch „Ort Gottes“ genannt wird ...*[11]

*

10 Or 67.
11 Sk 20.

KAPITEL 66

Der Intellekt, der mit Gottes Hilfe die Praktike vollbracht und sich der Erkenntnis genähert hat, nimmt den irrationalen Teil der Seele kaum oder überhaupt nicht mehr wahr, da ihn die Erkenntnis in die Höhe hinweg reißt und von den sinnlichen Dingen trennt.

Der christliche Osten ist nur wenig von dem durch Pelagius ausgelösten Gnadenstreit berührt worden, da er sich stets ein feines Empfinden dafür bewahrt hat, dass das Geheimnis des Verhältnisses von göttlicher Gnade und menschlichem Wirken in der Synergie zu suchen ist, dem freien Zusammenwirken zwischen Personen.

> *Bei uns steht es, mit der Kraft Gottes die Tugend zu vollbringen; der geistlichen Erkenntnis gewürdigt zu werden, steht hingegen nicht bei uns.*[1]

Je mehr der Mensch voranschreitet, desto größer wird also der Anteil Gottes in diesem Zusammenwirken. Nicht etwa, weil der Mensch an Bedeutung verlöre, sondern wegen der wachsenden und schließlich vollkommenen „Harmonie der Willen"[2] nach dem Bilde der Einheit zwischen Vater und Sohn.[3] Diese Harmonie ist die Frucht der Leidenschaftslosigkeit. Evagrios hatte sie oben als einen „friedlichen Zustand" bezeichnet.[4] Diesen inneren Frieden der nun miteinander harmonierenden Teile der menschlichen Persönlichkeit[5] vermögen die Dämonen von außen nicht mehr zu trüben.

> *Allein angesichts der Weisheit sind die Dämonen kraftlos, da sie keine Möglichkeit mehr haben, ihre Gedanken in das Herz des Weisegewordenen zu werfen. Denn der Intellekt, der durch die Beschauungen der Weisheit*

1 3 in Ps 43,4.
2 Ep.Mel. 23.
3 Joh 6,38.
4 Pr 57.
5 Ep.Mel. 26.

eine bestimmte Beschaffenheit erlangt hat, wird unempfänglich für die unreinen Gedanken.[6]

Diese unreinen Gedanken steigen ja aus dem irrationalen, leidenschaftlichen Teil der Seele zum Intellekt auf und verfinstern ihn.[7] Der Intellekt ist nun frei, der ihm eigenen Tätigkeit nachzugehen, die Evagrios entsprechend dem Kontext als „Weisheit", „Erkenntnis", „Beschauung" *(theôria)* oder „Gebet" bezeichnet.

> *Wenn dein Intellekt in einem mächtigen Verlangen nach Gott gleichsam ein wenig dem Fleisch entschlüpft und sich von allen aus der Sinneswahrnehmung, dem Gedächtnis oder dem Temperament stammenden gedanklichen Vorstellungen abwendet und zugleich erfüllt ist mit Ehrfurcht und Freude, dann darfst du annehmen, den Grenzen des Gebetes nahe gekommen zu sein.*[8]

Evagrios stellt diesen Vorgang mit Vorliebe in Anlehnung an den „Aufstieg" des Mose in *Ex 24* dar bzw. er deutet alles, was in der Schrift irgendwie mit „Höhe", „Erhöhung" usw. zu tun hat, auf diesen „Aufstieg zu Gott".[9]

> *Die Seele, die mit Gottes Hilfe die Praktike erfolgreich bestanden und sich vom Leib gelöst hat, gelangt in jene Gefilde der Erkenntnis, in welchen sie der Flügel der Leidenschaftslosigkeit Ruhe finden lässt, wo sie dann auch jene ‚Flügel' der heiligen ‚Taube' empfängt und durch die Kontemplation aller Äonen ‚fliegt' und in der Erkenntnis der angebeteten Dreifaltigkeit ‚ausruht'.*[10]

Im Hintergrund dieses verschlüsselten Textes steht die symbolische Deutung von *Ps 54*.

---

6 In Prov 3,15: Géhin 30.
7 Pr 74.
8 Or 62.
9 Or 36.
10 M.c. 29.

„Ich sprach: Wer wird mir Flügel wie die der Taube geben, dass ich fliege und ausruhe?“:

> *Die ‚Flügel‘ der heiligen ‚Taube‘ [gemeint ist der Hl. Geist als Offenbarer]*[11] *sind die Kontemplation der Körperlichen und der Körperlosen, durch die erhöht, der Intellekt in der Erkenntnis der Hl. Dreifaltigkeit ‚ausruht‘.*[12]

Dieses „liebliche Ruhen“ in Gott[13], das den Intellekt wie der Schlaf von allem Sinnlichen „trennt“, ist jene Form der „Ekstase“ (ein Begriff, den er nie im positiven Sinn verwendet!), die Evagrios allein anerkennt. Es ist zwar ein vollkommenes „Hingerissensein“, jedoch kein „Außersichsein“[14].

*

11 59 in Ps 118,131.

12 2 in Ps 54,7.

13 In Eccl 5,7–11: Géhin 38.

14 Vgl. dazu G. Bunge, Das Geistgebet, Kapitel V: „Der Zustand des Gebetes“.

KAPITEL 67

Die Leidenschaftslosigkeit besitzt nicht die Seele, die den Dingen gegenüber keine Leidenschaft empfindet, sondern jene, die auch ihren Erinnerungen gegenüber unerschütterlich verharrt.

Jene „Anachorese", von der oben die Rede war[1], vollzieht sich schrittweise. Sie ist ein „Auszug"[2] aus den Lastern, dann aus den leidenschaftlichen Gedanken an die Dinge, schließlich ein „Ablegen der gedanklichen Vorstellungen" überhaupt.[3] Das „Gedächtnis" spielt dabei eine große Rolle, da es den Dämonen als Hebel dient, um den Intellekt aufs Neue in Leidenschaft mit den Dingen zu verstricken. Die *Reinigung des Gedächtnisses* ist daher eine der wichtigsten und schwierigsten Aufgaben des geistlichen Lebens. Evagrios behandelt dieses Thema dementsprechend oft in seinem Traktat „Über das Gebet".[4]

> *Wenn du betest, überwache kräftig dein Gedächtnis, damit es dir nicht sein Eigenes zutrage, sondern dich zur Erkenntnis (des Zieles) deines Stehens (im Gebet) veranlasse. Denn der Intellekt pflegt zur Zeit des Gebetes ganz besonders vom Gedächtnis geplündert zu werden.*[5]

Dieses „Eigene" sind entweder die leidenschaftlichen Erinnerungen, die uns aus einem leidenschaftlichen Umgang mit den Dingen geblieben sind[6], oder jene „bloßen, einfachen, reinen" Erinnerungen[7], die selbst nach der Beseitigung der Leidenschaften bleiben. Die wahre *Apatheia* erweist sich, wie Evagrios oben sagt, an unserer „Unerschütterlichkeit" selbst letzteren gegenüber. Wie etwa im Falle des Jähzornes: Nur wer sich aus Sanftmut, einer Form der Zornlosigkeit *(aorgêsia)*,

---

1 Vgl. Pr 52.
2 Or 47.
3 Or 71.
4 Or 10. 46. 47. 62.
5 Or 45.
6 Pr 34.
7 Pr 36.

aller vergänglichen Lüste entledigt hat[8], bleibt z. B. „unerschütterlich", wenn in ihm die Erinnerung an jene, die ihm bitteres Unrecht getan haben, aufsteigt. Das „Bild" der Beleidiger wird seinen Jähzorn nicht zu erregen vermögen.

*

8 1 in Ps 131,1.

KAPITEL 68

Der Vollkommene übt keine Enthaltsamkeit (mehr) und der Leidenschaftslose keine Geduld, insofern die Geduld Sache des (noch) den Leidenschaften Unterworfenen ist und die Enthaltsamkeit Sache des (noch von ihnen) Belästigten.

Diese bewusst provokante Behauptung, die ihre Erklärung weiter unten findet[1], ist natürlich cum grano salis zu nehmen. Erfahrungen mit z.T. vorbildlichen Mitbrüdern[2] haben Evagrios gelehrt, dass es durchaus möglich ist, nach Empfang der Erkenntnis, die ja Frucht der Leidenschaftslosigkeit ist, sogar in gröbste Sünden zu fallen.[3] Unser Kapitel ist also keine Aufforderung zur Sorglosigkeit und noch weniger zum Libertinismus! In seinem *„Gnostikos"*, der ja für die „Vollkommenen" bestimmt ist, mahnt Evagrios daher ausdrücklich zur Übung aller Tugenden, namentlich aber der Zornlosigkeit[4] und der Enthaltsamkeit.[5] Der Sinn unseres Kapitels wird sogleich deutlicher, wenn man sich daran erinnert, was *Apatheia* für Evagrios bedeutet.

> *Leidenschaftslosigkeit nenne ich nicht die Verhinderung von Tatsünden, denn die wird Enthaltsamkeit genannt, sondern jene, die die Gedanken im Geiste abhaut, welche der heilige Paulus[6] auch eine geistliche „Beschneidung" des „verborgenen Juden" nannte.[7]*

1 Vgl. Pr 70.
2 Vgl. Pr 22.
3 6 in Ps 77,17.
4 Gn 5.
5 Gn 37.
6 Vgl. Röm 2,29.
7 M.c. 35.

Im strengen Sinn *„übt"* der Vollkommene die Tugenden nicht mehr, da dieses „Üben" eben der *Praktike* angehört, sondern „er tut das, was ihm seine vorzügliche Verfassung diktiert".[8]

*

8 Pr 70.

KAPITEL 69

Es ist ein großes Ding, ohne Zerstreuung zu beten, ein noch größeres aber, auch ohne Zerstreuung zu psalmodieren.

Dieser wiederum paradox formulierte Spruch hat es schon den Alten angetan, die ihn in die Sammlung der Vätersprüche aufgenommen haben.[1] Der Sinn eröffnet sich, wenn man beachtet, dass es sich hier um ein weiteres Zeichen der Leidenschaftslosigkeit handelt. Psalmodie und Gebet, die die Alten sehr wohl zu unterscheiden wussten[2], sind beide Charismen, Gaben Gottes also, um die es zu bitten gilt[3], doch sie gehören sozusagen zwei verschiedenen „Ordnungen" an.

> *Die Psalmodie gehört (dem Bereich) der „mannigfaltigen Weisheit" an, das Gebet hingegen ist Präludium der immateriellen und nichtmannigfaltigen Erkenntnis.*[4]

Die Psalmodie gehört, von ihrem Inhalt her, bei dem es um das Heilswirken Gottes in Schöpfung und Geschichte geht, der Physike an[5], in der sich die „mannigfaltige Weisheit Gottes"[6] des Schöpfers widerspiegelt.[7] Diese Mannigfaltigkeit hat für den Intellekt etwas Zerstreuendes, sie „vermannigfaltigt" ihn gleichsam.[8]

> *Ich sah, sagt (der Ecclesiast), die sinnlichen Dinge, wie sie den Geist des Menschen zerstreuten, welche „Gott den Menschen" vor der Reinigung gab", damit sie sich in ihnen „zerstreuten". Vergänglich nennt er ihre „Schönheit"*[9] *und nicht ewig. Denn nach der Reinigung schaut der Reine*

---

1 Evagrios 3.
2 Vgl. G. Bunge, „Das Geistgebet", Kapitel I: Psalmodie und Gebet.
3 Or 87.
4 Or 85.
5 KG I, 28.
6 Eph 3,10.
7 Vgl. KG I, 43; II, 2 u.ö.
8 Or 58.
9 Vgl. Weish 13,5 und dazu 6 in Ps 17,12.

die sinnlichen Dinge als seinen Intellekt nicht nur als nicht mehr zerstreuend, sondern als ihn zur geistlichen Kontemplation drängend. Anders nämlich wird der Intellekt geprägt, wenn er sich auf sinnliche Weise durch die Sinne mit den sinnlichen Dingen befasst, und anders wird er bestimmt, wenn er die in den sinnlichen Dingen liegenden Sinngehalte schaut. Diese Erkenntnis indessen wird nur den Reinen zuteil, die Erkenntnis mittels der Sinne sowohl Reinen als auch Unreinen ...[10]

Diese Sicht der Dinge wirft auch ein Licht auf unsere Frage:

„Vor den Engeln will ich dir psalmodieren“:

Vor den Engeln psalmodieren bedeutet, ohne Zerstreuung zu psalmodieren, wobei unser Intellekt entweder nur durch die von dem Psalm bezeichneten Dinge geprägt oder gar nicht geprägt wird. Oder vielleicht so: Vor den Engeln psalmodiert, wer die Bedeutung der Psalmen erkennt.[11]

Die Pointe dieses Scholions liegt in den Worten *„vor den Engeln“*. Denn die Psalmodie ist an sich die den Menschen, und zwar den leidenschaftslosen, eigene Tätigkeit, das *Hymnensingen* hingegen ist den „Schauenden“, d.h. den Engeln und denen, die um ihrer außerordentlichen Reinheit willen einen *„fast* engelhaften Zustand“ erlangt haben, vorbehalten.[12] Es psalmodiert also derjenige „ohne Zerstreuung“, der, obwohl ein Mensch, um seiner großen Reinheit willen fast wie ein Engel in den Psalmworten allein die in ihnen verborgenen Sinngehalte *(logoi)* der Physike „schaut“. Aus der Mannigfaltigkeit der Manifestationen der „Weisheit Gottes“ in der Schöpfung blickt er auf zu der einen „wesenhaften Weisheit“ selbst. Denn in den vielen *logoi* schaut er den einen Logos.[13]

10 In Eccl 3,10–13: Géhin 15.
11 1 in Ps 137,1.
12 79 in Ps 118,171.
13 7 in Ps 29,8.

Und das „Beten ohne Zerstreuung“?

> *Ein Gebet ohne Zerstreuung ist der höchste intellektive Akt des Intellektes.*[14]

Denn der Intellekt, der „natürlicherweise dazu gemacht ist, auch ohne den Leib zu beten“[15], d.h. ohne jenes kostbare „Instrument“, das ihn mit der sinnlichen Welt verbindet, entfaltet dann „die ihm eigene Tätigkeit“[16], jene nämlich, die „seiner Würde gemäß ist“.[17] Daher ist

> *die Erkenntnis ein vorzügliches Ding. Denn sie ist eine Mitarbeiterin des Gebetes, indem sie die intellektive Fähigkeit des Intellektes zur Kontemplation der göttlichen Erkenntnis aufweckt.*[18]

Unter *„Gebet“* ist hier jener „Aufstieg des Intellektes zu Gott“[19] zu verstehen, in dem das Geschöpf „ohne jegliche Vermittlung“[20], allein „in Geist und Wahrheit“, d.h. im Hl. Geist und im Eingeborenen Sohn[21] „Zwiesprache hält mit Gott, wie (ein Sohn) mit seinem Vater“.[22] Dies ist nun personale Gottesbegegnung und Gottespreis *„nicht mehr aus den Geschöpfen, sondern aus Gott selbst“*[23], im Unterschied eben zur Psalmodie, die Gott „aus den Geschöpfen lobpreist“, da sie es mit den *logoi*, den indirekten Manifestationen Gottes zu tun hat.

Inwiefern ist dann aber trotzdem nach den Worten des Evagrios die Psalmodie „ohne Zerstreuung“ *ein größeres Ding* als das Gebet „ohne Zerstreuung“? Insofern es unendlich schwieriger ist, inmitten der zerstreuenden Mannigfaltigkeit der göttlichen Manifestationen allein die göttlichen Sinngehalte zu schauen, ohne an den Dingen haften zu

14 Or 35.
15 Pr 49.
16 Or 83.
17 Or 84.
18 Or 86.
19 Or 36.
20 Or 3.
21 Or 59.
22 Or 55.
23 Or 60.

bleiben; ja mehr noch, nie aus dem Auge zu verlieren, dass diese *logoi* auf den Logos selbst hinweisen, was angesichts des staunenswerten Charakters dieser Manifestationen so schwierig ist, dass Evagrios eindringlich warnen muss, nicht auf halber Strecke stehen zu bleiben[24] – weil dies also viel schwieriger ist, als durch Gottes Gnade von der „Erkenntnis in die Höhe gerissen und von den sinnlichen Dingen getrennt"[25] den Gott-Logos selbst zu schauen. Ersteres ist also das Merkmal eines erstaunlichen Maßes an Leidenschaftslosigkeit, und um diese geht es ja in diesen Kapiteln.

*

24 In Eccl 1,2: Géhin 2.

25 Pr 66.

KAPITEL 70

Wer die Tugenden in sich selbst fest eingegründet und sich ganz mit ihnen vermischt hat, der gedenkt nicht mehr des Gesetzes noch der Gebote oder der Strafe, sondern er sagt und tut das, was ihm seine vorzügliche Verfassung diktiert.

Was Evagrios im Vorhergehenden eher vorausgesetzt als begründet hatte[1], das wird hier dargelegt: Die Leidenschaftslosigkeit führt zu einer echten, tief greifenden Verwandlung der Person und ihres ganzen Verhaltens. Motivation dieses Verhaltens sind nun nicht mehr „sekundäre" Ziele, sondern das Tun des Guten „um seiner selbst willen".[2] Diese „vorzügliche Verfassung" ist zwar in diesem, dem steten Wandel unterworfenen Leben nicht unangefochten, aber doch von großer Festigkeit.

> *Die Tugend ist eine vorzügliche Verfassung der vernünftigen Seele, demzufolge sie schwerbeweglich zum Laster wird.*[3]

Um ihrer Festigkeit willen nennt Evagrios diese Verfassung daher allegorisch auch den „Sitz des Intellektes, der den darauf Sitzenden schwer oder unbeweglich bewahrt".[4] Die optimistische Alternative der „Unbeweglichkeit" des Intellektes (im Hinblick auf das Laster) findet sich in einer anderen, ansonsten identischen Fassung des Textes bezeichnenderweise nicht.[5] In seinem „Gnostikos" rechnet Evagrios denn

1 Vgl. Pr 68.
2 Pr Prol [3].
3 KG VI, 21.
4 In Prov 18,16: Géhin 184.
5 1 in Ps 138,2.

auch ganz realistisch mit der Möglichkeit eines Abfalls von der so mühsam erworbenen Leidenschaftslosigkeit.[6] Auch wer seine volle „Gesundheit“ wiedererlangt hat, kann erneut „erkranken“ ...

> *Wie schlimm ist es doch, nach (dem Empfang) der Erkenntnis zu sündigen*[7]*!*

*

---

6 Gn 37.
7 6 in Ps 77,17.

Praktische Betrachtungen

KAPITEL 71

Während die dämonischen Lieder unser Begehren erregen und die Seele in schändliche Vorstellungen stürzen, rufen die „*Psalmen, Hymnen und geistlichen Lieder*“[1] den Intellekt beständig zum Gedenken an die Tugend auf, indem sie unseren kochenden Jähzorn abkühlen und unsere Begierden auslöschen.

Auf die grundsätzlichen Überlegungen zur Leidenschaftslosigkeit folgt nun eine lange Reihe praktischer Betrachtungen[2], die teilweise schon früher Gesagtes vertiefen.

Eine bestimmte Art von Musik hatte in der Antike nicht weniger als in der Neuzeit einen so aufreizenden Charakter, dass Evagrios sie rundheraus als „dämonisch“ bezeichnet, zumal sie eng mit heidnischen Kulten verbunden war. Man ist unwillkürlich an bestimmte Erscheinungen der Gegenwart erinnert.

> *Lieder der Dämonen und Flötenspiel entfesseln die Seele und verderben ihre Spannkraft, die du allzeit bewahren sollst, um nicht in Verruf zu geraten!*[3]

Diese Mahnung richtet sich bezeichnenderweise an eine geweihte Jungfrau, die Diakonisse Severa. In anderem Zusammenhang kommt Evagrios auf dieses offenbar aktuelle Thema zurück.

> *Der Tor erfreut sich am Bösen, er lacht darüber und ergötzt sich daran. Er weist weder schändliche Lieder noch Gelächter zurück, die seine Seele*

1 Eph 5,19.
2 Pr 71–90.
3 Vg 48.

verderben gleich „einem Feuer, das in Dornen entflammt".[4] *Der Gerechte hingegen gerät in Zorn wider derartige Laster und empört sich.*[5]

Stattdessen soll sich der Leidenschaftslose, dem Wort des Apostels folgend, „Psalmen, Hymnen und geistlichen Liedern" hingeben. Denn die „Psalmen besänftigen den Jähzorn"[6], und die in ihnen enthaltene „geistliche Lehre"[7] mahnt den Intellekt beständig zur Tugend.

Er findet dort die nötigen Mittel, um das Delirium der „dämonischen Lieder" zu bekämpfen.

„Ich habe Asche als Brot gegessen und meinen Trank mit Tränen gemischt":

Dieses Wort ist nützlich für jene, die sich zur Zeit der Trinkgelage an Flötenspiel und Gesängen ergötzen.[8]

Dieser Text lässt erahnen, bei welchen Gelegenheiten Mönche und geweihte Jungfrauen überhaupt „Flötenspiel und Gesänge" zu Ohren bekommen konnten. Gewiss nicht in der Wüste bzw. in ihren Klöstern, wohl aber bei Festen, zu denen sie bisweilen eingeladen wurden.[9] Evagrios sieht darin zu Recht einen tadelnswerten Missbrauch und mahnt daher die Nonne Severa streng:

Feste der Trunkenen
sollst du nicht sehen,
und bei Hochzeitsfeiern von Fremden
sollst du nicht eintreten.

---

4 Ps 117,12.
5 In Eccl 7,3–7: Géhin 56.
6 M.c. 27.
7 1 in Ps 80,3.
8 5 in Ps 101,10.
9 Vgl. R.m. 7.

Denn unrein ist beim Herrn
jede Jungfrau, die solches tut.[10]

Was für geweihte Jungfrauen gilt, gilt auch für Mönche![11] Auch sie sollen vielmehr nach dem Gesang von „Hymnen" und „geistlichen Liedern" streben und damit nach jenem „fast engelhaften Zustand", dem diese Tätigkeit vorbehalten ist.[12] „Geistlich" ist all dies, weil vom Heiligen Geist, dem „Offenbarer der Geheimnisse Gottes"[13] und Lehrmeister des „geistlichen" oder „wahren" Gebetes[14], inspiriert. Daher mahnt Evagrios den, der sich um das „reine Gebet" müht:

Die Worte des Heiligen Geistes sollen nicht von dir weichen[15]*!*

Zu diesem Zweck gaben sich die frühen Mönche bei Tag und bei Nacht der sog. „Meditation" hin, d.h. dem meditativen Wiederholen bestimmter Schrifttexte, häufig Psalmverse. Dass sich allerdings auch hier der Dämon einzuschleichen versteht[16], sahen wir bereits.[17]

*

10 Vg 14.
11 Mn 39. 41. 44.
12 79 in Ps 118,171.
13 59 in Ps 118,131.
14 Vgl. Or 63. 70.
15 M.c. 43.
16 2 in Ps 136,3.
17 Pr 22.

KAPITEL 72

Wenn das Kämpfersein im Bedrängen und Bedrängtwerden besteht, die Dämonen uns aber bekämpfen, dann bedrängen sie uns also und werden von uns bedrängt. *Es heißt ja: „Ich werde sie bedrängen, und sie werden nicht standzuhalten vermögen“*[1], und wiederum: *„Die mich Bedrängenden und meine Feinde, sie selbst sind schwach geworden und zu Fall gekommen“.*[2]

Das geistliche Leben besteht in einem beständigen Kampf zwischen uns und den Dämonen.

> *Wegen der Kontemplation der Geschöpfe und der Erkenntnis der Dreifaltigkeit erregen wir und die Dämonen einen großen Kampf miteinander, sie, indem sie uns daran hindern wollen zu erkennen, wir aber, indem wir uns eifrig mühen zu lernen.*[3]

In diesem Kampf gibt es kein Ausweichen.

> *Wer die nützliche Versuchung flieht, flieht das ewige Leben*[4]*!*

Daher heißt es: Nicht ausweichen, kämpfen, und zwar solange, bis wir gesiegt haben.

> *Wenn du wider eine Leidenschaft oder einen Dämon, der dich belästigt, betest, erinnere dich an den, der sagt: „Ich werde meine Feinde verfolgen und sie einholen, und ich werde nicht umkehren, bis sie verschwinden. Ich werde sie bedrängen, und sie werden nicht standzuhalten vermögen. Sie werden unter meine Füße fallen“ usw.*[5] *Diese Worte also sprich bei passen-*

1 Ps 17,39.
2 Ps 26,2.
3 KG III, 41.
4 Inst. mon II, 9.
5 Ps 17,38f.

der Gelegenheit, indem du dich mit Demut gegen deine Widersacher wappnest.[6]

Es gilt also so lange zu kämpfen, ja „bis aufs Blut zu widerstehen“[7], bis die „Feinde schwach geworden sind“. Es ist die Leidenschaftslosigkeit, die dies bewirkt.[8]

*

6 Or 135.
7 Or 136.
8 22 in Ps 17,38.

KAPITEL 73

Die Ruhe ist mit der Weisheit verbunden, die Mühe hingegen mit der Klugheit. Denn es ist nicht möglich, Weisheit ohne Kampf zu erwerben noch den Kampf erfolgreich zu bestehen ohne Klugheit. Letztere nämlich ward damit betraut, dem Zorn der Dämonen zu widerstehen, indem sie die Kräfte der Seele nötigt, der Natur gemäß zu wirken, und (so) der Weisheit den Weg bereitet.

Evagrios hatte die Leidenschaftslosigkeit, aus der die Liebe und dann die Erkenntnis hervorgehen[1], als einen *„friedvollen Zustand"* bezeichnet[2], weil sich der Mensch in ihr von seinen Mühen „ausruht".[3] Steigt er dann noch höher hinauf, gelangt er zur „Ruhe des Herrn, d.h. seiner Erkenntnis", durch die ihm „Ruhe zuteil wird"[4], da der Herr selbst in ihm weilt.

In einem sanftmütigen Herzen
wird die Weisheit ruhen;
ein Thron der Leidenschaftslosigkeit:
eine praktische Seele.[5]

Diese „liebliche Ruhe und Erkenntnis Gottes"[6], das „Ruhen in der Erkenntnis der angebeteten Dreifaltigkeit"[7], da einer vom „Wasser der Ruhe", d.h. der Erkenntnis trinkt[8], ist erst dann möglich, wenn die „vernünftige Seele *gemäß der Natur wirkt*"[9], d.h. entsprechend den „natürli-

1 Pr Prol [8].
2 Pr 57.
3 M.c. 29.
4 7 in Ps 94,11.
5 Mn 31.
6 In Eccl 5,7–11: Géhin 38.
7 M.c. 29.
8 1 in Ps 22,2.
9 Pr 86.

chen Samen“ der Tugend, die ihr bei ihrer Erschaffung eingesät wurden.[10] Den Ort der Klugheit in diesem Gesamtgefüge der Tugenden zeigen folgende Sentenzen auf.

Der Liebe geht voran
die Leidenschaftslosigkeit,
der Erkenntnis aber
die Liebe.[11]
Der Erkenntnis wird hinzugefügt
Weisheit,
Klugheit jedoch gebiert
Leidenschaftslosigkeit.[12]
Die Furcht des Herrn
erzeugt Klugheit,
Glaube an Christus aber
schenkt Furcht Gottes.[13]

Diese Klugheit ist es, die uns lehrt, von allen Dingen den rechten Gebrauch zu machen[14], namentlich im Kampf mit den Dämonen.[15]

*

10 Vgl. Pr 57.
11 Mn 67.
12 Mn 68.
13 Mn 69.
14 Pr 88.
15 Pr 89.

KAPITEL 74

Eine Versuchung des Mönchs ist ein Gedanke, der durch den leidenschaftlichen Teil der Seele aufsteigt und den Intellekt verfinstert.

Die Kapitel 74 und 75 bilden ein Paar, das in Gn 42 und 43 seine genaue Entsprechung findet. Ist dort vom *„Gnostikos"*, dem Kontemplativen, die Rede, so hier vom Mönch als dem *„Praktikos"*. Während die „Versuchung des Gnostikos", der ja „nach dem Intellekt lebt"[1], eine *„falsche Meinung"* ist[2], so die des Praktikos ein *„Gedanke"*, der aus dem leidenschaftlichen Teil aufsteigt, d.h. aus den beiden irrationalen Kräften Jähzorn und Begehren. Evagrios definiert den Praktikos daher folgendermaßen:

> *Ein praktischer Intellekt ist, wer die gedanklichen Vorstellungen dieser Welt allzeit leidenschaftslos aufnimmt.*[3]

Und in einer Gegenüberstellung von *Praktikos* und *Gnostikos* oder „Theoretikos" (Kontemplativer) heißt es:

> *Ein Praktikos ist, wer in der im Geiste bestehenden Welt fromm und gerecht wandelt.*[4]
> *Ein Theoretikos ist, wer die sinnliche Welt in seinem Geist allein um ihrer Erkenntnis willen formt.*[5]

Während sich also die Versuchungen des Kontemplativen auf der Ebene der *Erkenntnis,* des rechten Glaubens und der orthodoxen Lehre einstellen[6], hat es der Praktikos mit der rechten Einstellung zu den

1 Or 110.
2 Gn 42.
3 Sk 16.
4 Sk 38.
5 Sk 39.
6 5 in Ps 143,7.

Dingen bzw. den aus ihnen geschöpften gedanklichen Vorstellungen seines Geistes zu tun. Wie soll er sich da verhalten?

Ein „brennender Pfeil“[7]
entflammt die Seele,
ein praktischer Mann jedoch
„löscht ihn aus“.[8]

Tut er dies nicht, sondern wird er von dem „brennenden Pfeil“ des bösen Gedankens[9] verletzt, dann verfinstert dieser den Intellekt, „blendet“ ihn und beraubt ihn des „Lichtes“ der Erkenntnis.[10] Dies ist dann aber bereits eine *„Sünde des Praktikos“*, von der im folgenden Kapitel die Rede ist.

*

7 Eph 6,16.
8 Mn 70.
9 KG VI, 53.
10 Vgl. Ep 28,1 u.ö.

KAPITEL 75

Eine Sünde des Mönchs ist die Zustimmung zu der verbotenen Lust des Gedankens.

Versucherische Gedanken, welcher Art sie auch immer sein mögen, sind an sich keine Sünde. Ihr Kommen und Gehen hängt nicht von uns ab. Wohl aber ihr *Verweilen*, das die Leidenschaft ermöglicht.[1] Die Sünde liegt also in der *Zustimmung unseres freien Willens*, unserer Selbstbestimmung *(autexousion)*[2]. Ganz so verhält es sich ja auch mit dem *Glauben*.

> *Glaube ist die vernünftige Zustimmung der Selbstbestimmung der Seele.*[3]

Während die „Sünde des Kontemplativen" in einer „falschen *Erkenntnis*" besteht, die aus einer Leidenschaft entstanden ist oder weil das Gute nicht um seiner selbst willen gesucht wurde[4], besteht die „Sünde des Mönchs", des Praktikos, auf der davor liegenden Stufe des geistlichen Lebens in der *freien Zustimmung* zu eben dieser Leidenschaft bzw. der Lust, die sie verheißt. Evagrios kommt auf dieses Thema des Öfteren zu sprechen.

„Erlöse mich aus ... der Hand der Fremden":

> *Eine ‚fremde Hand' ist ein Gedanke, der auf Seiten des leidenschaftlichen Teils der Seele entsteht und den Intellekt festhält. Indessen greift diese ‚Hand' die Praktikoi an. Die ‚Hand' der Theoretikoi ist eine falsche Erkenntnis der Dinge selbst oder ihrer Kontemplation, die dem Schöpfer unterschiebt, er sei ungerecht oder unweise.*[5]

1 Pr 6.
2 In Eccl 6,10–12: Géhin 52.
3 1 in Ps 115,1.
4 Gn 43.
5 5 in Ps 143,7.

Praktiker und Theoretiker reagieren auf diesen „Zugriff" auf ihnen je eigene Weise.

> *Von den Dämonen ‚umringten' ihn die einen als Praktikos, die anderen als Theoretikos. Die ersteren ‚wehrte' er durch die Gerechtigkeit, die letzteren durch die Weisheit ab.*[6]

Die „Gerechtigkeit" ist das alle Tugenden verbindende „Joch"[7], die „Weisheit" aber Synonym für die wahre „Erkenntnis"[8], die für Evagrios stets mit den „heiligen Lehren der Väter" verbunden ist.[9]

> *Der Praktikos bekämpfe die Fremdstämmigen durch die Tugenden, der Theoretikos hingegen bediene sich der wahren Lehren und „zerstöre jedes Bollwerk, das sich gegen die Erkenntnis Gottes erhebt".*[10]

*

---

6 2 in Ps 117,10.
7 5 in Ps 61,10; vgl. Pr 89.
8 In Prov 1,2: Géhin 3.
9 Mn 124.
10 2 in Ps 26,3 (Zitat 2 Kor 10,5).

KAPITEL 76

Die Engel freuen sich bei der Verminderung des Lasters, die Dämonen aber bei der der Tugend. Denn die einen sind Diener des Erbarmens und der Liebe, die anderen aber sind Wut und Hass hörig. Und während uns die ersteren, wenn sie sich zu uns gesellen, mit geistlicher Kontemplation erfüllen, stürzen die letzteren die Seele bei ihrem Nahen in schändliche Vorstellungen.

Der Mensch, in diesem Äon weder Engel noch Dämon[1], obgleich fähig, aus freien Stücken das Leben der einen oder der anderen zu teilen[2], befindet sich inmitten zweier feindlicher Lager.

> *Von der vernünftigen Natur, die unter dem Himmel ist, kämpft ein Teil, ein Teil hilft dem kämpfenden und ein Teil kämpft mit dem kämpfenden und erregt und bewegt heftig Krieg gegen ihn. Die Kämpfenden sind die Menschen, die ihnen Helfenden die Engel Gottes, und ihre Gegner sind die unreinen Dämonen.*[3]

Obwohl sich nun Satan mit Leichtigkeit in einen „Engel des Lichtes zu verwandeln“ vermag[4], lässt sich das wahre Wesen jener beiden Mächte, die auf den Menschen einwirken, doch ohne weiteres daran ablesen, was sie bewirken. So etwa auch auf „psychologischer“ Ebene. Der Dämon vermag nur Furcht und Verwirrung zu erzeugen, der Engel hingegen, dessen Erscheinung den Menschen zunächst auch verängstigen mag, flößt ihm dann doch durch ein Wort Ruhe und inneren Frieden ein.[5]

---

1 In Prov 1,32: Géhin 16.
2 KG III, 76.
3 Ant Prol.
4 2 Kor 11,14.
5 Ant VIII, 17.

Ihrer ganz entgegen gesetzten Haltung entsprechend erfüllen uns Engel und Dämonen dann auch mit entgegen gesetzten Dingen.[6] Die Engel gehen dabei nicht notwendigerweise nur sanft vor, wie unser Kapitel glauben machen könnte.

> *Die heiligen Engel belehren einige Menschen durch das Wort, andere lassen sie durch Träume umkehren, andere machen sie durch nächtliche Schrecken besonnen, und wieder andere bringen sie durch Schläge zur Tugend zurück.*[7]

Die Dämonen hingegen widersetzen sich allem, was uns zum Heil dient.

> *Von den Dämonen widersetzen sich die einen der Übung der Gebote, andere den Einsichten der Natur und andere den Sinngehalten bezüglich der Gottheit, denn auch die Erkenntnis unseres Heiles besteht aus diesen drei Elementen.*[8]

*

---

6 Pr 24.
7 KG VI, 86.
8 KG I, 10.

KAPITEL 77

Die Tugenden hemmen die Anstürme der Dämonen nicht, aber sie bewahren uns unversehrt.

Die Tugenden sind jene geistliche „Waffenrüstung Gottes“[1], die es dem Menschen erlaubt, die „brennenden Pfeile des Bösen“ abzuwehren, ohne getroffen zu werden.[2] Die symbolische Deutung der einzelnen Bestandteile dieser Waffenrüstung schon durch Paulus lud zu weiterer Allegorisierung ein.

> *Das intelligible ‚Schwert‘ bedeutet das geistliche Wort, das die Seele vom Leib, vom Laster oder von der Unreinheit trennt.*[3]
> *Der intelligible ‚Schild‘ bedeutet die praktische Erkenntnis, die den leidenschaftlichen Teil der Seele unversehrt bewahrt.*[4]
> *Der intelligible ‚Helm‘ bedeutet die geistliche Erkenntnis, die den vernünftigen Teil der Seele unversehrt bewahrt.*[5]

Kein Wunder, dass die Dämonen danach trachten, uns mit allen Mitteln dieser „Waffenrüstung“ der Tugenden zu berauben.[6] Ihrem „heimlichen Eindringen“ in die „Stadt“ der Seele schieben indessen eben diese praktischen Tugenden einen festen „Riegel“ vor.[7] Fortschritt auf dem Weg der Praktike bedeutet ja nicht, dass die „Anstürme der Dämonen“ nachließen, im Gegenteil.[8] Aber ihre Wut zerschellt an der wachsenden inneren Festigkeit des Intellektes, der Befriedung seiner „Hausgenossen“ Jähzorn und Begehren.[9]

---

1 Eph 6,13ff.
2 Ep 27,4.
3 KG V, 28.
4 KG V, 31.
5 KG V, 34.
6 In Prov 1,13: Géhin 9.
7 1 in Ps 147,2.
8 Pr 59.
9 Pr 61.

Gleichwie ein Fels,
der sich im Meer befindet,
von den Wellen geschlagen,
fest und unerschütterlich bleibt,
so wird auch der,
der die Tugend vollbracht
und sich ganz mit ihr vermischt hat,
vom Teufel nicht erschüttert.[10]

*

10 Inst.mon II, 24.

KAPITEL 78

Die Praktike ist eine geistliche Methode, die den leidenschaftlichen Teil der Seele gänzlich reinigt.

Die Leidenschaften entstehen aus einem „widernatürlichen“, d.h. ihrer geschöpflichen Bestimmung zuwiderlaufenden Wirken der beiden irrationalen Kräfte der Seele, Jähzorn und Begehren.[1] Um diese „Krankheiten“ zu heilen[2] und die natürliche „Gesundheit der Seele“[3] wiederherzustellen, bedient sich der „Arzt der Seelen“, wie Evagrios den inkarnierten Logos gerne nennt, der „Praktike“[4], die Evagrios als eine „Methode“ der Erziehung versteht. Dabei ist zu beachten, dass das griechische „Methodos“ von „Weg“ (hodos) abgeleitet ist und Evagrios die Praktike daher gerne auch als „Weg“ darstellt.[5] Der Begriff ist also viel reicher als unser Fremdwort „Methode“, da er treffend die ganze innere Dynamik, die „Wegführung“[6] der Praktike zum Ausdruck bringt.

> „Nehmet Zucht an, damit der Herr nicht erzürne“:
> *Zucht (oder Erziehung: paideia) ist Mäßigung der Leidenschaften, was durch die Praktike zu geschehen pflegt, insofern ja die Praktike eine geistliche Methode ist, die den leidenschaftlichen Teil der Seele gänzlich reinigt.*[7]

Es ist die Aufgabe der „heiligen Väter“ und im Besonderen der „geistlichen Väter“ oder „Lehrer, die Führung auf dem „königlichen Weg“ der Praktike in der Nachfolge Christi[8] durch eigenes Vorbild und Lehre[9] zu

1 KG III, 59.
2 2 in Ps 102,3.
3 Pr 56.
4 Vgl. Pr 1.
5 Vgl. unsere Einleitung.
6 15 in Ps 76,21.
7 4 in Ps 2,12.
8 Ep 61,1.
9 Pr 91.

leisten.[10] Für den Schüler besteht diese „geistliche Methode" vor allem in der treuen Übung jener „praktischen Tugenden", die ihn mit Gottes Hilfe zur Erkenntnis führen werden.[11] Die „vorherrschende" dieser praktischen Tugenden ist die Gerechtigkeit, Summe aller Tugenden[12], die den Menschen zum „Gerechten" macht.[13] Ganz konkret bedeutet diese „Übung" das Halten der Gebote Gottes[14], durch welches der Mensch Gott „sucht"[15] und findet, bis er dann selbst von Gott „gefunden" wird.

„Deine Hand werde von deinen Feinden gefunden, deine Rechte finde alle, die dich hassen":

> *Die Feinde Gottes finden ihn, die ihn hassen hingegen, werden von ihm gefunden: Durch das Gesetz finden wir Gott, durch das Evangelium hingegen werden wir von ihm gefunden. Oder: Durch die Praktike finden wir ihn, durch die Erkenntnis aber werden wir von ihm gefunden, die wir zuvor Feinde waren und „fremd den Bündnissen" Gottes, „ohne Hoffnung und ohne Gott in der Welt".*[16]

„Suchen" und „Finden" Gottes im Halten der Gebote und im Üben der praktischen Tugenden, dies ist die „geistliche Methode" der Praktike, jener „enge und schmale Weg"[17], auf dem der Mensch zu dem gelangt, der um seinetwillen „Weg" ward, Christus, dem fleischgewordenen Gott-Logos.[18] Letztlich geht es also bei dieser „Methode" nicht um das, was man heute leicht darunter verstehen könnte: ein Mittel zur Selbsterlösung. Nicht umsonst heißt sie *„geistlich"*, denn sie ist vom

10 Vgl. Pr 100.
11 In Prov 15,24: Géhin 142.
12 1 in Ps 30,2.
13 5 in Ps 84,14.
14 20 in Ps 118,47–48.
15 Ep 20,1.
16 2 in Ps 20,9 (Zitat Eph 2,12).
17 Ep 20,3.
18 Ep 60,1.

Geist beseelt. Der „Weg“ selbst ist Person, *Christus,* sein Ziel die Wiederherstellung der personalen Beziehung zwischen Schöpfer und Geschöpf.

*

KAPITEL 79

Die Wirkungen der Gebote reichen nicht aus, um die Kräfte der Seele vollkommen zu heilen, wenn nicht auch die diesen entsprechenden Kontemplationen einander im Intellekt folgen.

Das Halten der Gebote Gottes bewirkt die *Reinigung* des Intellektes[1] und macht ihn leidenschaftslos[2]. Dies ist Sinn und Wesen der „geistlichen Methode“ der *Praktike.*[3] Die *„vollkommene* Heilung“ der vernünftigen Seele erstreckt sich jedoch nicht nur auf deren leidenschaftlichen Teil, sondern muss auch den *rationalen* Teil erfassen, d.h. die Harmonie aller drei Vermögen der Seele wiederherstellen.[4] Die vollkommene Gesundheit ist erst dann wiederhergestellt, wenn auch der Intellekt ungestört seinem eigenen Wirken nachgehen kann, das in der *Erkenntnis* besteht. Mit anderen Worten, er muss von dem ihm eigenen Laster, der *Unwissenheit (agnoia),* dem Nichterkennen *(agnosia)*[5] befreit werden, will er nicht wie ein Kämpfer in der Nacht ziellos um sich schlagen[6], sondern die *Praktike* „mit Erkenntnis“ betreiben.[7] Hier ist also jene *„praktische Erkenntnis“* vonnöten, die aus dem Tun der Gebote erwächst.[8] Die Askese allein genügt also nicht.

> *Erst dann wird der Intellekt von den Gedankensünden befreit, wenn er der Erkenntnis gewürdigt wird. Denn die Praktike entfernt nicht die gedanklichen Vorstellungen des Herzens, sondern die leidenschaftlichen gedanklichen Vorstellungen. Die Erkenntnis schneidet jedoch auch die gedanklichen Vorstellungen (allgemein) ab. Nachdem nämlich der Intellekt*

1 Ep 29,2.
2 Ep 43,1.
3 Pr 78.
4 Pr 86.
5 KG I, 84.
6 Pr 83.
7 Pr 50.
8 72 in Ps 118,159.

hinfort seine eigenen Betrachtungen empfangen hat, legt er die von den Widersachern gesandten Gedanken ab.[9]

Diese „eigenen Betrachtungen“[10] haben etwa die „Gründe des Kampfes“ gegen die Dämonen zum Inhalt[11], d.h. letztlich das ganze weite Feld von „Gericht und Vorsehung“ Gottes, in denen die Geheimnisse geschöpflichen Seins enthalten sind.

*

9 5 in Ps 129,8.

10 Vgl. Ep.fid. 12,20–34.

11 Pr 83.

KAPITEL 80

Es ist zwar unmöglich, allen von den Engeln uns eingegebenen Gedanken Widerstand zu leisten, doch es ist möglich, alle von den Dämonen eingegebenen Gedanken ab-zuwenden. Den ersteren Gedanken folgt ein friedvoller Zustand, den letzteren ein verwirrter.

Engel und Dämonen flößen uns ihre Gedanken ein.[1] Dass es in unserer Macht steht, die *bösen* Gedanken abzuweisen, sagte Evagrios bereits.[2] Wieso ist es aber unmöglich, allen von den *Engeln* herrührenden Gedanken Widerstand zu leisten? Zunächst, weil unser Verhältnis dem Guten bzw. dem Bösen gegenüber nicht von derselben Art ist.

> *Wir wurden erschaffen im Besitz der Samen der Tugenden, nicht jedoch dem der Laster. Denn wessen wir empfänglich sind, davon besitzen wir nicht unbedingt auch das Vermögen. Wiewohl wir auch nicht sein könnten, besitzen wir doch nicht das Vermögen des Nichtseins, insofern die Vermögen Eigenschaften sind, das Nichtsein aber keine Eigenschaft ist.*[3]

Diese für Evagrios grundlegende und oft wiederholte Tatsache hat ganz konkrete Folgen für die sog. „Gedanken".

> *Dem dämonischen Gedanken sind drei Gedanken entgegengesetzt, und sie schneiden ihn ab, wenn er in unserem Geiste andauert: der engelhafte, der aus unserem Willen stammende, welcher sich dem Guten zuneigt, und der aus der menschlichen Natur sprießende, von dem bewegt auch die Heiden ihre eigenen Kinder lieben und ihre eigenen Eltern ehren. Dem guten Gedanken aber sind nur zwei Gedanken entgegengesetzt: der dämonische und der aus unserem Willen stammende, der sich dem Schlechten zuneigt.*

1 Pr 76.
2 Pr 6.
3 KG I, 39.

Aus der Natur aber stammt überhaupt kein schlechter Gedanke. Denn wir waren nicht von Anfang an schlecht, hat doch der Herr „guten Samen in seinen Acker gesät“.[4]

Daraus folgt für unsere Frage, dass die Gedanken der Engel nicht „von außen“ an uns herantreten, sondern die in allen Menschen, selbst Heiden und Sündern, vorhandenen „Samen der Tugenden“ anregen, während die Gedanken der Dämonen unserem Wesen „fremd“ sind. Wir können und müssen diesen „Fremdstämmigen“, wie Evagrios die Dämonen gerne nennt, widerstehen; auch der Sünder vermag dies. *Allen* engelhaften Gedanken zu widerstehen ist hingegen unmöglich, eben der „natürlichen Samen der Tugenden“ wegen.

Es gab eine Zeit, da das Laster nicht war, und es wird eine Zeit geben, da es nicht mehr sein wird. Es gab jedoch keine Zeit, da die Tugend nicht war, und es wird keine Zeit geben, da sie nicht mehr sein wird, denn untilgbar sind die Samen der Tugend. Davon überzeugt mich der um seiner Bosheit willen in den Hades (verurteilte) Reiche, der sich seiner Brüder erbarmte. Das Sicherbarmen aber ist ein vorzüglicher Same der Tugend[5]*!*

Evagrios will also sagen, dass es nicht nur geboten, sondern auch möglich ist, dem Ansturm des Bösen zu widerstehen, da dieses etwas uns letztlich Fremdes, Äußeres ist. Das Böse hat nicht mehr Macht über uns, als wir ihm zugestehen.[6] Hingegen bleibt der Mensch stets *ansprechbar* für das Gute, da dies in seinem Wesen verankert ist. Das Gute wird sich daher auch letztlich durchsetzen, d.h. Gott wird es durchsetzen, etwa durch das Wirken seiner heiligen Engel.[7]

Jene wesensmäßige Verwandtschaft zwischen unserem „Seelengrund“ (wie Meister Eckhart sagen wird) und dem Wirken der Engel sowie auf der anderen Seite die Fremdheit der dämonischen Einflüsterungen erklärt auch die Tatsache, die Evagrios am Ende unseres Kapitels

4 M.c. 31 (Vgl. Mt 13,24).
5 KG I, 40.
6 Ep 28,3.
7 KG VI, 86.

noch einmal ins Gedächtnis ruft[8], dass die Engel stets Frieden schenken, die Dämonen aber bei ihrem Nahen Verwirrung verbreiten.

*

8 Vgl. 54.56.

KAPITEL 81

Die Liebe ist der Spross der Leidenschaftslosigkeit, die Leidenschaftslosigkeit aber ist die Blüte der Praktike. Die Praktike wiederum beruht auf dem Halten der Gebote. Deren Hüter aber ist die Furcht Gottes, die ein Sprössling des rechten Glaubens ist. Der Glaube nun ist ein immanentes Gut, welcher von Natur aus auch in denen vorhanden ist, die noch nicht an Gott glauben.

Einer solchen „Tugendleiter", wie Evagrios sie liebt und oft in seinen Schriften konstruiert, sind wir bereits im *Prolog* begegnet.[1] Fast allen ist gemeinsam, dass sie über eine mehr oder minder große Zahl von Zwischenstufen *vom Glauben zur Erkenntnis* führen. Daraus wird deutlich, dass jene Erkenntnis Gottes, die das Ziel des geistlichen Lebens ist, letztlich nichts anderes ist als die *schrittweise Entfaltung des Glaubens.*

Evagrios definiert hier den Glauben mit Klemens von Alexandria[2] als ein *immanentes Gut,* als eine im Akt der Schöpfung dem Menschen mitgegebene und daher wie alle Tugenden untilgbare[3] *Befähigung* zu jenem personalen Akt, den wir „Glauben" nennen. Wie alle „Samen der Tugend" findet sich auch dieses Gut in jedem Menschen, sei er selbst ein Heide oder ein Gottloser. Evagrios kennt auch noch andere derartige „Definitionen", die weitere Aspekte zur Sprache bringen.

> *Der Glaube ist eine vernünftige Zustimmung der Selbstmächtigkeit (autexousion) der Seele.*[4]

Die „freie Wahl" *(proairesis),* die die Möglichkeit bedeutet, aus „eigener Macht" *(autexousion)* zwischen Gut und Böse zu wählen, ergibt sich aus dem Wesen des vernunftbegabten Geschöpfes, das Evagrios als

1 Vgl. Pr Prol [8].
2 Strom VII, 10,55.
3 Vgl. Pr 80.
4 1 in Ps 115,1.

„Empfänglichkeit" definiert.[5] Aus dieser „Empfänglichkeit" folgen die Möglichkeit und Wirklichkeit des „Abfalls"[6] von dem „ersten Guten".[7]

Hierin unterscheidet sich das Geschöpf, das auch ebenso gut nicht sein könnte[8], grundsätzlich von seinem Schöpfer, der *„ist"* und von dem im strengen Sinn nicht gesagt werden kann, er könne *wählen.*[9] Im Missbrauch der selbstmächtigen Wahlfreiheit sieht Evagrios daher das Wesen der Ursünde[10], die man daher auch als Un-Glaube bezeichnen könnte. Im Gegensatz zum Glauben ist diese Zustimmung zum Bösen *unvernünftig,* da sie nicht dem Sinn dieser Freiheit, nämlich der Zustimmung zum Guten, entspricht. Aber stellt das begrenzte Wissen des Geschöpfs nicht eine Entschuldigung dar?

Glaube ist die Zustimmung zu dem, was nicht erfasst wird.[11]

Diese sich an *Hebr 11,1* anlehnende „Definition" hebt den *existentiellen* Aspekt des Glaubensaktes hervor: Der Glaube ist Ganzhingabe der *Person* des Geschöpfs an den Schöpfer und überschreitet daher, wie auch die Erkenntnis[12], die Fassungskraft des Geschöpfs, da der Geglaubte und Erkannte unfassbar ist.

Inhalt des Glaubens, den Evagrios auch als erste und grundlegende der „praktischen Tugenden" bezeichnet, ist die Existenz Gottes[13]*, wie schon Hebr 11,6 lehrt. Zu dieser freien, vernünftigen, weil sinnvollen, wenn auch seine Fassungskraft überschreitenden Zustimmung des Geschöpfs zur Existenz Gottes ist der Mensch dank seiner Schöpfung „natürlicherweise" befähigt. Dies ist „rechter Glaube", da nur er sein natürliches Ziel erreicht.*

5 KG VI, 73.
6 KG I, 49.
7 KG I, 1.
8 KG I, 39.
9 Ep.fid. 9.
10 In Eccl 6,10–12: Géhin 52.
11 4 in Ps 129,4–5.
12 5 in Ps 70,14 u.ö.
13 6 in Ps 44. 6.

In anderem Zusammenhang hebt Evagrios dann auch die heilsgeschichtliche Eingebundenheit dieses „rechten Glaubens“ hervor, so wenn er ihn des Näheren als den persönlichen *„Glauben der Taufe“* dessen, der das „geistliche Siegel“ empfangen hat, bezeichnet.[14] Konkret wird er im *„Glauben an Christus“*[15], in dem sich Gott offenbart hat, und im *„wahren Glauben an die Heilige Dreifaltigkeit“*[16] als letztgültiger Offenbarung Gottes über sich selbst. In der „Erkenntnis der angebeteten Dreifaltigkeit“ kommt dieser „rechte Glaube“ dann zu seiner Vollendung.

*

14 Mn 124.
15 Ep 14.
16 Ep 61,2.

KAPITEL 82

Gleichwie die durch den Körper wirkende Seele der kranken Glieder gewahr wird, ebenso erkennt auch der das ihm eigene Wirken betätigende Intellekt seine eigenen Kräfte und findet durch die ihn behindernde das sie heilende Gebot.

Evagrios geht von der dreifachen Stufung des Wesens Mensch in Körper, Seele und Intellekt aus. Wenn nun der „Leib die Seele, die in ihm wohnt, durch seine Taten offenbart und sie, die Seele, von dem Intellekt, der ihr ‚Haupt' ist[1], durch ihre Regungen kündet"[2], dann wird verständlich, wieso Seele und Intellekt aus jeder Störung dieser Beziehung auf eine „Erkrankung" ihres jeweiligen „Instrumentes" schließen und es dann dem ihm natürlichen Wirken wieder zuführen können.

> *Wie die Sinneswahrnehmung auf die sinnlichen Dinge, so versteht sich der Intellekt auf die intelligiblen Dinge [...] Und gleichwie die Sinnesorgane, wenn sie irgendwie krank sind, nur gepflegt zu werden brauchen und dann leicht wieder ihre eigene Tätigkeit erfüllen, ebenso bedarf auch der an das Fleisch gebundene und mit den aus diesem stammenden Bildern angefüllte Intellekt des Glaubens und eines geraden Lebenswandels, die seine „Füße wie die des Hirsches bereiten und ihn auf die Höhen stellen".*[3]

Gemeint ist mit dem abschließenden Psalmzitat das „Bereiten der Füße durch die *Praktike*" und das „Erhöhen durch die *Kontemplation*".[4]

Was Evagrios in unserem Kapitel sagen will, ist, dass der zu einer gewissen Leidenschaftslosigkeit gelangte Intellekt *als sein eigener Arzt*

1 Vgl. KG V, 45.
2 Ep.Mel. 15.
3 Ep.fid. 12,23f. 30ff. (Zitat Ps 17,34).
4 17 in Ps 17,34.

sich selbst je und je die nötigen Heilmittel für Jähzorn und Begehren verschreibt. Denn auch der evagrianische „Gnostikos“ bedarf noch der Askese[5]!

*

5 Gn 37 u.ö.

KAPITEL 83

Solange der Intellekt den Krieg der Leidenschaften führt, wird er nicht die Gründe des Krieges schauen, denn er gleicht dem Kämpfer in der Nacht. Hat er jedoch die Leidenschaftslosigkeit erworben, wird er leicht die „Schliche“[1] der Feinde erkennen.

Das geistliche Leben ist ein Kampf, dessen Streitobjekt die Erkenntnis ist.

> *Um die Erkenntnis des Geschaffenen und der Hl. Dreifaltigkeit geht unser Kampf, und die Dämonen ziehen einen großen Krieg wider uns auf, um uns daran zu hindern zu erkennen. Wir aber werden, wenn wir uns Mühe geben, lernen ...*[2]

Inmitten der „Nacht“ der Unwissenheit als Folge der Verfallenheit an die Laster bleiben uns die Zusammenhänge dieses Kampfes verborgen.[3] Erst „bei Tage“, im „Licht“ der Erkenntnis werden sie sichtbar, und zwar dank jener Klugheit, die Evagrios mehrfach in diesem Zusammenhang erwähnt.[4] Denn „die Klugheit spürt die Tücken der Dämonen auf“.[5]

„Du hast mich weiser gemacht als meine Feinde durch dein Gebot“:

> *Wenn der Intellekt der Leidenschaften entblößt ward und der Erkenntnis teilhaftig geworden ist, wird er schlauer als die Dämonen und sagt oft die Worte Pauli: „Wir sind nämlich nicht in Unkenntnis seiner Gedanken“*[6]*!*

Wenn der Intellekt so die „Gründe *(logoi)* der Trübsale und Versuchungen“, Sinn und Hintergründe seines Kampfes erkannt hat, „weitet“ sich

---

1 Vgl. Eph 6,11.
2 Ep 58,2.
3 2 in Ps 16,3.
4 Vgl. Pr 73. 89.
5 Mn 123.
6 43 in Ps 118,98 (Zitat 2 Kor 2,11).

sein Herz[7] dank der „wahren Erkenntnis“, die ihm zuteil geworden ist.[8] Es ergeht ihm wie Ijob, der auch erst nach bestandener Versuchung, als er Gott schaute, die Gründe für das Erlittene erfuhr.[9] Der Kampf mit den Widersachern hört darum nicht auf, aber er nimmt einen anderen Charakter an.

> *Die Gründe der Gebote ‚weiten das Herz‘ und machen ihm den Weg der Praktike leicht.*[10]

*

7 3 in Ps 4,2.
8 19 in Ps 17,36.
9 Ep 1,2.
10 14 in Ps 118,32.

KAPITEL 84

Das Ziel der Praktike ist die Liebe, das der Erkenntnis aber die Theologia, der Anfang von beiden aber sind der Glaube und die natürliche Kontemplation.

Jene Dämonen nun, die den leidenschaftlichen Teil der Seele angreifen, werden der Praktike entgegengesetzt genannt, während jene, die den rationalen Teil belästigen, als Feinde jeglicher Wahrheit und als Widersacher der Kontemplation bezeichnet werden.

Zum ersten Absatz des Kapitels vergleiche das im *Prolog*[1] Gesagte, und zum Glauben besonders *Pr 81*. Das geistliche Leben teilt sich in zwei Hauptphasen: *Praktike* (oder Ethike) und *Theoretike* (oder Gnostike), praktisch-asketisches und kontemplativ-erkennendes Leben. Entsprechend betrachtet Evagrios den Menschen entweder als *Praktikos* oder als *Theoretikos*.[2] Der Herr liebt den einen und den anderen, wenngleich den letzteren mehr, da er ihm näher steht.[3] Die Dämonen greifen sowohl den einen wie den anderen an[4], und sowohl der eine wie der andere hat seine Mittel, um ihnen zu widerstehen.[5] Am Ende befreit der Herr den einen wie den anderen.[6] Auf welche Weise widersetzen sich nun die Dämonen entweder der *Praktike* oder der *Theoretike*?

> *Allen Tugenden stellen unsere Feinde nach: Im Mut verbergen sie die Schlingen der Feigheit, in der Besonnenheit die der Unzucht, und in die Liebe wiederum legen sie die Schlinge des Hasses. Der Sanftmut flößen sie die Arroganz ein, der Barmherzigkeit das Sicherbarmen nicht um Gottes,*

1 Pr Prol [8].
2 Ep 41,3.
3 1 in Ps 86,2.
4 2 in Ps 117,10.
5 2 in Ps 26,3.
6 8 in Ps 90,13–14.

sondern um der Zuschauer willen und dem Fasten das Fasten um der Menschen willen. Und dies betrifft die Praktike.
Was müsste man wohl noch über die Kontemplation sagen, wie viele ‚Schlingen' die Feinde durch die Häresien den rechtgläubigen Lehren im Verborgenen gelegt haben[7]*?!*

Denn Evagrios ist auf Grund persönlicher Erfahrungen[8] davon überzeugt, dass Häresien nicht einfach die Folge menschlicher Irrtumsfähigkeit sind, sondern auf dämonische Machenschaften zurückzuführen sind.[9]

*

7 1 in Ps 141,4.
8 Mn 126.
9 Mn 123. Vgl. auch das zu Pr 74. 75 Gesagte.

KAPITEL 85

Nichts von dem, was die Körper reinigt, existiert darnach mit den Gereinigten. Die Tugenden hingegen reinigen die Seele und verbleiben zugleich zusammen mit der gereinigten.

So pessimistisch seine Lehre von den subtilen Gedanken- und Tatsünden, den zahllosen Lastern und den allgegenwärtigen Dämonen, die sie anheizen, auf den ersten Blick auch erscheinen mag, Evagrios hat eine zutiefst positive, ja optimistische Sicht des Menschen. Gewiss, das Böse in all seinen Erscheinungsformen ist eine unbestreitbare Wirklichkeit, aber Evagrios ist fest davon überzeugt, dass „es möglich ist, ganz und gar vom Bösen befreit zu werden“[1], und sei es auch erst nach dem Tod.[2] Denn das Böse, das Laster ist, der Schrift gemäß[3] erst *sekundär* in die Schöpfung eingedrungen, während die Tugenden von Gott selbst am Anfang als guter und unzerstörbarer „Samen“ in uns hinterlegt worden ist.[4]

Verschmutzung und Reinigung eines Körpers sind etwas *Äußerliches* und gehen daher nicht in den Körper selbst ein. Anders verhält es sich bei der Seele. Auch hier ist zwar die „Verschmutzung“ durch das Laster etwas Sekundäres, letztlich also Äußerliches[5], nicht aber die Reinigung. Die Tugenden „reinigen“ uns[6], und zwar *von innen*, von unserer *geschöpflichen Wurzel* her, die ja gut ist und bleibt. Denn da die wie ein „guter Same“ von Anfang an in die Erde unserer Seele gelegten Tugenden „untilgbar“ sind[7] – heißt es doch in der Schrift von jener Tugend,

1 Ep 43,2.
2 In Prov 19,11: Géhin 194.
3 Vgl. Weish 13,14.
4 Ep 18,2 u.ö.
5 Vgl. Pr 80.
6 Ep 34,2.
7 Ep 43,3.

die gleichsam die *Summe* aller Tugenden ist: „Die Gerechtigkeit ist unsterblich“[8] – verbleiben sie auch nach der Reinigung in dem durch sie Gereinigten. Denn „es gab keine Zeit, da die Tugenden nicht waren, und es wird keine Zeit geben, da sie nicht mehr sein werden“.[9]

*

8 Weish 1,15.
9 KG I, 40.

KAPITEL 86

Gemäß der Natur wirkt die vernünftige Seele, wenn ihr begehrender Teil nach der Tugend strebt, der jähzornige für sie kämpft und der rationale sich der Kontemplation der Geschöpfe widmet.

Betrachtet Evagrios auch die leibliche Existenz des Menschen in ihrer gegenwärtigen Form als vorläufig und entsprechend auch die beiden irrationalen, der sinnlich-materiellen Welt verhafteten Vermögen Jähzorn und Begehren als sekundär[1], so gehören doch alle drei Kräfte zu dem Wesen „Mensch“. Es kann also keine Rede davon sein, auch nicht um der ersehnten *Apatheia* willen, etwa die irrationalen Kräfte zu unterdrücken. Sie „kaum oder gar nicht mehr zu spüren“[2] und „nach dem Intellekt zu leben“[3] kann nicht bedeuten, die beiden irrationalen Kräfte zu eliminieren, sondern nur, dem Engel ähnlich[4], ganz vom *geistigen Element* bestimmt zu werden. Dies liegt keineswegs außerhalb der Reichweite des Menschen.

> *Herrscht der Jähzorn vor, ‚vertiert‘ die Seele [d.h. sie wird zum ‚Dämon‘, dessen Symbol die wilden Tiere sind]*[5]*, herrscht das Begehren vor, wird sie zum ‚Pferd oder zum Maulesel‘ [Symbol der irrationalen Regung der Seele]*[6]*, herrscht hingegen der Intellekt vor, wird sie zum Engel oder gar zu Gott.*[7]

1 KG VI, 85.
2 Pr 66.
3 Or 110.
4 79 in Ps 118,171.
5 9 in Ps 73,19.
6 4 in Ps 31,9.
7 2 in Ps 57,5.

Der Jähzorn ist jedoch dazu erschaffen, gegen die Dämonen und das Böse anzukämpfen[8], die natürliche Regung des Begehrens ist das „Streben nach Gott“[9], und der Intellekt schließlich ist zum Erkennen (Gottes und seiner Schöpfung) erschaffen.[10] Das hier auf Erden angestrebte Ideal ist daher das einer *Harmonie* aller drei Vermögen der Seele.

> *Derjenige, dessen Intellekt ‚allzeit beim Herrn‘ ist[11], dessen jähzorniger Teil voll Sanftmut ist infolge des Gedenkens Gottes und dessen Begehren gänzlich dem Herrn zuneigt, dem steht es zu, unsere Feinde nicht zu fürchten, die ringsumher unseren Leib umzingeln.[12]*

Wer so ganz befriedet ist und seine innere Einheit wieder gefunden hat, den nennt Evagrios einen *„Sohn Gottes“*.

> *Aber nicht allein unter den Menschen sollst du das Band des Friedens[13] suchen, sondern auch in deinem Leib, deinem Geist und deiner Seele. Denn wenn du das Band dieser deiner Dreiheit durch den Frieden einst, dann wirst du, als ein durch das Gebot der göttlichen Dreifaltigkeit Geeinter, hören: „Selig sind die Friedensstifter, denn sie werden Söhne Gottes genannt werden“.[14]*

*

8 Pr 24.
9 6 in Ps 37,10.
10 2 in Ps 145,8.
11 „Bei Gott ist, sagt man, erstens, wer die Heilige Dreifaltigkeit erkennt, zweitens, wer die Gründe der Intelligiblen schaut, drittens, wer auch die Körperlosen sieht, viertens ferner wer sich auf die Kontemplation der Äonen versteht, und wer die Leidenschaftslosigkeit der Seele erworben hat, wird rechtens diesen als fünfter beigesellt“ (15 in Ps 72,23).
12 KG IV, 73.
13 Eph 4,3.
14 Eul 6 (Zitat Mt 5,9).

KAPITEL 87

Wer in der Praktike fortschreitet, vermindert die Leidenschaften, und wer in der Kontemplation fortschreitet, vermindert das Nichterkennen. Für die Leidenschaften nun wird es eine vollständige Vernichtung geben, von dem Nichterkennen hingegen heißt es, dass eines eine Grenze habe, das andere nicht.

Fortschritt in der *Praktike* und Fortschritt in der Kontemplation sind aufs engste miteinander verbunden, da diese beiden Phasen sich ja nicht eigentlich ablösen, sondern durch ständige Vertiefung zu einer Einheit verschmelzen.

> *Die Zunahme der Tugend und der Erkenntnis entsteht aus der schrittweisen Abnahme aller Laster und der Unwissenheit ...*[1]

Dieser Prozess der Abnahme des Bösen und der Zunahme des Guten erstreckt sich nun nicht nur über die Spanne *dieses* Äons, sondern schreitet fort in den kommenden Äonen.

> *Wenn das Laster die Tugend vermindert, dann zerstört offenbar auch die Tugend das Laster. Dies aber wird sich im kommenden Äon ereignen, „bis das Laster verschwunden ist" ...*[2]

Diese schrittweise Zerstörung des Bösen beginnt nämlich in diesem Äon durch die freiwillige *Praktike* und wird im kommenden durch die unfreiwillige reinigende Strafe vollendet.[3] Hier erfolgt sie, so gut es geht, dort notwendigerweise[4], das heißt. hier geschieht sie nur teilweise, dort vollständig.[5]

---

1 23 in Ps 88,49.
2 In Prov 24,9: Géhin 268.
3 KG V, 5.
4 In Prov 19,11: Géhin 194.
5 In Prov 30,17: Géhin 294.

Es ist nämlich möglich, ganz und gar vom Bösen befreit zu werden[6]*!*

Evagrios leitet diese immer wieder ausgesprochene Überzeugung der Endlichkeit des Bösen aus dessen sekundärem Charakter ab. Wie steht es aber mit der Unwissenheit, dem Nichterkennen, das ja eine Folge des Bösen ist[7]? Dieses sekundäre Nichtwissen wird mit seiner Ursache verschwinden.[8] Die diesem Nichterkennen entsprechende Erkenntnis ist indessen ebenfalls begrenzt, da ihr Gegenstand, das Geschaffene, begrenzt ist. Doch es gibt noch ein anderes Nichterkennen bzw. Erkennen.

> *Wessen Erkenntnis begrenzt ist, dessen Nichterkennen ist ebenfalls begrenzt, und wessen Nichterkennen unbegrenzt ist, dessen Erkenntnis ist ebenfalls unbegrenzt.*[9]

Der Unterschied zwischen beiden liegt im Erkenntnisgegenstand, nicht im Erkennenden begründet.

„Groß ist der Herr ... und seine Größe hat keine Grenze“:

> *Die Kontemplation aller Geschöpfe ist begrenzt, allein die Erkenntnis der HL. Dreifaltigkeit ist unbegrenzt, denn sie ist wesenhafte Weisheit.*[10]

In verhüllender Sprache deutet Evagrios diesen Psalmvers auch in seinen *Kephalaia Gnostika.*

> *Die Grenze der natürlichen Erkenntnis ist [der zwischen Schöpfer und Geschöpf herrschende Zustand] der heiligen Einzigkeit (monas), aber es gibt keine Grenze für das Nichterkennen, wie geschrieben steht, denn „seine Größe hat keine Grenze“.*[11]

---

6 Ep 43,2.
7 KG I, 49.
8 KG IV, 29.
9 KG III, 63.
10 2 in Ps 144,3.
11 KG I, 71.

In einer jener für ihn so typischen Seligpreisungen ruft Evagrios daher aus:

> *Selig, wer zu dem unüberschreitbaren Nichterkennen gelangt ist*[12]*!*

Denn wenn der Intellekt die verschiedenen Manifestationen der Erkenntnis Gottes im Geschaffenen Stufe für Stufe „überschreitet", gelangt er als Geschöpf schließlich an seine eigene absolute *„Grenze"*[13], die „Schau der Hl. Dreifaltigkeit, die unbegrenzte Erkenntnis und wesenhafte Weisheit ist"[14] und die er nicht zu überschreiten vermag.

> *Von den drei Altären der Erkenntnisse sind zwei mit einem Kreis, der dritte hingegen erscheint ohne Kreis.*[15]

Das Bild vom „Kreis", das wie das des „Altares" dem „Umkreisen des Altares" aus *Ps 25,6* entlehnt ist, deutet ein Begrenzen, Umfassen durch den Erkennenden an, denn „umkreisen" steht hier für *„erkennen"*.[16] Ähnlich heißt es auch, zwei dieser „Altäre" (die die Erkenntnis des Geschaffenen bedeuten) seien „zusammengesetzt", der dritte (der der Erkenntnis der Hl. Dreifaltigkeit) aber sei „einfach".[17] Denn „Gott ist erkennbar"[18], er ist „wesenhafte Erkenntnis"[19], und eines Tages soll uns auch die „wahre Erkenntnis der einen Wesenheit der angebeteten Dreifaltigkeit" zuteil werden[20], in der alle Erkenntnis des Geschaffenen wie Ströme in einem Meer zusammen fließen.[21] Diese „Wesenserkenntnis" ist im Gegensatz zu jeder Erkenntnis des Geschaffenen „ein-förmig" *(monoeides)*[22] und

12 KG III, 88
13 3 in Ps 38,5.
14 3 in Ps 138,7.
15 KG IV, 88.
16 4 in Ps 25,6.
17 KG II, 57.
18 KG III, 80; IV, 80; 5 in Ps 131,7.
19 5 in Ps 24,7; KG II, 11 u.ö.
20 Ep 56,2.
21 Ep.Mel. 66.
22 Ep 58,4.

„unbegrenzt“[23], weil die göttliche Wesenheit selbst „einfach und unumschränkt“ ist[24], im Gegensatz nämlich zu der des Geschöpfes, die „zusammengesetzt“ und „begrenzt“ ist.

So soll uns also wahre Erkenntnis der göttlichen Personen in der „Einsheit und Einzigkeit“ ihres Wesens zuteil werden[25], aber die Unbegrenztheit dieses Wesens wandelt diese Erkenntnis in ein unbegrenztes *„Nichterkennen“*. Die Erkenntnis Gottes ist kein „Umfassen“, sondern ein „Umfasstwerden“[26], Ergriffenwerden. Dank seiner Gottebenbildlichkeit ist der Intellekt *capax Dei,* empfänglich für Gott[27], empfänglich für seine Natur[28], und auf dieses Empfangen richtet sich sein „grenzenloses“[29] und „ewiges Verlangen“[30], das „unersättlich“ ist[31], da Gottes Wesen unerschöpflich ist.

In jenem eschatologischen Zustand der „Einzigkeit“ zwischen Schöpfer und Geschöpf[32], wenn „Gott alles in allen sein wird“ *(1 Kor 15,28,* vgl. *Ep 64,22),* weil nun alle „in Gott eins“ sind[33], wird ein „unsagbarer Friede“ herrschen, an dessen „Unersättlichkeit“ sich das erlöste Geschöpf *auf ewig*[34] „sättigen“ wird.[35] Dies wird dann jene „letztendliche Beseligung“ sein, von der Evagrios im *Prolog*[36] sprach.

*

23 5 in Ps 131,7.
24 Ep.fid. 2,35ff.
25 Ep.Mel. 16.
26 5 in Ps 88,9.
27 KG VI, 73.
28 KG III, 24.
29 Pr 57.
30 KG IV, 50.
31 Cent. Suppl. 53.
32 KG IV, 51.
33 5 in Ps 144,13 (Zitat Joh 17,21).
34 Ep.Mel. 63.
35 KG I, 65.
36 Vgl. Pr Prol [8].

KAPITEL 88

Die vermöge ihres Gebrauchs guten oder schlechten Dinge bewirken Tugenden oder Laster. Es ist dann Sache der Klugheit, sich ihrer im Hinblick auf eins von beiden zu bedienen.

Evagrios legt großen Wert darauf, wir sahen es schon mehrfach, gegen jede manichäische Schöpfungsfeindlichkeit festzuhalten, dass nichts von dem, was ist, an sich schlecht ist[1]; nicht einmal der Dämon ist schlecht *von Natur.*[2] Es sind allein die Laster, die durch ihren Missbrauch alles verfremden.[3] Umgekehrt gilt jedoch ebenfalls:

> *Wir ‚tun das Gute' durch den passenden (zeitgerechten) Gebrauch der uns von Gott gegebenen Dinge. Auf diese Weise wird auch „alles gut sein zu seiner Zeit"*[4] *und „siehe, alles war sehr gut".*[5]

Dies gilt nicht nur für die Dinge der Schöpfung allgemein, sondern im besonderen auch für unsere „vernünftige Seele" und ihre drei Vermögen, durch die wir ja allein tätig werden.

> *Wenn jegliches Laster aus der Vernunft, dem Begehren oder dem Jähzorn zu entstehen pflegt, man sich dieser Kräfte aber sowohl gut als auch schlecht bedienen kann, dann stoßen uns die Laster offensichtlich entsprechend dem Gebrauch dieser Teile zu. Verhält es sich aber so, dann ist nichts von dem durch Gott Gewordenen schlecht.*[6]

---

1 2 n Ps 145,8.
2 KG IV, 59.
3 Vgl. Pr 37.
4 Eccl 3,11.
5 In Eccl 3,10–13: Géhin (Zitat Gen 1,31).
6 KG III, 59.

Welche Rolle die *Klugheit* dabei spielt, hatte Evagrios bereits *Pr 73* gesagt; im folgenden Kapitel geht er erneut darauf ein.

*

KAPITEL 89

Da die vernünftige Seele, gemäß unserem weisen Lehrer, dreiteilig ist, wird die Tugend, wenn sie sich im vernünftigen Teil befindet, Klugheit, Einsicht und Weisheit genannt; im begehrenden Teil hingegen Besonnenheit, Liebe und Enthaltsamkeit; im jähzornigen Teil Mut und Geduld; in der ganzen Seele schließlich Gerechtigkeit.

Das Werk der Klugheit nun ist es, den Feldzug gegen die widrigen Mächte anzuführen, die Tugenden zu beschützen, wider das Laster aber die Schlachtreihe aufzustellen, und die neutralen Dinge den Zeitumständen entsprechend zu richten. Das Werk der Einsicht ist es, alles, was unserem Ziel zuträglich ist, harmonisch zu verwalten, das der Weisheit hingegen, die Gründe der Körperlichen und der Körperlosen zu schauen. Das Werk der Besonnenheit ist es, jene Dinge, die in uns irrationale Vorstellungen erregen, leidenschaftslos zu betrachten, das der Liebe, sich jedem Ebenbild Gottes gegenüber fast so zu verhalten, wie dem Vorbild gegenüber, auch wenn die Dämonen Hand anlegen, es zu besudeln; das der Enthaltsamkeit, jedes Vergnügen des Gaumens mit Freuden von sich zu stoßen. Sich vor den Feinden nicht zu fürchten und entschlossen die Schrecknisse auszuhalten, ist das Werk der Geduld und des Mutes.

Das Werk der Gerechtigkeit schließlich ist es, einen gewissen Einklang und ein Zusammenstimmen der Teile der Seele zu bewerkstelligen.

Die *Textgestalt* dieses Kapitels stellt den Übersetzer und Kommentator vor ein Dilemma. Sie weist nämlich nicht nur die üblichen Varianten auf, sondern der Text liegt praktisch in *zwei verschiedenen Fassungen* vor. Die erste (A) wird von jenen Handschriften bezeugt, die die Herausgeber des kritischen Textes mit guten Gründen für die zuverlässigsten halten. Die andere (B) wird nur von einer relativ kleinen Gruppe jüngerer Handschriften vertreten. Für den *Philologen* besteht also kein Zweifel, dass A vor B den Vorzug verdient.

Paradoxerweise weicht jedoch A *inhaltlich* an einem entscheidenden Punkt (um nur diese Differenz zu nennen) nicht nur von der von Evagrios mit großer Beständigkeit vertretenen Lehre ab, sondern auch von jenem philosophischen Text, den A. Guillaumont als die unmittelbare Vorlage für unser Kapitel betrachtet[1]! Demgegenüber entspricht B inhaltlich vollkommen der geläufigen evagrianischen Lehre, wonach die *Liebe* mit dem *Jähzorn* verbunden ist, und nicht wie in A mit dem *Begehren.*[2]

Soll man wirklich annehmen, dass Evagrios von dieser ehernen Regel – und mit welcher Absicht? – nur in diesem einen Kapitel abgewichen ist und sich damit *in ein und demselben Werk* selbst widersprochen hat?! Denn *Praktikos, Gnostikos* und *Kephalaia Gnostika* sind ja ursprünglich als *Trilogie* konzipiert worden[3] und bilden somit gedanklich eine *Einheit.* Und wie soll man die Entstehung der Version B erklären? Man wird sie doch schwerlich einem übereifrigen „Evagrianer" zuschreiben wollen, der dieses Kapitel mit der Lehre des Meisters in Übereinstimmung hat bringen wollen!

Wie dem auch sei, der Übersetzer und Kommentator muss wählen. Nachdem wir in der ersten Auflage der Fassung B gefolgt waren, wollen wir uns hier dem Einspruch des Herausgebers beugen und trotz bleibender Bedenken dem „kritischen" Text folgen.

---

1 Auch hier ist die *Sanftmut*, die ja eine Form der Liebe ist, mit dem Jähzorn verbunden.

2 Vgl. Pr 38; Gn 47; KG I, 84; Vg 41; Ep 6,4; vgl. Or 14. Die Zahl der Belege vermehrt sich noch erheblich, wenn man in Rechnung stellt, dass für Evagrios die *Sanftmut* die konkrete Erscheinungsform der Liebe ist: Pr 20; Ep 19,2; 56,4; M.c. 27,24f; in Prov 31,21: Géhin 377,5 f; 1 in Ps 131,1 definiert sogar die Sanftmut als „Unerschütterlichkeit des Jähzorns".

3 Vgl. Pr Prol [9].

Wie so oft, greift Evagrios auch in diesem Kapitel auf die *Tradition* zurück, der er sich verpflichtet fühlt, d.h. auf seine direkten oder indirekten Lehrer. Dies sind zum einen seine theologischen Autoritäten[4], allen voran der auch hier gemeinte *Gregor von Nazianz*, zum anderen seine *„heiligen Väter"* und Lehrmeister im geistlichen Leben, die Wüstenväter also, vor allem die beiden Makarios.[5] Im vorliegenden Kapitel, welches das „natürliche Wirken" der leidenschaftslosen Seele beschreibt, synthetisiert Evagrios, was er von seinem Lehrer Gregor von Nazianz über die innere Struktur der Seele und ihr Verhalten den Tugenden gegenüber gelernt hat. Dass es sich dabei zum guten Teil um philosophische Schulweisheit handelt, tut dem keinen Abbruch. Diese „Weisheit der Hellenen" hat im Geist der Kirchenväter eine tief greifende Umwandlung erfahren, sie ist „getauft" worden. Dies zeigt sich sogleich bei der Lehre von den Tugenden.

Evagrios geht von den vier stoischen Kardinaltugenden Klugheit, Besonnenheit, Mut und Gerechtigkeit aus, deren Wirken er auch im *Gnostikos*[6], wiederum unter Berufung auf seinen Lehrer Gregor von Nazianz, beschreibt.[7] Doch diese *„philosophischen"* Tugenden, die bereits die *Weisheit Salomos* übernommen hatte[8], sind eingebettet in die spezifisch *christlichen* Tugenden der Einsicht, Weisheit, Enthaltsamkeit und Liebe *(agape)*. Alle genannten und die ihnen verwandten Tugenden bilden eine organische *Einheit,* wie Evagrios von Didymos dem Blinden weiß, die sich wie das Licht in einem Prisma in den Facetten unserer Seelen „bricht" und als verschiedene Einzeltugenden erscheint[9]. Die hier aufgeführte Liste ist also keineswegs vollständig, in anderem Zusammenhang erwähnt Evagrios noch andere Tugenden. Aus der Fülle der Themen, die dieses Kapitel anschneidet, seien hier nur einige herausgegriffen.

Entsprechend der Gliederung der Seele in einen rationalen und einen irrationalen (wiederum aus zwei Vermögen bestehenden) Teil, von

4 Vgl. Gn 44–48.
5 Vgl. Pr 91.
6 Gn 44.
7 Siehe weiter unten.
8 Vgl. Weish 8,7.
9 Vgl. Pr 98.

denen der erste für die *Kontemplation (theôria)*, der zweite für die *Praktike* bestimmt ist, lassen sich „theoretische" und „praktische" Tugenden unterscheiden. Die Gerechtigkeit gilt dabei als die „vorherrschende praktische Tugend", die den Menschen zum „Gerechten" macht[10] und Zugang zur Weisheit gewährt[11], welche ihrerseits die erste Gabe des Heiligen Geistes[12] und die erste Tugend überhaupt ist.[13] Die Weisheit, deren Synonyme Erkenntnis, Einsicht, Klugheit usw. sind[14], könnte man daher füglich als die „theoretische" (kontemplative) Tugend par excellence bezeichnen, wiewohl Evagrios meines Wissens diesen Begriff nicht verwendet. Denn sie gewährt uns Zugang zu dem dreifaltigen Gott, der selbst „unbegrenzte Erkenntnis und wesenhafte Weisheit ist".[15]

Die Gerechtigkeit nimmt in diesem Gesamtgefüge also eine gewisse Sonderstellung ein, insofern sie die anderen Tugenden wie ein „Joch"[16] „zusammenhält"[17] und gleichsam deren „Richtmaß" *(kanon)* ist.[18] Der wahre Kontemplative ist daher für Evagrios im schönsten biblischen Sinn ein *„Gerechter"*, wie umgekehrt der „Gerechte", dank seiner Erkenntnis, ein *„Weiser"* ist, ja ein „Freund Gottes"[19], ein *„Theologe"*, der sein Wissen nicht aus Büchern schöpft, sondern aus seinem vertrauten „Ruhen an der Brust des Herrn"[20], wie jener Lieblingsjünger[21], den die orientalische Kirche mit Vorliebe den „Theologen" nennt.

*

10 5 in Ps 84,14.
11 In Prov 24,7: Géhin 267.
12 In Prov 8,10: Géhin 101.
13 KG VI, 51.
14 In Prov 7,4: Géhin 88.
15 3 in Ps 138,7.
16 5 in Ps 61,10.
17 1 in Ps 30,2.
18 3 in Ps 36,6.
19 In Prov 6,1: Géhin 69.
20 Mn 120.
21 Joh 13,25.

Das Bild wäre jedoch unvollständig, wenn wir nicht sagten, dass Evagrios all das, was er hier der *Gerechtigkeit* zuschreibt, in anderem Zusammenhang auf die *Liebe* überträgt. Denn die Liebe ist jene Tugend, die Christus selbst hoch über alle anderen gestellt hat[22] und an deren Besitz man seine wahren Jünger erkennt.[23] Diese „heilige Liebe“[24] ist in der Tat mehr als eine Tugend unter anderen! *„Unsere Liebe ist Christus“*[25], da doch „Gott Liebe ist“[26], jene *„Urliebe“*[27], nach der diese „heilige Liebe“ gebildet ist.

Diese „geistliche Liebe“[28] nun, die Evagrios stets ohne weitere Begründung mit der Christus selbst charakterisierenden *Sanftmut*[29] gleichsetzt[30], ist jener „vorzügliche Zustand der vernünftigen Seele“[31], der dieser den Zugang zur Weisheit verschafft[32], denn sie ist *„die Mutter der Erkenntnis“*.[33] Diese „Freundesliebe *(philia)* zu Gott oder vollkommene und geistliche Liebe“ ist auch jene Haltung, in der das Gebet „in Geist und Wahrheit“ wirksam wird[34], also das, was die evagrianische Mystik kennzeichnet, ihr trinitarisches Wesen, offenbart.

*

Alle in unserem Kapitel genannten Tugenden haben ein je eigenes *Werk* zu erfüllen. Wie sehr Evagrios auch hier wieder auf seine „Väter“ zurückgreift, lehrt folgender anonym überlieferter Spruch eines Wüstenvaters.

---

22 Ep 37,2.
23 Ep 40,1.
24 Ep 60,4.
25 Ep 40,3.
26 1 Joh 4,8.
27 Ep 44,2; 56,3.
28 KG III, 58.
29 Vgl. Mt 11,29.
30 Ep 56,3.
31 KG I, 86.
32 Ep 36,3.
33 Ep 27,2, vgl. Pr Prol [8].
34 Or 77.

Ich hörte einen der Altväter sagen: „Die Seele ist die Mutter des Intellektes. Denn sie ist es“, so sagte er, „die den Intellekt durch die praktischen Tugenden zum Licht [des Tages/der Erkenntnis!] bringt“. ‚Seele‘ aber nannte er den leidenschaftlichen Teil der Seele, der in Jähzorn und Begehren unterteilt wird. „Denn durch den Mut und die Besonnenheit“, sagte er, „erwerben wir Weisheit und Erkenntnis Gottes“. Mut und Besonnenheit sind ja Tugenden des Jähzorns und Begehrens.[35]

Das hier und in unserem Kapitel entworfene Bild ist für den *Praktikos* bestimmt, das folgende hat besonders den *Theoretikos* im Sinn.

Was die Kontemplation betrifft, so gibt es ebenfalls vier Tugenden, wie wir von dem gerechten Gregor [von Nazianz] gelernt haben: Klugheit, Mut, Besonnenheit und Gerechtigkeit.
Das Werk der Klugheit ist, so sagte er, die intelligiblen und heiligen Mächte zu schauen, ohne deren Gründe. Denn diese, so überlieferte er uns, werden allein von der Weisheit offenbart.
Das Werk des Mutes ist, bei der Wahrheit standhaft auszuharren, auch wenn man (dafür) kämpfen muss, und nicht auf das einzugehen, was nicht existiert.
Die von dem ersten Landmann stammenden Samen zu empfangen und den, der darauf sät[36]*, zurückzustoßen, ist das der Besonnenheit eigentümliche Werk.*
Das Werk der Gerechtigkeit wiederum ist es, die Sinngehalte (logoi) einem jeden seiner Würde entsprechend auszuteilen, indem man dieses dunkel ankündigt, jenes durch Rätsel andeutet, anderes aber auch zum Nutzen der Einfältigeren offen darlegt.[37]

*

Unter den „Werken“ der Tugenden sei hier besonders das der *Liebe* hervorgehoben, da es in der Spiritualität des Evagrios eine zentrale Stel-

35 In Prov 23,22: Géhin 258.
36 Vgl. Mt 13,25.
37 Gn 44.

lung einnimmt. Die Liebe des *Praktikos* ist zuallererst *Nächstenliebe.* Ihr Gegenstand ist ja „jedes Ebenbild *(eikon)* Gottes“, mag es auch noch so sehr von den Dämonen besudelt sein. Als „Ebenbild und Gebilde *(plasma)* Gottes“ bleibt in der Tat selbst der übelste „Frevler“ stets liebenswert, mag er auch ansonsten, eben *als Frevler,* nach dem Wort des Psalmisten „hassenswert“ sein.[38]

Doch diese Nächstenliebe ist kein bloß menschliches Mitgefühl, da sie als spezifisch christliche *agape* ihren metaphysischen Grund in der Erschaffung eines jeden Menschen *„nach dem Bilde Gottes“*[39] hat. Dieses „Bild Gottes“, das gleichsam das „Vorbild“ *(prototypos)* ist, *„nach dem“* jeder Mensch erschaffen ward, ist *Christus*[40], von dem die Schrift ja sagt, er sei *„das Bild des unsichtbaren Gottes“*[41], d.h. des Vaters.

Daher sagt Evagrios auch, der ans Ziel der *Praktike* gelangte *Praktikos* liebe seinen Nächsten *„fast ebenso (s'chedon)* wie das Vorbild selbst, nämlich Christus. Hier wird deutlich, dass die Nächstenliebe der Prüfstein der wahren Gottesliebe ist, da die letztere die ontologische Begründung und Ermöglichung der ersteren ist. Das ist es auch, was das bekannte *Agraphon*[42] meint: „Du hast deinen Nächsten gesehen, du hast den Herrn deinen Gott gesehen“, das auch Evagrios kennt[43] und paraphrasiert.

Selig der Mönch, der jeden Menschen
für Gott nach Gott hält.[44]

*

38 50 in Ps 118,113.
39 Gen 1,27, vgl. 32 in Ps 118,73.
40 1 in Ps 16,2; 4 in Ps 79,8.
41 Kol 1,15, vgl. 2 Kor 4,4.
42 Ein nicht in der Schrift überliefertes Wort Christi.
43 Eul 24.
44 Or 121.

Aus dem *Praktikos* wird mit Gottes Gnade schließlich ein *Theoretikos*, der im Verständnis des Evagrios stets auch ein „geistlicher Vater“[45] und *Lehrer* ist, der die ihm Anvertrauten zu unterweisen und, wenn nötig, zu heilen hat.[46] An ihn richtet sich die folgende Mahnung die offenbart, dass auch sein Wirken nur von seinen metaphysischen Voraussetzungen her zu verstehen ist.

Indem du auf das Urbild blickst, mühe dich allzeit,
seine Ebenbilder zu zeichnen,
wobei du nichts von dem vernachlässigen sollst,
was dazu beiträgt, auch das gefallene zu gewinnen.[47]

Der geistliche Vater ist also gleichsam ein *Maler,* der – den Blick allzeit fest auf das „Urbild“ *(archetypos),* Christus, geheftet – die ihm anvertrauten „Ebenbilder“ *(eikones)* „zeichnet“, das heißt genau genommen die ihnen ja von ihrer Schöpfung unverlierbar eingezeichnete und durch die Taufe in Christus bereits „erneuerte“[48] Gottebenbildlichkeit *nachzeichnet* und gleichsam mit den Farben der Tugenden „auffrischt“, um das „Ebenbild“ auf diese Weise dem „Urbild“ immer ähnlicher zu machen. Seine besondere Sorge gilt dabei auch dem „gefallenen Ebenbild“, das er sich mühen muss, zu „gewinnen“.[49] Eine demütige und selbstlose Aufgabe.

Selig der Mönch, der das Heil und den Fortschritt aller
wohlwollend ansieht, voller Freude,
als seien sie sein eigen.[50]

*

45 Vgl. Ep 52,7.
46 Vgl. Pr 100.
47 Gn 50.
48 Kol 3,10.
49 Vgl. Mt 18,15.
50 Or 122.

KAPITEL 90

Die Frucht der Saaten sind die Garben, die der Tugenden die Erkenntnis. Und wie die Saaten begleitet sind von Tränen, so die Garben von der Freude.[1]

In diesem wohl ursprünglich letzten Kapitel einer früheren Fassung des Praktikos fasst Evagrios noch einmal Wesen und Ziel der *Praktike* zusammen, wie aus einem Scholion zu demselben *Psalm 125* noch deutlicher hervorgeht.

> *„Die unter Tränen säen, werden unter Jauchzen ernten“:*
> *Jene, die unter Mühe und Tränen die Praktike vollbringen, ‚säen unter Tränen‘. Jene hingegen, die mühelos die Erkenntnis empfangen, ‚ernten unter Jauchzen‘. Indessen ist bei diesem Wort zu beachten, dass wir alle im Besitz der Samen der Tugenden in dieses Leben eintreten. Und wie den ‚Saaten‘ die Tränen, so folgt den ‚Garben‘ die Freude.*[2]

Die Praktike ist jene „enge Tür“ des Evangeliums[3], die zunächst nicht Freude, sondern Qual zu bewirken scheint, später aber den durch sie Geübten jene „Früchte der Gerechtigkeit“ verschafft[4], aus denen dann „der Baum des Lebens sprießt“[5], den Evagrios als Symbol der *Weisheit* deutet.[6] Die *Praktike* ist wie der „Stock“ des Erziehers, mit dem man „gezüchtigt“ (und erzogen) wird.[7] Sie gleicht der „Wüste“, wo „Israel hungerte, dürstete und versucht ward“[8], kurz, sie ist mit „Mühe“[9] und „Anstrengung“[10] verbunden.

---

1 Vgl. Ps 125,5–6.
2 3 in Ps 125,5.
3 Mt 7,13.
4 3 in Ps 16,3.
5 Prov 11,30.
6 In Prov 3,18: Géhin 32.
7 33 in Ps 22,4.
8 3 in Ps 135,6.
9 9 in Ps 29,12.
10 3 in Ps 126,2.

Wie Evagrios ausdrücklich betont, besitzen jedoch alle in dieses Leben Eintretenden jenen „Samen der Tugend", der „von Anfang an in die Seele gelegt ward".[11] Den muss ein jeder „unter Tränen" in diesem Leben „säen" in der Hoffnung, „mit Freuden" eines Tages auch die „Ähren der wahren Erkenntnis zu ernten".[12]

> *Wie unter Versuchungen und Tränen ein rechtes Lehen geführt wird, so erscheint unter Jauchzen und Freude die Erkenntnis.*[13]

Bei dieser mühsamen Arbeit der „sechs Jahre der Praktika"[14] und ihrer „Hitze"[15], die ihn dabei wie Jakob[16], in dem Evagrios den Typos des *Praktikos* erkennt[17], „verbrennt"[18], ist der Mensch jedoch nicht auf sich allein gestellt! Denn wenn die „Saaten" auch davon bedroht sind, von den „Vögeln" (d.h. den Dämonen) geraubt zu werden[19], so kommen doch sanfte „Winde" den Samen zu Hilfe und lassen sie wachsen.

> *Die hier figürlich „Winde" genannten (himmlischen Mächte) lassen die Ähren der Seele aus den Hülsen treiben, damit die ‚unter Tränen Säenden unter Jubel ernten'.*[20]

Auf die Mühen der *Praktike* folgt so schließlich die Freude der Erkenntnis Gottes[21], die übrigens auch ein sicheres Kennzeichen dafür ist, dass sich der Mensch den Grenzen des Gebetes genähert hat.[22] Betritt er dann schließlich den „geistlichen Ort des Gebetes"[23], wird er Gott den

---

11 4 in Ps 136,7.
12 Ep 10,3.
13 5 in Ps 29,6.
14 KG V, 8.
15 In Prov 19,12: Géhin 195.
16 Vgl. Gen 31,39f.
17 1 in Ps 86,2.
18 M.c. 17.
19 Ep 41,4.
20 5 in Ps 134,7.
21 9 in Ps 29,12.
22 Or 15. 62. 153.
23 Or 72, vgl. 57. 102. 152.

Vater „ohne jegliche Vermittlung“[24] allein „in Geist und Wahrheit“, das heißt in seinem Heiligen Geist und seinem Eingeborenen Sohn anbeten.[25]

*

24 Or 3.
25 Or 59.

Aussprüche heiliger Mönche

KAPITEL 91

Es ist auch notwendig, die Wege jener Mönche zu befragen, die uns in rechter Weise vorausgegangen sind, und uns nach ihnen zu richten. Denn man findet vieles, das von ihnen schön gesagt und getan ward. Unter anderem sagte auch einer von ihnen dies:
„Eine trockene und gleichförmige Kost verbunden mit der Liebe führt den Mönch schnell in den Hafen der Leidenschaftslosigkeit."
Derselbe befreite einen der Brüder, der des Nachts von Gesichten verwirrt ward, indem er ihm den Dienst an den Kranken zusammen mit Fasten vorschrieb. Befragt, antwortete er: „Nichts löscht so derartige Leiden(schaften) aus wie das Erbarmen."

Evagrios hat sich stets als Glied einer Traditionskette und nicht als Neuerer verstanden. Allenthalben in seinem Werk beruft er sich daher auf das Zeugnis der „heiligen Väter", sei es in Fragen der Theologie, sei es in der Aszetik. Bereits im *Brief an Anatolius*, dem Prolog des *Praktikos*, hatte Evagrios auf die Lehre der Altväter zurückgegriffen, um seinem Freund die symbolische Bedeutung des Mönchskleides und die Grundzüge der geistlichen Lehre darzulegen. Später hatte er sodann einen Ausspruch seines Lehrers Makarios des Großen zum Thema „Akedia" angeführt[1] und die Tugendlehre Gregors von Nazianz entfaltet.[2]

In den letzten zehn Kapiteln des *Praktikos*, die vielleicht erst der Zeit der Endredaktion entstammen, stellt Evagrios nun eine der ältesten Sammlungen von *„Sprüchen der Wüstenväter"* zusammen, gleich-

1 Pr 29.
2 Pr 89.

sam als „dokumentarischer Nachweis" für die Traditionsgebundenheit seiner eigenen Lehre. Ähnliche Sammlungen findet man in seinem Traktat *Über das Gebet*[3] und im *Gnostikos*.[4] Auch in dem in Briefform verfassten Traktat *An Eulogios* sind nicht weniger als zehn „Aussprüche" von Mönchsvätern eingestreut. Tatsächlich finden wir in diesem dokumentarischen Anhang all jene Elemente wieder, denen wir schon in den vorhergehenden Kapiteln begegnet sind.

Gleich zu Beginn spricht Evagrios selbst die Absicht aus, die er mit dieser Textsammlung verfolgt: Es gilt, *sichere Kriterien* für das eigene geistliche Leben zu finden.

> *Es geziemt sich denen, die auf dem „Weg" dessen wandeln wollen, der gesagt hat: „Ich bin der Weg und das Leben"*[5]*, von jenen zu lernen, die zuvor auf ihm gewandelt sind, und sich mit ihnen über das, was nützlich ist, zu unterhalten und von ihnen zu hören, was hilfreich ist, um nicht etwas einzuführen, was unserem Lauf fremd ist.*[6]

Traditionsgebundenheit ist also nicht einfach Beharren auf dem Hergebrachten, sondern *Bewahrung eines lebendigen Zusammenhanges* mit dem, auf den der Weg des Lebens zurückgeht, *Christus*. Ganz biblisch besteht Evagrios darauf, dass dies nur möglich ist auf dem „Umweg" über die lebendigen und verstorbenen Glieder der Traditionskette.[7] Evagrios spricht dabei immer von den Vätern in der Mehrzahl, wenngleich er namentlich meist nur seine unmittelbaren Lehrer zitiert. Die „Tradition" ist ein Ganzes, ein Gesamtzusammenhang, nicht die zum System erhobene Gedankenwelt eines einzelnen! Dies bedeutet u. a. auch, dass man gut daran tut, aus den Schriften des pontischen Mönchs selbst kein System heraus zu destillieren, sondern ihn stets als das sieht, was er selbst hat sein wollen: *Zeuge des „Weges" der Väter*.

Dieser „Weg" ist zunächst der „Weg der Praktike"[8], jener „enge und

3 Or 106–109. 111–112.
4 Gn 44–48.
5 Joh 14,6.
6 Ep 17,1.
7 Vgl. 1 Joh 1,1–4.
8 14 in Ps 118,32.

schmale Weg"[9] der „praktischen Tugenden", die uns zum „Reich der Himmel" führen[10], d.h. zur „Erkenntnis Gottes"[11] Denn diese vielen Wege der einzelnen Tugenden führen uns zu dem, der für uns „Weg" geworden ist[12] und daher von sich sagen kann: „Ich bin der Weg".[13] Ward doch Christus „für uns von Gott her zur Weisheit, zur Gerechtigkeit, zur Heiligung und zur Erlösung"[14], wie Evagrios oft wiederholt.

Christus ward uns also nicht nur zum „Weg", sondern auch zur *Weisheit,* d.h. zur Erkenntnis und damit zum Leben, denn diese *Erkenntnis* Gottes ist das Leben des Menschen[15], wie der Herr selbst gesagt hat.[16] Auf all diesen Wegen sind uns jene in Wort und Tat Vorbild, die in rechter Weise vor uns auf ihnen gewandelt sind.

*

Der erste Spruch hat es – vordergründig – mit der monastischen Askese zu tun. Die „Diät" des Mönchs soll „trocken", d.h. sparsam im Verbrauch von Wasser sein[17] und „nicht-ungleichförmig", wie es in doppelter Verneinung heißt, da sie mit ihrer Beschränkung auf die Grundbestandteile Brot und Öl[18] der Fresslust und ihrem Verlangen nach „abwechslungsreichen Speisen"[19] den Riegel der Einförmigkeit vorschiebt.

Diese strenge Enthaltsamkeit, die das kranke Begehren heilt[20], reicht allein jedoch nicht aus, wenn sie nicht mit der *Liebe* verbunden wird. Auch der Jähzorn bedarf ja der Heilung, und zwar durch die Liebe in ihrer konkreten Form der Sanftmut.[21]

---

9 Ep 30,2.
10 6 in Ps 94,11.
11 2 in Ps 137,5.
12 Ep.fid. 8,5.
13 In Prov 4,10: Géhin 45 (Zitat Joh 14,6).
14 1 Kor 1,30.
15 KG IV, 42.
16 Joh 17,3.
17 Vgl. Pr 17.
18 M.c. 35.
19 Pr 16.
20 KG III, 35.
21 Ep 19,2.

Die Enthaltsamkeit unterdrückt allein den Leib, die Sanftmut aber macht den Intellekt zum Theoretikos (Kontemplativen)[22].

In knapper Form enthält dieser Väterspruch also im wesentlichen alles, was Evagrios über den Zusammenhang zwischen Enthaltsamkeit, Liebe und Leidenschaftslosigkeit zu sagen hat. Es ist dieselbe Väterlehre, der wir schon im *Prolog* begegnet sind.[23]

*

Der zweite Väterspruch, der auf Pr *11* und *21* zurückweist, handelt von der Heilung der Jähzornssünden und deren Folgen, d.h. den nächtlichen Alpträumen.

Hieraus [d.h. aus Prov 3,24–25] erkennen wir, dass die Barmherzigkeit die uns nächtlicherweise zustoßenden schrecklichen Erscheinungen entfernt. Dasselbe bewirken auch Sanftmut, Zornlosigkeit, Langmut und alles, was dazu geeignet ist, den erregten Jähzorn zu besänftigen, da die schrecklichen Erscheinungen aus der Erregung des Jähzorns zu entstehen pflegen.[24]

Leider überliefert Evagrios diese beiden Apophthegmen anonym, so dass wir nicht wissen, wem er sie verdankt. In den Kapiteln des *Antirrhetikos* über den Kummer, der ja als Ursache quälender Alpträume bekannt ist, beruft sich Evagrios mehrfach auf seine beiden Lehrer Makarios den Großen[25] und Makarios den Alexandriner.[26] Mag sein, dass einer von ihnen gemeint ist.

*

22 Ep 27,4.
23 Vgl. Pr Prol [8].
24 In Prov 3,24: Géhin 36.
25 Ant IV, 45.
26 Ant IV, 23. 58.

KAPITEL 92

Zu dem gerechten Antonios kam einmal einer der damaligen Weisen und sprach: „Wie hälst du es aus, Vater, da du des Trostes, der aus den Büchern fließt, entbehrst?“ Der aber antwortete: „Mein Buch, Philosoph, ist die Natur der Geschöpfe, und es ist (stets) zugegen, wenn ich (in ihm) die Worte (logoi) Gottes zu lesen wünsche“!

Wort und Beispiel Antonios‘ des Großen, den Evagrios als die *„Erstlingsgabe der Anachoreten“* verehrt[1], haben für die Späteren ein ganz besonderes Gewicht. Denn Antonios ist ein *„Gerechter“*[2], was bedeutet, da die Gerechtigkeit die Summe aller praktischen Tugenden ist[3], ein *„Vollkommener“*. Für Evagrios folgt daraus, dass er der *Erkenntnis* gewürdigt ward.[4] In diesem Licht ist also unser Apophthegma zu deuten.

Die *Vita* des Antonios zeigt den Vater der Mönche, der im weltlichen Sinn „ungebildet“ *(agrammatos)* war, also keine klassische Bildung erhalten hatte und deshalb auch kein Griechisch sprach, mehrfach im Gespräch mit griechischen Philosophen.[5] Unser Apophthegma findet sich dort nicht, doch bedeutet dies wenig. Evagrios wird aus der damals ja noch ganz lebendigen *mündlichen Tradition,* etwa durch seinen eigenen Lehrer Makarios den Großen, der Antonios noch persönlich gekannt hatte, geschöpft haben, ähnlich wie auch sein Zeitgenosse Johannes Cassianus. Ein von letzterem überlieferter Spruch des Antonios über das *Gebet* führt uns unmittelbar zu unserem Kapitel hin.

---

1 M.c. 35.
2 So auch Ant IV, 47.
3 Vgl. Pr 89.
4 5 bis 134,7.
5 Vita Antonii, c. 72–80.

O Sonne, was hinderst du mich, die du nur deshalb so früh aufgehst, um mich von jener Klarheit des wahren Lichtes abzuziehen[6]*?!*

Um welches „Licht" es sich da handelt, lehrt folgendes Kapitel der *Kephalaia Gnostika,* das wie ein Kommentar zu dem von Cassian überlieferten Spruch anmutet.

Die im Geiste bestehende Welt erscheint bei Tage schwer unterscheidbar, da die Sinne den Intellekt zerstreuen und das sinnliche Licht ihn umstrahlt. Des Nachts aber kann man sie sehen, wenn sie zur „Zeit des Gebetes hell scheinend hervortritt[7]*".*

Was damit gemeint ist, wird sogleich deutlich werden. Jener „Weise", der Antonios besuchte, war einer der „Weisen dieses Äons", die uns wohl allerlei „Erkenntnis verheißen"[8], doch ist ihre Weisheit eine bloß „äußerliche"[9], deren „Menge" nichts ist im Vergleich zu auch nur *„ein wenig geistlicher Erkenntnis".*[10]

Wenn sinnenfällige Worte (auch) im „kommenden Äon" die Dinge darlegen, dann werden offenbar auch die Weisen „dieses Äons"[11] *das „Reich der Himmel" empfangen. Wenn jedoch die Reinheit des Geistes (sie) schaut und das ihr entsprechende Wort (sie) bezeichnet, dann werden die Weisen dieser Welt fern der Erkenntnis Gottes sein.*[12]

Antonios bedurfte um der Reinheit seines Intellektes willen nicht der äußeren Buchweisheit, deren sich der Philosoph rühmen konnte, denn Gottes Engel hatten ihn zum „Weisen und Gnostiker" gemacht[13], zum wahren Philosophen. Sein „Buch" ist die *„Natur der Geschöpfe",* deren

6 Conl IX, 31.
7 KG V, 42.
8 2 in Ps 62,4.
9 19 in Ps 104,37.
10 12 in Ps 36,16.
11 Vgl. Mt 12,32 u.ö.
12 KG VI, 22.
13 KG VI, 35.

logoi[14] er allzeit zu „lesen", d.h. zu erkennen vermag und die ihm von jenem „Reich der Himmel" künden, von dem *Pr 2* die Rede war.
„In dein Buch sind sie alle eingeschrieben":

> *Das ‚Buch' Gottes, in welches der reine Intellekt durch die Erkenntnis natürlicherweise eingeschrieben wird, bedeutet die Kontemplation der Körperlichen und der Körperlosen. In diesem Buch sind auch die Gründe (logoi) bezüglich der Vorsehung und des Gerichtes verzeichnet, durch welches Buch Gott als Schöpfer, Weiser, Vorhersehender und Richter erkannt wird. Als Schöpfer durch jene Wesen, die vom Nichtsein zum Sein gelangten; als Weiser durch die in ihnen hinterlegten Sinngehalte (logoi); als Vorhersehender durch das, was uns zu Tugend und Erkenntnis förderlich ist; als Richter wiederum durch die verschiedenen Körper der Vernunftwesen, die mannigfaltigen Welten und die diese umfassenden Äonen.*[15]

*

14 Evagrios spielt mit der doppelten Bedeutung ‚Wort' und ‚Sinn' usw. des Begriffs *logos*.

15 8 in Ps 138,16.

KAPITEL 93

Es fragte mich einmal das *„Gefäß der Erwählung“*[1], der ägyptische Altvater Makarios: „Wie kommt es doch, dass wir, wenn wir den Menschen grollen, die Erinnerungsfähigkeit der Seele tilgen, hingegen, wenn wir den Dämonen grollen, unbeschädigt bleiben?“ Und als ich um eine Antwort verlegen war und bat, den Grund zu erfahren, sagte er: „Deshalb, weil ersteres wider die Natur des Jähzorns ist, während letzteres gemäß seiner Natur ist.“

Die Seele verfügt, neben den drei Grundvermögen Verstand, Jähzorn und Begehren, über eine ganze Anzahl anderer Vermögen.

„Preise, meine Seele, den Herrn, und all mein Inneres seinen heiligen Namen“:

> *Das ‚Innere‘ des „inneren Menschen“*[2] *sind das Begriffsvermögen, das Denkvermögen, das Anschauungsvermögen, das Begehrungsvermögen, das Vorstellungsvermögen und das Erinnerungsvermögen.*[3]

Das Gedächtnis, das zum Jähzorn gehört, sollte voll Sanftmut allzeit auf Gott gerichtet sein[4], weshalb die Dämonen alles daran setzen, es namentlich zur Zeit des Gebetes auf andere Objekte abzulenken.[5] Besonders schädlich ist hier der *Groll*, wörtlich das „Gedenken des (erlittenen) Bösen“.

1 Apg 9,15.
2 Röm 7,22 u.ö.
3 1 in Ps 102,1.
4 KG IV, 73.
5 Or 10. 45–47.

Wer nach dem reinen Gebet verlangt und den Intellekt ohne Gedanken Gott zuzuführen begehrt, der soll den Jähzorn beherrschen und sich vor den aus diesem entstehenden Gedanken in Acht nehmen, ich will sagen, jene die aus Argwohn, Hass und Groll entstehen, welche am allermeisten den Intellekt blenden und seinen himmlischen Zustand zerstören. Dies riet uns ja auch der heilige Paulus indem er sagte man solle „zum Herrn reine Hände erheben, ohne Zorn und Gedanken".[6]

Im *Kapitel 24* hatte Evagrios das *natürliche* Wirken des Jähzorns dargestellt: die Dämonen befehden und für irgendeine Lust kämpfen. Die Dämonen setzen daher, weil sie wissen, „dass die Wege der Grollenden in den Tod führen" *(Prov 12,28)*, alles daran, den Jähzorn zu nötigen, *wider seine Natur* die Menschen zu bekämpfen.

Es gibt aber durchaus keinen gerechten Zorn wider den Nächsten[7]*!*

Wir sollen jedes „Ebenbild Gottes" mit fast der gleichen Liebe lieben wie das Urbild, selbst wenn die Dämonen es besudeln sollten[8] und damit scheinbar hassenswert machen. Der Hass gilt nie dem Sünder, sondern stets nur der Sünde. Der Sünder bleibt als „Ebenbild Gottes" liebenswert.[9]

Aus unserem Kapitel erfahren wir nun, dass Evagrios diese geistliche Doktrin seinem „großen Erzieher und Lehrmeister"[10] Makarios dem Ägypter verdankt, dessen alles tragende, wahrhaft göttliche Nächstenliebe nachgerade sprichwörtlich war.[11] Unter dessen Sprüchen findet sich übrigens auch einer, der eine genaue Parallele zu unserem Kapitel darstellt.

---

6 M.c. 32 (Zitat 1 Tim 2,8).
7 Or 24.
8 Pr 89.
9 50 in Ps 118,113.
10 Or Prol.
11 Makarios 32.

Wenn wir des uns von Seiten der Menschen widerfahrenen Bösen gedenken, zerstören wir die Fähigkeit des Gedenkens Gottes. Gedenken wir jedoch des Bösen der Dämonen, werden wir unversehrt bleiben.[12]

*

12 Makarios 36.

KAPITEL 94

Einmal begab ich mich in der heißesten Mittagszeit zu dem heiligen Vater Makarios, und da ich arg vor Durst brannte, bat ich um (etwas) Wasser zum Trinken. Er aber sprach: „Der Schatten mag dir genügen. Denn viele, die jetzt zu Land oder zu Wasser unterwegs sind, entbehren selbst dessen." Als ich mich dann vor ihm in Reden über die Enthaltsamkeit erging, sprach er: „Nur Mut, mein Kind, in vollen zwanzig Jahren habe ich weder Brot noch Wasser noch Schlaf zur Genüge genommen. Denn mein Brot aß ich gewogen und mein Wasser trank ich zugemessen, und indem ich mich an die Wand lehnte, erhaschte ich ein klein wenig Schlaf.

Der hier genannte Vater ist nicht Makarios der Große, sondern dessen Namensvetter, der Alexandriner oder Städter (+ 394). Evagrios nennt ihn auch sonst „unseren heiligen Vater"[1] und, da er der Priester der Kellia war, „unseren heiligen Priester".[2] Dieser berühmte Greis war ein überaus strenger Asket. Er war es wohl, der auch Evagrios ein Fastenregime vorschrieb, das an seinem frühen Tod wohl nicht ganz unschuldig ist.[3] Evagrios hat sich diese entsagungsreiche Regel jedoch voll zu Eigen gemacht und, wenn er im Einzelfall auch überaus einfühlsam sein konnte[4], doch im Prinzip auch seinen Schülern weitergegeben.[5] Der an *Ez 4,10ff.* gemahnende Spruch des Makarios erscheint denn auch in seiner eigenen Lehre in fast gleich lautender Form wieder.

1 Ant IV, 23.58; VIII, 26.
2 M.c. 37.
3 Vita C.
4 R.m. 10.
5 Vita C.

Lege dein Brot auf die Wage und trinke dein Wasser zugemessen, und der Geist der Unzucht wird vor dir fliehen.[6]

Zu dieser Brot- und Wasserdiät vergleiche das oben zu Kapitel 17 und 91 Gesagte. Das Schlafen *im Sitzen*, das im orthodoxen Mönchtum bis zum heutigen Tage von einzelnen Vätern geübt wird, war damals eine verbreitete Sitte.[7]

*

6 Mn 102.

7 Vgl. HL 32, über die Gebräuche der pachomianischen Mönche.

KAPITEL 95

Man teilte einem der Mönche den Tod seines Vaters mit. Der aber sprach zu dem, der ihm die Nachricht brachte: „Hör auf zu lästern, denn mein Vater ist unsterblich!"

Mit diesem tiefsinnigen Spruch, der an *Mt 12,46ff* erinnert, hat es eine seltsame Bewandtnis. Evagrios führt ihn anonym als von einem anderen stammend an, sein langjähriger Schüler und enger Vertrauter Palladios hingegen schreibt ihn dem Meister selbst zu![1] Falls es sich bei Palladios nicht um einen späteren Einschub handelt, müssen wir schließen, dass Evagrios hier also in der dritten Person von sich selbst spricht. Dafür spricht auch folgende Beobachtung.

Johannes Cassianus, der zur selben Zeit wie Evagrios in der ägyptischen Wüste lebte, und zwar in der nahe gelegenen Sketis, überliefert den Ausspruch eines Bruders aus *Pontos,* womit wohl mit ziemlicher Sicherheit Evagrios gemeint ist, den er auch an anderer Stelle auf diese kaum verhüllte Weise einführt[2]; Evagrios erscheint hier im selben Licht. Dieser anonyme Mönch erhält nach fünfzehn Jahren ein Bündel Briefe von Vater, Mutter und zahlreichen Freunden aus der Heimat. Um die mühsam erworbene Herzensreinheit nicht durch all die leidenschaftlichen Empfindungen, die die Lektüre dieser Briefe unweigerlich wie ein Sturm entfachen musste, zu gefährden, wirft er das Paket ungeöffnet ins Feuer.[3]

Andererseits wissen wir gerade aus den Briefen des Evagrios, dass dieser in Wirklichkeit sehr wohl mit Freunden, auch aus der Heimat[4], korres-

1 HL 38.

2 Vgl. Conl X, 3, wo Cassian einen überaus weisen Diakon *Photinus*, aus Kappadokien stammend, mit den Worten des Evagrios den Irrtum des Mönchs Serapion widerlegen lässt. Cassian erwähnt Evagrios wohl aus Rücksicht auf Hieronymus nicht namentlich, weil dieser den längst Verstorbenen (sehr zu Unrecht) angegriffen hatte. Hieronymus war schon damals im Westen eine Autorität, mit der man rechnen musste.

3 Inst V, 32.

4 Ep 26.

pondierte. Hier erfahren wir aber auch, dass Evagrios nicht nur durch den Tod Gregors von Nazianz, den er wie einen Vater liebte, tief verstört war[5], sondern auch durch den Tod seines leiblichen Vaters.[6] Man wird also die Frage, ob Evagrios hier nach dem Vorbild des Apostels Paulus[7] von sich selbst in der dritten Person redet, oder Palladios einen Ausspruch, den Evagrios vielleicht, weil ihn sein Tiefsinn getroffen hatte, gerne zitierte, dem Meister selbst zugeschrieben hat, offenlassen müssen. Der Gehalt des Spruchs ist jedenfalls denkbar „evagrianisch".

> *Unsere Väter sind nur die Väter der Leiber, Gott aber ist der Vater der Seele,*

heißt es eben in einem der Briefe, in denen Evagrios den Tod seines leiblichen Vaters beklagt und den Schmerz durch derartige Betrachtungen über Ursprung und Ziel unserer Existenz zu lindern sucht.[8] Gott ist in der Tat der „Urheber *(aitios)* und Vater der intelligiblen Wesen"[9], und als solcher auch ihre „letztendliche Beseligung".[10] Er allein ist von Natur aus anfanglos und „unsterblich".[11] Doch weil Gott den Menschen als „Ebenbild *(eikon)* seiner eigenen Ewigkeit"[12] erschaffen hat, ist auch seine Existenz „voll Hoffnung auf Unsterblichkeit"[13], die sich dann erfüllen wird, wenn er sich am „Ende" auf immer mit ihm vereinen wird.[14]

*

5 Ep 21.
6 Ep 57. 58.
7 Vgl. 2 Kor 12,2.
8 Ep 57,3.
9 Ep 58,3.
10 Ep.fid. 7,18f.
11 Vgl. 1 Tim 6,16.
12 Weish 2,23.
13 Weish 3,4.
14 Ep.Mel. 30.

KAPITEL 96

Ein Bruder fragte einen der Altväter, ob er ihm erlaube, zusammen mit seiner Mutter und seinen Schwestern zu essen, wenn er sich nach Hause begebe. Der aber antwortete: „Du sollst mit keiner Frau essen!"

Die Regel, den Umgang mit dem anderen Geschlecht zu meiden, galt sowohl für Mönche als auch für Jungfrauen. Verwandte waren darin eingeschlossen. Warum diese heute viele befremdlich anmutende Strenge? Aus geistlich-asketischen Motiven.

Begegnungen mit Männern
sollst du meiden,
damit nicht Bilder
in deiner Seele entstehen
und dir zum Anstoß werden
zur Zeit des Gebetes.[1]

Jede Begegnung mit einem sinnlichen Gegenstand hinterlässt in unserem Geist ein *„Bild"*[2], und ist dieses von einer *Leidenschaft* geprägt, was bei einem unfertigen Menschen unvermeidlich ist, dann verdirbt dieses „Bild" unser Gebet, das ja frei von allen bildlichen Eindrücken sein soll. Die Väter waren da ganz nüchterne Realisten.

Wenn du ein Dorf betrittst,
nahe dich keiner Frau,
und verweile nicht in Gesprächen mit ihnen!
Denn wie einer einen Angelhaken verschluckt,
so wird deine Seele mitgeschleppt werden.[3]

---

1 Vg 6.
2 Pr 38.
3 Mn 83.

Schamloses Gelächter[4] oder gar Berührungen[5] waren streng ver-pönt. Daher auch das Verbot, an Gelagen jeder Art teilzunehmen.

Die Feste Trunkener
sollst du nicht sehen
und bei Hochzeitsfeiern Fremder
sollst du nicht erscheinen.
Denn als unrein gilt beim Herrn
jede Jungfrau, die solches tut![6]

Die Altväter waren gute Psychologen[7] und wussten zudem aus eigener und fremder Erfahrung, wie anfällig der Mensch ist, und zwar gerade dann, wenn er seinen Fuß auf den steilen Weg des Mönchtums gesetzt hat.

Dies mag ja für Frauen im Allgemeinen noch angehen, wird man einwenden, aber hier handelt es sich doch um die eigene Mutter und die leiblichen Schwestern! Doch selbst so enge Blutsbande rechtfertigen nach Meinung der Väter keine Ausnahmen. Evagrios bleibt uns die Begründung dafür nicht schuldig.

Lass dich nicht hinreißen von familiären Sorgen oder freundschaftlichen Banden mit Verwandten, sondern vermeide sogar, mit ihnen zusammen zu treffen, damit sie dich nicht der inneren Ruhe deiner Zelle berauben und durch ihre eigenen Angelegenheiten mit sich fort schleppen. „Lass die Toten ihre eigenen Toten begraben", sagt der Herr[8]*, „du aber komm und folge mir nach".*[9]

Es geht also letztlich um das Ziel aller asketischen Mühen, die *Hesychia* oder innere Ruhe und Reinheit des Herzens, ohne die ein „reines Gebet" unmöglich ist. Diesem hohen Gut gilt es im Notfall alles zu opfern,

4 Vg 46.
5 Vg 44.
6 Vg 14.
7 Vgl. Ep 16,3.
8 Mt 8,22.
9 R.m. 5.

nicht nur familiäre und freundschaftliche Bande, sondern auch die eigene Zelle, sollte diese zu überlaufen sein[10], ja selbst die Heimat, um ungeachtet in der „Fremde“ (xeniteia) zu leben[11], wie Evagrios selbst dies getan hat[12]. Mit einem Wort, die einzigen „Verwandten“, mit denen ein Mönch vertrauten Umgang pflegen soll, sind seine „Geistesverwandten“, seine „geistlichen Brüder“ und die „heiligen Väter“. Diese meinte Christus, als er sagte: „Meine Mutter, meine Brüder und meine Väter sind die, die den Willen meines Vaters in den Himmeln tun“.[13]

*

10 Ibid.
11 Ibid. 6.
12 Vgl. Evagrios 7.
13 Ibid. 7 (Zitat Mt 12,50).

KAPITEL 97

Einer der Brüder besaß einzig ein Evangelium, und nachdem er es verkauft hatte, gab er (den Erlös) zur Speisung der Hungernden, indem er folgenden, des Gedenkens würdigen Ausspruch tat: *„Ich habe das Wort selbst verkauft, das mir sagt: Verkauf deinen Besitz und gib (den Erlös) den Armen*[1]*“.*

Um dieses Apophthegma, das auch in die Sammlungen der *Vätersprüche* eingegangen ist, recht zu verstehen, muss man es in seinem zeitgeschichtlichen Rahmen sehen. Das meditative „Lesen der göttlichen Schriften“ *(lectio divina)* ist seit je eine der wichtigsten geistlichen Übungen der Mönche[2] und Evagrios mahnt es des Öfteren in seinen Briefen an.[3] Viele gebildeteren Mönche übten das angesehene Handwerk eines *Kopisten* aus[4], so auch Evagrios, der für seine besonders elegante Kalligraphie bekannt war.[5] Der gelehrte Bischof Epiphanios von Salamis konnte daher ohne Umschweife sagen:

> *Der Erwerb von christlichen Büchern ist notwendig für jene, die die Mittel dazu haben. Denn allein der Anblick dieser Bücher macht uns zögern im Hinblick auf die Sünde und ermuntert uns, uns vielmehr zur Gerechtigkeit zu erheben.*[6]

Mit einem Wort: „Um nicht zu sündigen ist das Lesen der Schriften von großem Nutzen“[7]

---

1 Mt 19,21.
2 Vgl. zu Pr 15.
3 Ep 4,3; 5; 6,4; 25,6.
4 Vgl. Abraham 3.
5 HL 38.
6 Epiphanios 8.
7 Epiphanios 9.

Vor der Erfindung des Buchdrucks war indessen ein Buch ein kostbarer *Wertgegenstand.*[8] Durfte daher einer, der doch *„aus Liebe zur Armut"*[9] Mönch geworden war, solche Wertgegenstände besitzen? Sich den Schrank mit Büchern voll zu stellen, bedeutet das nicht, Witwen und Waisen zu berauben[10]? Die Koinobiten lösten diesen Gewissenskonflikt auf elegante Weise. Das Kloster besaß eine allen zugängliche *Bibliothek,* doch der einzelne Mönch hatte keinen Privatbesitz, auch nicht in Form von Büchern. Mancher Eremit hielt es ebenso, indem er seine Bücher allen Mitbrüdern bereitwillig zur Verfügung stellte.[11]

Mehr als einer unter den strengeren Vätern war jedoch der Meinung, dass der Konflikt zwischen dem *Nutzen* von Büchern und ihrem *Besitz* trotz allem bestehen blieb. Makarios der Grosse etwa, der Lehrer des Evagrios[12], der den Nutzen der geistlichen Lesung ebenso anerkannte wie den Wert des selbstlosen Teilhabenlassens an den eigenen Bücherschätzen, war trotzdem der Meinung, dass im Zweifelsfall die Tugend der „Besitzlosigkeit" *(aktemosyne)* höher zu schätzen sei! Theodor von Pherme verkaufte daher seine drei Bücher und gab den Erlös den Armen.[13] Der namenlose Mönch unseres Kapitels handelte also ganz im Geist der heiligen Väter.

*

Das Bild bliebe jedoch unvollständig und einseitig, fügte man nicht hinzu, dass der Mönch die Armut, oder wie Makarios ja ganz pointiert sagt, die *Freiheit von allem Besitzstreben,* nicht um ihrer selbst willen sucht. Auch Christus fordert sie ja um eines höheren Gutes willen: Seine Nachfolge, das Evangelium, das Himmelreich.

---

8 Vgl. Gelasios 1.
9 Pr Prol [2].
10 Serapion 2.
11 Gelasios 1; Theodor von Pherme 1.
12 Vgl. Pr 93.
13 Theodor von Pherme 1.

„Geh hin, verkauf deinen Besitz und gib (den Erlös) den Armen“ ...„nimm dein Kreuz und verleugne dich selbst“[14]*, um ohne Zerstreuung beten zu können.*[15]

Zu diesem Gebet „ohne Zerstreuung“ vergleiche man das zu den Kapiteln *63* und *69* Gesagte. Sinn dieser ganz evangelischen „Sorglosigkeit“ ist also *vollkommene Freiheit* für das einzig Notwendige.

Weiche nicht Armut und Bedrängnis aus,
dem Material des unbeschwerten Gebetes![16]

Das Gebet ist jener „Schatz“ der Erkenntnis Gottes[17], den Christus denen „im Himmel“ verheißen hat, die um seinetwillen alles aufgeben.[18]

*

Man würde allerdings Evagrios, der bekanntlich nicht nur Bücher für Mönche *verfasste* sondern auch Bücher *besaß*, wie uns Palladios versichert[19], gänzlich missverstehen, wenn man aus dem von ihm mit Zustimmung zitierten Apophthegma ein *allgemeingültiges Gebot* ableiten wollte. Welchen Sinn hätte dann auch seine beständige Mahnung, die *Lesung der göttlichen Schriften* nicht zu vernachlässigen? Auch Makarios will gewiss nicht mehr, als in einem konkreten Fall den Gewissenskonflikt des ihn befragenden Theodor von Pherme einer „evangelischen“ Lösung zu beantworten.

Unser Kapitel muss zudem im Lichte des vorhergehenden Kapitels 92 gelesen werden. Mit anderen Worten, so groß auch „der aus Büchern fließende Trost“ sein mag, der wahre Kontemplative strebt letztlich danach, nicht „Worte“ *über Gott* und seine Schöpfung zu lesen und

14 Mt 16,24.
15 Or 17.
16 Or 131.
17 Vgl. Ep 47,1.
18 Mn 25.
19 Vita J.

zu betrachten, sondern die „Worte“ oder geistlichen Sinngehalte *(logoi)* der Schöpfung Gottes[20], ja den „wesenhaften Logos“ selbst[21], den er ja in all dem stets „suchte“[22], zu erkennen. Um die Augen des Geistes zu diesem „Schöpfer-Logos“ des Vaters[23] erheben zu können, muss man an einem bestimmten Punkt die Augen von den geschriebenen Büchern abwenden, ja selbst vom „Buch der Schöpfung“, um innerlich vollkommen frei für diese personale Begegnung zu sein.

*

20 Vgl. Ep 64.
21 Or 52.
22 Or 51.
23 Vgl. 7 in Ps 29,8.

KAPITEL 98

Es gibt bei Alexandria eine gewisse Insel, auf der Nordseite des ‚Marea' genannten Sees gelegen, auf der ein Mönch, der erprobteste im Heerlager der Gnostiker, wohnt. Dieser erklärte, dass die Mönche alles, was sie tun, aus fünf Gründen täten: um Gottes willen, auf Grund der Natur, des Herkommens wegen, aus Notwendigkeit und um der Handarbeit willen.
Derselbe sagte ferner, dass die Tugend zwar von Natur aus eine sei, jedoch in den Kräften der Seele (verschiedene) Gestalt annehme. Auch das Sonnenlicht ist ja gestaltlos, sagte er, pflegt jedoch in den Fenstern, durch die es einfällt, (farbige) Gestalt anzunehmen.

Dieser „Erprobteste im Heerlager der Gnostiker", d.h. jener, der nach harter Askese der Erkenntnis Gottes gewürdigt wurde, dürfte wohl sicher Didymos der Blinde sein († 398). Er lebte auf einer Halbinsel im Mareotis-See, und Evagrios, der ihn auch im *Gnostikos*[1] einen „großen und gnostischen Lehrer" nennt, dürfte den berühmten und wegen seines umfassenden Wissens hoch geehrten Gelehrten persönlich gut gekannt haben. Sein Schüler Palladios besuchte ihn jedenfalls mehrmals.[2] Was Evagrios hier von ihm überliefert, ist verchristlichte philosophische Schulweisheit, ähnlich wie in Kapitel *89*.

Etwas *„um Gottes willen tun"* bedeutet, dass man das Gute, etwa die Gastfreundschaft[3], nicht um der Menschen willen oder aus einem

1 Vgl. Gn 48.
2 HL 4.
3 M.c. 7.

anderen Grund tut, sondern allein um seiner selbst willen.[4] Denn Gott allein ist „wesenhaft gut“[5] und daher auch der alleinige Geber des Guten.[6]

„Auf Grund der Natur“ handelt der Mensch, indem er etwa seine Kinder liebt und seine Eltern ehrt.[7] Es sind die „natürlichen“, d.h. die seiner geschöpflichen Natur von Anfang an mitgegebenen „Samen“ der Tugend[8], die ihn dazu drängen.

Durch das *„Herkommen“*, die „Tradition“[9], ist vieles bestimmt. Es gibt gute und schlechte Gewohnheiten. Gemeint sind hier wohl jene Bräuche, die „gewohnte Regel“[10], die das asketische Leben, etwa das Gebetsleben[11], bestimmen.

Unter der *„Notwendigkeit“* sind etwa die „Bedürfnisse des Leibes“[12] zu verstehen, Essen, Trinken, Schlafen, denen auch der Asket unterworfen ist, mag er sie auch im Zaum zu halten suchen.

Als charakteristisch für den Mönch, nicht den Menschen der Antike allgemein, erwähnt Didymos zum Schluss die *„Handarbeit“*.[13] An dem „maßlosen Eifer“ für sie lässt sich z. B. erkennen, ob jener „friedvolle Zustand der Seele“, in dem sich der Mönch bisweilen befindet, tatsächlich ein Anzeichen der ersehnten Leidenschaftslosigkeit ist oder nur dämonischer Trug.[14]

Es berührt eigenartig, wenn der mit vier Jahren erblindete[15] Didymos das Wesen der Tugend mit dem Wunder des an sich farblos-einen *Lichtes* vergleicht, das erst wenn es sich im Glas bricht, die Vielfalt der

4 Pr Prol [3].
5 KG I, 1.
6 Or 33; vgl. 31.
7 Ep 18,1.
8 KG I, 40.
9 M.c. 33.
10 Pr 40.
11 Or 106. 109, vgl. M.c. 5.
12 Or 105.
13 Vgl. Vg 4.
14 Pr 57.
15 Vgl. HL 4.

in ihm enthaltenen Farben sichtbar werden lässt. Die Lehre von der Einheit der Tugend in der Vielfalt ihrer Manifestationen, die Evagrios also neben Gregor von Nazianz auch Didymos dem Blinden verdankt, wird in *Kapitel 89* entfaltet.

*

KAPITEL 99

Ein anderer Mönch wiederum sagte: „Deshalb unterdrücke ich die Lüste, um die Vorwände des Jähzorns abzuschneiden. Denn ich weiß, dass dieser stets für die Lüste kämpft, meinen Intellekt verwirrt und die Erkenntnis vertreibt."
Einer der Altväter sagte: „Die Liebe versteht sich nicht darauf, Vorräte an Speise und Besitz zu bewahren." Derselbe sagte: „Ich wüsste nicht, von den Dämonen zweimal in derselben Angelegenheit getäuscht worden zu sein."

Auch diese drei anonymen Apophthegmen berühren Themen, die Evagrios bereits behandelt hatte. In *Kapitel 24* hieß es, das Wesen des Jähzorns sei es, gegen die Dämonen und für eine beliebige Lust zu streiten. Geht dieser Streit jedoch gegen die Mitmenschen und für weltliche Lüste, „verfinstert" er den Intellekt und beraubt ihn so der Erkenntnis. Daher gilt es, so heißt es in unserem Kapitel, an der Wurzel anzusetzen und damit den Lüsten des Jähzorns jeglichen Vorwand zu nehmen. Damit der Intellekt seine Befriedigung nicht an weltlichen, sondern an „geistlichen Begierden" finde, bedarf es einer dreifachen Entsagung.

> *Es ist nicht möglich, die Erkenntnis zu erwerben, ohne die erste, die zweite und die dritte Entsagung zu vollziehen.*
> *Die erste Entsagung ist das freiwillige Verlassen der weltlichen Dinge um der Erkenntnis Gottes willen.*
> *Die zweite Entsagung ist das Ablegen der Bosheit; sie kommt durch die Gnade unseres Erlösers Christus und den Eifer des Menschen zustande.*
> *Die dritte Entsagung, die Trennung von der Unwissenheit, pflegt sich bei den Menschen entsprechend ihrem Zustand bemerkbar zu machen.*[1]

*

1 M.c. 35.

Zum zweiten Spruch: Das Wesen der Liebe ist es, so hieß es in *Kapitel 18,* nicht nur Reichtümer zu vernichten, sondern selbst unser hinfälliges Leben.

> *Sollte es aber nötig sein, die Natur der Liebe ganz deutlich aufzudecken (und zu sagen), worin sie besteht, so meine ich, dass es sich folgendermaßen verhält: Die Liebe ist eine Tugend der vernünftigen Seele, welche (d.h. die Liebe) durch das Sichenthalten von allen vergänglichen Lüsten vollendet wird und den Jüngern Christi eigen ist. Es hat nämlich derjenige die Liebe erworben, der Nahrung, Mammon und Ruhm der Welt verachtet und mit diesen (auch noch) seinen eigenen Leib verleugnet hat aus Liebe zur Erkenntnis Gottes ...*[2]

*

Zum dritten Spruch: Um nicht zweimal in derselben Angelegenheit getäuscht zu werden, bedarf es der *Selbsterforschung.*

> *Setz dich für dich hin, erinnere dich im Inneren an die Dinge, die dir zugestoßen sind: Wo hast du angefangen und wohin bist du gegangen? An welchem Ort bist du von dem Geist der Unzucht, des Zornes oder des Kummers erfasst worden? Wie hat sich all dies zugetragen? Erforsche dies gründlich und übergib es deinem Gedächtnis, um den Dämon überführen zu können, wenn er sich naht. Mach den von ihm versteckten Ort kenntlich, und dass du ihm ferner nicht mehr folgen wirst.*[3]

Durch diese sorgfältige Selbstbeobachtung[4] wird der Intellekt, wenn er von den Leidenschaften befreit ist und die Erkenntnis erworben hat, schließlich „schlauer als die Dämonen"[5], die ihn nicht noch einmal

2 Ep 60,3.
3 M.c. 9.
4 Vgl. Pr 50,51.
5 43 in Ps 118,98.

in derselben Schlinge zu fangen vermögen. Dies ist auch der Grund, warum im geistlichen Leben schließlich immer gefährlichere Dämonen wider uns aufstehen.[6]

*

6 Pr 59.

KAPITEL 100

Es ist zwar nicht möglich, alle Brüder in gleicher Weise zu lieben, aber es ist sehr wohl möglich, frei von Groll und Hass, allen leidenschaftslos zu begegnen.
Die Priester soll man lieben nach dem Herrn, sie, die uns durch die heiligen Geheimnisse reinigen und für uns beten. Unsere Altväter aber soll man ehren wie die Engel. Denn sie sind es, die uns für die Kämpfe salben und die Bisse der wilden Tiere heilen.

Der *dokumentarische Anhang* schließt mit zwei „Aussprüchen", deren Urheber Evagrios nicht angibt. Es ist gut denkbar, dass er sie selbst formuliert hat.

Das Ziel der *Praktike,* der diese Schrift gewidmet ist, ist die *Liebe*[1], deren vollkommene Selbstlosigkeit Evagrios noch im vorhergehenden Kapitel beschrieben hatte. Trotz diesem hohen Ziel bleibt Evagrios realistisch: Liebe im Vollsinn des Wortes setzt *Gegenseitigkeit* voraus, wie sie vollkommen nur zwischen Gott, der „Liebe ist"[2] und „uns zuerst geliebt hat"[3], und seinem „Ebenbild" möglich ist. Daher gilt ihm zuerst jene „vollkommene und geistliche Liebe, in der das Gebet in Geist und Wahrheit wirksam wird".[4] Den Nächsten gilt es, mit derselben „geistlichen Liebe"[5] *„fast* so zu lieben wie das Urbild"[6], weil ja auch er ein „Ebenbild Gottes" ist. Gott aber muss man sogar „mehr als sich selbst" lieben.[7] Wird dieses „Ebenbild Gottes" von den Dämonen besudelt[8], ist

1 Pr 84.
2 1 Joh 4,8.
3 1 Joh 4,10.
4 Or 77.
5 Pr 35.
6 Pr 89.
7 Or 109.
8 Pr 89.

der Mitbruder also ein Sünder, so bleibt er zwar als „Ebenbild Gottes“ liebenswert, mag er als Sünder auch hassenswert sein[9], doch er wird nicht nur nicht in der Lage sein, unsere Liebe zu erwidern, er wird uns vielleicht sogar hassen ...

Macht die gegenwärtige Ungleichheit der Menschen also auch eine gleiche Liebe zu allen unmöglich, so ist es doch möglich, und dies ist ja der Zweck der *Praktike,* mit Gottes Hilfe in uns selbst jenen Zustand natürlicher „Gesundheit“ herzustellen, den Evagrios *Apatheia* nennt, Freiheit von den Leidenschaften als „Blüte der *Praktike*“[10], und niemals Böses mit Bösem zu vergelten.[11] Liebe zum Nächsten ist daher für Evagrios vor allem versöhnliche *Sanftmut.* Sie vor allem zeichnet den wahren Mönch aus[12], und zwar so sehr, dass Evagrios rundheraus sagen kann:

> *Besser ein sanftmütiger Weltling*
> *als ein jähzorniger und wütender Mönch!*[13]

Dabei ist die so hoch gepriesene *Apatheia* nichts weniger als apathische Indifferenz.

> „Anstatt mich zu lieben, verleumdeten sie mich, ich aber betete“:
> *Hieraus lernen wir, dass wir, angeklagt, für unsere Feinde beten sollen, um nicht etwa dem Groll anheim zu fallen und aus der Erkenntnis vertrieben zu werden.*[14]

Der Gerechte flucht nicht, auch wenn dies die sog. „Fluchpsalmen“ vordergründig zu lehren scheinen, sondern er betet nach den Worten Pauli[15] für seine Verfolger.[16]

---

9 50 in Ps 118,113.
10 Pr 81.
11 Vg 12.
12 Mn 85. 111. 133 u.ö.
13 Mn 34.
14 2 in Ps 108,4.
15 Vgl. Röm 12,14.
16 7 in Ps 108,9.

Die letzten Worte dieses letzten Kapitels lassen uns einen unverhofften Blick auf jenen Aspekt des echten Mönchtums werfen, der heute, jedenfalls im Westen, so selten geworden ist: die *geistliche Vaterschaft.*[17] Gewiss sagt Evagrios einmal:

> *Selig der Mönch, der alle Menschen als Gott nach Gott betrachtet.*[18]

Hier erfahren wir nun, dass diese Liebe, mit der man nicht alle Brüder in gleicher Weise lieben kann, in vorzüglicher Weise den *„Priestern"* gilt. Evagrios hat hier gewiss „unseren heiligen Priester"[19], Makarios von Alexandria, den Priester der Kellia, im Sinn. Diese Liebe ist in der besonderen Aufgabe begründet, die dem Priester im evagrianischen Verständnis zukommt. Als erstes nennt Evagrios die „Reinigung", die die durch seine Hände dargebrachten „heiligen Geheimnisse" bewirken. Aus den Apophthegmata erfahren wir verhältnismäßig wenig über die Rolle, die die Sakramente im Leben der Wüstenväter spielten. Was nicht heißt, dass diese Rolle unbedeutend war, wie unser Text lehrt, sondern eben nur, dass man wenig darüber sprach, weil es sich um etwas Selbstverständliches handelte. So erfahren wir über Evagrios selbst ganz beiläufig, dass er kurz nach dem Empfang der Hl. Kommunion in der Kirche an Epiphanie verstarb.[20]

Neben der Feier der hl. Geheimnisse nennt Evagrios sodann das *fürbittende Gebet.*

> *Hohepriester ist, wer für die ganze vernünftige Natur bei Gott Fürbitte einlegt und die einen von dem Laster, die anderen von der Unwissenheit trennt.*[21]

Hier ist nicht mehr das Amtspriestertum gemeint, sondern ein „geistliches" Priestertum. Dazu heißt es in einem Brief in einem unübersetzbaren Wortspiel mit dem Namen „Presbyter" (Ältester/„Priester"):

---

17 Vgl. G. Bunge, Geistliche Vaterschaft.
18 Or 121.
19 M.c. 37.
20 HL 38.
21 KG V, 46.

Gesegnet sei Gott, der dich mit dem heiligen Priestertum betraut hat, um die Seelen in der Tugend und der Erkenntnis Gottes zu ‚taufen'. Dies nämlich ist in Wahrheit das geistliche Priestertum: geistliche Erkenntnis zu empfangen und die Seelen von der Bosheit zur Tugend zu rufen und von der Unwissenheit zur Erkenntnis Christi. Denn nicht der Zeit nach ist ein Intellekt ‚älter' als ein (anderer) Intellekt. Was nämlich leiblos ist, ist auch zeitlos. Er wird vielmehr „Priester", wenn er sich in der Tugend und der Erkenntnis auszeichnet.[22]

Im Hintergrund dieser intelligiblen Deutung des „Priestertums" steht die geistliche Vaterschaft. Denn ein „geistlicher Vater" ist ja, wer jene „Gabe des Geistes besitzt, die die Kraft hat, viele für die Tugend und die Erkenntnis Gottes zu zeugen".[23] Nicht minder groß ist daher die Ehre, die den Altvätern zukommt, die ja durchweg keine Priester waren. Evagrios vergleicht sie mit den Engeln und ihrem Heilswirken.

Wer immer der geistlichen Erkenntnis gewürdigt ward, wird den heiligen Engeln helfen und die vernünftigen Seelen vom Laster zur Tugend und von der Unwissenheit zur Erkenntnis zurückbringen.[24]

Die Altväter tun dies, indem sie die ihnen Anvertrauten wie die Ringer der Antike mit dem „Öl" der Erkenntnis[25] für den Kampf der *Praktike* „salben" und die „Bisse" der „wilden Tiere" durch ihre Lehre „heilen". Denn die Dämonen sind in der Tat wie wilde Tiere[26], und Evagrios vergleicht die Auseinandersetzung mit ihnen nicht zufällig mit einem „Tierkampf".[27]

*

22 Ep 49,1, vgl. Ep 47,2.
23 Ep 52,7.
24 KG VI, 90.
25 11 in Ps 88,21.
26 Or 91 u.ö.
27 Ep 58,5.

3. Epilog

Anatolius. Es ist das, was wir durch die Gnade des Hl. Geistes, unter der Frucht unserer reifenden Weinbeeren Nachlese haltend, fanden. Doch wenn die „Sonne der Gerechtigkeit“[1] uns am Zenit aufstrahlen wird und die Weintraube reif sein wird, dann werden wir auch ihren „Wein“ trinken, „der das Herz des Menschen erfreut“[2], durch die Gebete und Fürbitten des gerechten Gregorios, der mich „gepflanzt“, unserer heiligen Väter, die mich jetzt „begießen“ und die Macht Christi Jesu, der mich „wachsen lässt“[3], dem die Ehre und die Herrschaft sei in die Ewigkeit der Ewigkeiten. Amen.

In diesem Epilog, dem Schluss des Widmungsbriefes an den Mönch Anatolius, fasst Evagrios noch einmal wesentliche Gedanken zusammen. Der Eingang lässt erkennen, dass Evagrios bereits auf eine gewisse Zeit literarischer Tätigkeit zurückblicken kann und somit eher in den letzten Jahren seines kurzen Lebens als Mönch schreibt. „Nachlese“ haltend hat er in der Tat aus mehreren ursprünglich selbständigen Schriften eine groß angelegte Trilogie geschaffen, deren ersten Teil wir hier vor uns haben.

Wer durch die Praktike sein Herz ‚öffnet‘, der ‚saugt‘ den Hl. ‚Geist ein‘, der ihm die Geheimnisse Gottes offenbart.[4]

*

Zum Schluss gedenkt Evagrios noch einmal jener Menschen, denen er so viel verdankt: des „gerechten Gregor“ von Nazianz, des „Mundes Christi“[5], dessen Diakon er in Konstantinopel war und mit dem ihn eine lebenslange Freundschaft verband, wie nicht nur das Testament Gregors, sondern auch der Brief des Evagrios an den Mönch Eustathios

1 Mal 3,20.
2 Ps 103,15.
3 1 Kor 3,6–7.
4 59 in Ps 118,131.
5 Ep.fid. 1,16.

aus Anlass des Todes des Bischofs 390 bezeugt.[6] Nicht von ungefähr tauchen die biblischen Bilder des Epilogs auch in einem Brief an Gregor wieder auf.

> *Lange Zeit hast du vor uns geschwiegen, o wunderbarer Mann, der du ehedem ein Reis in mich gepflanzt und es durch deine Briefe in der Zartheit des Herzens getränkt hast. Vielleicht aber haben auch wir dich nicht wenig betrübt, weil wir dir keinen Korb voll von den Trauben unserer Briefe gesandt haben? Die Ursache dafür aber war nicht ich, sondern jener, der darauf ein Reis der Bosheit in mich gepflanzt und alle mich Bearbeitenden beschämt hat. Jetzt aber, da du zu einem Herold der Buße durch unseren Herrn geworden bist, vergib mir, dass ich (dich) vernachlässigt habe, und ich verspreche (dir), dass ich dies in Zukunft nicht mehr tun werde.*[7]

Mit den Evagrios „Bearbeitenden" sind jene „heiligen Väter" gemeint, die ihn jetzt in der Wüste „begießen", vor allem Makarios der Große, sein Namensvetter, der Alexandriner, aber auch sein Freund, der gelehrte Ammonios[8], sein Nachbar Albinus[9], der „Seher der Thebais", Johannes von Lykopolis[10], Johannes der Kleine[11], und viele andere, deren Namen wir nicht kennen. Wer ihn letztlich jedoch „wachsen lässt", ist Christus, der ihn

> *aus der Finsternis (der Sünde und der Unwissenheit) zu seinem heiligen und seligen Licht (der Erkenntnis) berufen hat.*[12]

* * *

---

6 Ep 21.
7 Ep 46.
8 Ant VI, 16. HL passim.
9 Vita 11.
10 Ant VI, 16; VII, 19.
11 Or 107.
12 Ep 58,6.

IV. Verzeichnis der in Abkürzung zitierten Quellenschrifen

1. Werke des Evagrios

Ant	Antirrhetikos, ed. W. FRANKENBERG, Evagrius Ponticus, Berlin 1912, 472–545. Italienische Übersetzung in: G. BUNGE, V. LAZZERI, Evagrio Pontico, Contro i pensieri malvagi. Antirrhetikos, Bose 2005.
Cap XXXIII	Capitula XXXIII per gradus, PG 40, 1264–1268.
Cent. Suppl.	Pseudo-Supplement zu den KG, ed. FRANKENBERG.
Ep	Epistulae LXII, ed. FRANKENBERG, loc. cit. Deutsche Übersetzung in: G. BUNGE, Evagrios Pontikos. Briefe aus der Wüste, Trier 1986. Griechische Fragmente: C. GUILLAUMONT, Fragments grecs inédits d'Evagre le Pontique, TU 133, Berlin 1987,209–221. P. GÉHIN, «Nouveaux fragments des lettres d'Evagre», Revue d'Histoire des Textes 24, 1994, 117–147.
Ep fid	Epistula fidei, ed. J. GRIBOMONT, in: M. FORLIN-PATRUCCO, Basilio di Cesarea, Le lettere, vol. I, Turin 1983, 84–113. Deutsche Übersetzung in : G. BUNGE, Briefe, 284–302.
Ep Mel	Epistula ad Melaniam, ed. FRANKENBERG loc. cit.; G. VITESTAM, Seconde partie du traité, qui passe sous le nom de "La grande lettre d'Evagre le Pontique à Mélanie l'Ancienne", Lund 1964. Englische Übersetzung in: M. PARMENITIER, Evagrius of Pontus. «Letter to Melania», (Bijdragen, tijdschrift voor filosofie en theologie 46), 1985, 2–38. Deutsche Übersetzung in : G. BUNGE, Briefe, 303–328.
Eul	Tractatus ad Eulogium monachum, PG 79, 1093D-1140A. Griechischer Texte der Handschrift LAVRA G 93 (E), mit englischer Übersetzung ed. R. E. SINKEWICZ, Evagrius of Pontus, The Greek Ascetic Corpus, Oxford Early Christian Studies, Oxford University Press 2003. Wir folgen der Nummerierung und dem Text dieser Ausgabe.
Gn	Gnostikos, ed. A. et C. GUILLAUMONT, Evagre le Pontique. Le Gnostique ou A celui qui est devenu digne de la science, SC 356 (1989).
in Eccl	Scholia in Ecclesiasten, ed. P. GÉHIN, Evagre le Pontique, Scholies à l'Ecclésiaste, SC 397 (1993).
in Prov	Scholia in Proverbia, ed. et trad. P. GÉHIN, Evagre le Pontique, Scholies aux Proverbes, SC 340 (1987).

in Ps	Scholia in Psalmos. Mit der freundlichen Erlaubnis von Mlle M.-J. RONDEAU, die eine kritische Ausgabe dieses Werkes vorbereitet, benutzen wir ihre Kollation der Handschrift Vaticanus graecus 754. Cf. auch id. Le commentaire sur les Psaumes d'Evagre le Pontique, OCP 26, 1960, 307–348.
Inst mon	Institutio ad monachos, PG 79,1236–1240. Supplément ed. J. MUYLDERMANS, „Evagriana", Le MUSÉON 51, Louvain 1938, 198s. Englische Übersetzung in: R. E. SINKEWICZ, op. cit., p. 217–223. Wir folgen der Nummerierung dieser Übersetzung.
KG	Kephalaia Gnostika, ed. et trad. A. GUILLAUMONT, Les six Centuries des «Kephalaia Gnostica» d'Evagre le Pontique, PO 28/1, Paris 1958.
M.c.	De diversis malignis cogitationibus, ed. et trad. P. GÉHIN, C. GUILLAUMONT, A. GUILLAUMONT, Evagre le Pontique, Sur les Pensées, SC 438 (1998).
Mn	Sententiae ad monachos, ed. H. GRESSMANN, Nonnenspiegel und Mönchsspiegel des Evagrios Pontikos, TU 39,3, Leipzig 1913, 143–165. Englische Übersetzung in: SINKEWICZ op.cit. 122–131.
Or	De oratione tractatus, J. M. Suarez, S. P. N. Nili Abbatis, Tractatus seu Opuscula, Rome 1673, p. 475–511(PG 79, 1165A–1200C), und PHILOKALIA, vol. I, Athènes 1957, 176 s, deren Text wir, wo nötig, durch die Handschrift Coislin 109 korrigieren. Deutsche Übersetzung in: PHILOKALIE der heiligen Väter der Nüchternheit, Band 1, Würzburg 2004, 287–309.
O.sp.	Tractatus de octo spiritibus malitiae, PG 79, 1145A–1164D. Deutsche Übersetzung nach der Handschrift Coislin 109 in : G. BUNGE, Evagrios Pontikos. Über die acht Gedanken, Würzburg 1992. Wir folgen der Nummerierung der deutsche Übersetzung, bzw. jener von SINKEWICZ, op. cit., der die unsere übernommen und verbessert hat.
Pr	Capita practica ad Anatolium, ed. et trad. A. et C. GUILLAUMONT, Evagre le Pontique. Traité pratique ou Le moine, SC 170–171 (1971).
R.m.	Rerum monachalium rationes, PG 40, 1252ff.
Sent	Sexti Pythagorici, Clitarchi, Evagrii Pontici Sententiae, ed. A. ELTER, Leipzig 1892.
Sk	Skemmata, ed. J. MUYLDERMANS, Evagriana, in Le MUSÉON 44, augmenté de: Nouveaux fragments grecs inédits, Paris 1931, 38s.
Vg	Sententiae ad virginem, ed. GRESSMANN, op. cit. Englische Übersetzung in: SINKEWICZ, op.cit. 131–135.

Vit	De vitiis quae opposita sunt virtutibus, PG 79, 1140s. Englische Übersetzung in: SINKEWICZ, op.cit. 60–65.

*

2. Andere Quellenschriften

Conl	Johannes Cassianus, Conlationes, ed. M. PETSCHENIG, trad. E. PICHERY, Jean Cassien, Conférences, SC 42 (1955), 54 (1958), 64 (1959)
HL	PALLADIUS, Historia Lausiaca, ed. C. BUTLER, The Lausiac History of Palladius, Cambridge 1898 et 1904. Deutsche Übersetzung: J. LAAGER, Palladius. Historia Lausiaca, Zürich 1987.
Inst	Johannes Cassianus, De institutis coenobiorum, ed. J.-C1. GUY, SC 109 (Paris 1965).
Vita	PALLADIOS, Vita Evagrii coptice, Einleitung, Übersetzung und Kommentar in : G. BUNGE – A. DE VOGÜÉ, Quatre ermites égyptiens d'après les fragments coptes de l'Histoire Lausiaque, SO 60, Bellefontaine 1994, 153–175.

*

3. Verzeichnis der Schriftzitate (nur im Text des Praktikos)

V. Evagriana des Autors

Evagre le Pontique et les deux Macaire, in : Irénikon 56 (1983), 215–227. 323–360.

AKEDIA. Die geistliche Lehre des Evagrios Pontikos vom Überdruss. Köln 1983. Würzburg 1995 (4. Auflage)

Evagrios Pontikos. Briefe aus der Wüste. Trier 1986 (Sophia Band 24)

ORIGENISMUS – GNOSTIZISMUS. Zum geistesgeschichtlichen Standort des Evagrios Pontikos.
Vigiliae Christianae 40 (1986), 24–54.

The „Spiritual Prayer“: On the Trinitarian Mysticism of Evagrius of Pontus, in: MONASTIC STUDIES 17 (1986), 191–208.

DAS GEISTGEBET. Studien zum Traktat DE ORATIONE des Evagrios Pontikos. Köln 1987 (Koinonia–Oriens XXV).

GEISTLICHE VATERSCHAFT. Christliche Gnosis bei Evagrios Pontikos. Regensburg 1988.

„Priez sans cesse“. Aux origines de la prière hésychaste, in: STUDIA MONASTICA 30 (1988), 7–16.

Hénade ou Monade? Au sujet de deux notions centrales de la terminologie évagrienne, in: LE MUSÉON 102 (1989), 69–91.

MYSTERIUM UNITATIS. Der Gedanke der Einheit von Schöpfer und Geschöpf in der evagrianischen Mystik, in: Freiburger Zeitschrift für Philosophie und Theologie 36 (1989), 449–469.

„Nach dem Intellekt leben“. Zum sog. „Intellektualismus“ der evagrianischen Spiritualität, in: „SIMANDRON – DER WACHKLOPFER“. Gedenkschrift für Klaus Gamber, hg. von W. Nyssen, Köln 1989, 95–109.
PALLADIANA I. Introduction aux fragments coptes de l'Histoire Lausiaque, in : STUDIA MONASTICA 32 (1990), 79–129 (pp. 81 s : Evagre et ses amis dans l'Histoire Lausiaque).

Mit A. de Vogüé: PALLADIANA III. La version copte de l›Histoire Lausiaque.
II. La Vie d'Evagre, in: STUDIA MONASTICA 33 (1991), 7–21.

[Diese Studien sind zusammengefasst auch als Buch erschienen: G. BUNGE–A. de VOGÜÉ, QUATRE ERMITES EGYPTIENS D'après les fragments coptes de l'Histoire Lausiaque. Bellefontaine 1994 (Spiritualité Orientale 69)]

Evagrios Pontikos. Über die acht Gedanken. Würzburg 1992.

„Der mystische Sinn der Schrift". Anlässlich der Veröffentlichung der Scholien zum Ecclesiasten des Evagrios Pontikos, in: STUDIA MONASTICA 36 (1994), 135–146.

Evagrios Pontikos, hl. Artikel in: LThK, 3. Auflage, Bd. 3 (1995), col. 1027–1028.

Evagrio Pontico. Lettere dal deserto. Introduzione e note a cura di Gabriel Bunge. Traduzione dal greco e dal siriaco a cura di Salvatore Di Meglio e Gabriel Bunge. Magnano 1995

Praktike, Physike und Theologike als Stufen der Erkenntnis bei Evagrios Pontikos, in: AB ORIENTE ET OCCIDENTE. Gedenkschrift für Wilhelm Nyssen, hg. von M. Schneider und W. Berschin, St. Ottilien 1996, 59–72.

„Créé pour être". A propos d›une citation scripturaire inaperçue dans le „Peri Archon" d'Origène (III, 5, 6), in : BULLETIN DE LITTÉRATURE ECCLÉSIASTIQUE 98 (1997), 21–29.

Evagrios Pontikos: Der Prolog des *ANTIRRHETIKOS*: STUDIA MONASTICA 39 (1997), 77–105.
DRACHENWEIN UND ENGELSBROT. Die Lehre des Evagrios Pontikos von Zorn und Sanftmut. Würzburg 1999.

Erschaffen und erneuert nach dem Bilde Gottes. Zu den biblisch-theologischen und sakramentalen Grundlagen der evagrianischen Mystik, in: HOMO MEDIETAS. Festschrift Alois Maria Haas, Bern usw. 1999, 27–41.

Aktive und kontemplative Weise des Betens im Traktat DE ORATIONE des Evagrios Pontikos, in: STUDIA MONASTICA 41 (1999), 211–227.

„La Montagne intelligibile". De la contemplation indirecte à la connaissance immédiate de Dieu dans le traité *DE ORATIONE* d'Evagre le Pontique, in: STUDIA MONASTICA 42 (2000), 7–26.

La GNWSIS CRISTOU di Evagrio Pontico, in: *L'EPISTULA FIDEI*
di Evagrio Pontico. Temi, contesti, sviluppi. Atti del III Convegno del Gruppo Italiano di Ricerca su „Origene e la Tradizione Alessandrina". (16.–19. settembre 1998), in: Studia Ephemeridis Augustinianum 72 (2000), 153–181.

EVAGRIO PONTICO. Contro i pensieri malvagi. *Antirrhetikos*. Introduzione di Gabriel Bunge, Traduzione di Valerio Lazzeri, Magnano 2005.

* * *

In dieser Reihe sind bereits erschienen:

Band 1:
Gabriel Bunge
Auf den Spuren der Heiligen Väter
2., verbesserte Auflage
64 Seiten, € 9,90 ISBN 978-3-87071-136-8

Band 2:
Sophronia Feldhohn OSB / Jakobus Kaffanke OSB
Sich täglich den Tod vor Augen halten
2., verbesserte Auflage
104 Seiten, € 11,90 ISBN 978-3-87071-137-5

Band 3:
Gabriel Bunge
Evagrios Pontikos
Über die acht Gedanken
2., verbesserte Auflage
80 Seiten, € 9,90 ISBN 978-3-87071-161-0

Band 4:
Antoine Guillaumont
An den Wurzeln des christlichen Mönchtums
208 Seiten, € 14,90 ISBN 978-3-87071-162-7

Band 5:
Karl Suso Frank
Die Selige Synkletike wurde gefragt
96 Seiten, € 9,90 ISBN 978-3-87071-169-6

Band 7:
Michaela Puzicha OSB
Die Heilige Schrift in der Regel Benedikts
168 Seiten, € 13,90 ISBN 978-3-87071-190-0

Band 8:
Jakobus Kaffanke OSB (Hg.)
Höre, mein Sohn! Der Prolog der Regula Benedi
120 Seien, € 13,90 ISBN 978-3-87071-191-7

Band 9:
Christoph Joest
Über den geistlichen Kampf
136 Seiten, € 13,90 ISBN 978-3-87071-210-5

Band 10:
Adalbert de Vogüé
Unter Regel und Abt
192 Seiten, € 13,90 ISBN 978-3-87071-211-2

Band 11:
Gabriel Bunge
„Die Lehren der heiligen Väter" (RB 73,2)
Aufsätze zu Evagrios Pontikos aus drei Jahrzehn
200 Seiten, € 14,90 ISBN 978-3-87071-243-3

Band 12:
Eugen Häcki
Schulung des Herzens (Teil I)
344 Seiten, € 19,90 ISBN 978-3-87071-244-0

Band 15:
Erich Schweitzer
Apophthegmata Patrum (Teil II)
Die Anonyma
592 Seiten, € 29,90 ISBN 978-3-87071-245-7

Bestellen Sie die Bände einzeln (nur bereits erschienene Bände) oder als Fortsetzungsreihe.
Sie bekommen dann automatisch jeden neuen Band bequem nach Hause gesandt.

Beuroner Kunstverlag
Abteistraße 2
88631 Beuron
Tel: 07466/17-228
Fax: 07466/17-209

Email:
info@beuroner-kunstverlag.de
Internet:
www.klosterkunst.de